O VERDADEIRO, O BELO E O BOM

OBJETIVA

HOWARD GARDNER

O VERDADEIRO, O BELO E O BOM

OS PRINCÍPIOS BÁSICOS PARA UMA NOVA EDUCAÇÃO

Tradução
ÁLVARO CABRAL

OBJETIVA

Título original
The Disciplined Mind: What All Students
Should Understand

EDITORA OBJETIVA LTDA., rua Cosme Velho, 103
Rio de Janeiro - RJ - CEP: 22241-090
Tel.: (021) 556-7824 - Fax: (021) 556-3322
INTERNET: http://www.objetiva.com

Capa
Dounê

Revisão
Umberto Figueiredo Pinto
Tereza de Fátima da Rocha
Renato Bittencourt

Editoração eletrônica
Textos & Formas Ltda.

1999
10 9 8 7 6 5 4 3 2

AGRADECIMENTOS

Procurei sintetizar no presente livro mais de 30 anos de pesquisa em ciências cognitivas e biológicas, e mais de 15 anos de envolvimento em educação pré-universitária. Numerosas pessoas contribuíram para o meu pensamento e muitas instituições apoiaram generosamente minha pesquisa; não há como possa, ai de mim!, destacar cada uma delas para os agradecimentos que lhes são devidos.

Quero expressar minha admiração e meu reconhecimento a muitos colegas e amigos que leram e comentaram substantivamente os primeiros rascunhos deste manuscrito: Thomas Armstrong, Veronica Boix-Mansilla, Patricia Bolanos, Mihaly Csikszentmihalyi, William Damon, Patricia Graham, Fred Hills, Thomas Hatch, Thomas Hoerr, George Klein, Mindy Kornhaber, Mara Krechevsky, Tanya Luhrmann, Joanna Martin, Arthur Powell, Barbara Powell, Carlina Rinaldi, Eric Schaps, Theodore Sizer, Margot Strom, Frank Sulloway, Ike Williams, Ellen Winner. Também sou grato aos meus conscienciosos e dedicados assistentes, Lisa Bromer e Alex Chisholm (Alex preparou habilmente a partitura de Mozart para que pudesse ser reproduzida no Apêndice). Obrigado a Jolanta Benal, a talentosa revisora da editora Simon & Schuster. Gostaria de agradecer também aos membros do Pew Forum on Educational Reform. Finalmente, quero expressar meu reconhecimento geral a muitos colegas que trabalharam comigo no ATLAS Communities Project e no seminário ATLAS; à organização New American Schools e às fundações MacArthur, Rockefeller e Spencer, que financiaram o empreendimento ATLAS. Sem os nossos sete anos de trabalho e discussão, eu não poderia ter escrito esta obra.

Cambridge, Massachusetts
janeiro de 1999

A meus pais, Hilde e Ralph Gardner,
a minha esposa, Ellen Winner,
a meus filhos, Kerith, Jay,
Andrew e Benjamin
e às gerações por vir.

SUMÁRIO

Capítulo 1

Uma Introdução Pessoal

Do Objetivo Limitado ao Universal

Como psicólogo com um interesse profundo na educação, senti-me gratificado pela crescente preocupação com as questões educacionais em todo o mundo. Quer esteja viajando pelos Estados Unidos ou visitando a Europa, a América Latina ou o Extremo Oriente, deparo-me com um surpreendente consenso: a convicção de que a qualidade do sistema educacional de uma nação será uma das principais determinantes — talvez *a* principal — de seu êxito durante o próximo século e para além dele.

Entretanto, não são poucas as vezes em que também me sinto frustrado. Muitas das discussões a respeito de educação em todo o mundo permanecem atreladas a objetivos medíocres e limitados. Francamente, estou cansado daqueles escritos de educadores que se concentram no instrumental ou momentâneo: devemos distribuir vales para que jovens possam freqüentar escolas particulares? Quais são as vantagens das escolas privilegiadas (*charter schools*)? Os sindicatos de professores são um problema? A solução? Deve um diploma docente ser concedido no nível de graduação, somente no final do curso de pós-graduação, ou somente para aqueles que foram treinados *in loco*? Deve existir um só currículo ou muitos? Quanto da educação deve ter lugar no computador ou através da Internet? Devemos ter controle local, padrões nacionais e/ou comparações internacionais? E estou igualmente cansado de debates que colocam uma filosofia educacional em confronto com uma outra — por exemplo, os tradicionalistas contra os progressistas, os proponentes da linguagem fonética *versus* os defensores da "linguagem total".

Essas discussões, se bem que não sejam destituídas de certa importância, furtam-se à questão mais fundamental. Elas evitam considerar as finalidades da educação — as razões pelas quais toda sociedade deve dedicar recursos monetários e humanos à educação de seus jovens. Durante os meus anos devotados a estudar a educação, a escrever sobre educação e a visitar literalmente centenas de escolas do mundo inteiro, cheguei às minhas próprias conclusões sobre essa questão. Essas conclusões são, por um lado, pessoais — num certo sentido, estou dedicando este livro a meus quatro filhos e a seus descendentes. Ao mesmo tempo, entretanto, pretendo que ele seja universal — que se dirija a indivíduos que se preocupam com a educação em todo o mundo: meu interesse é, portanto, a educação de todos os seres humanos. Não que eu pense haver somente uma educação ideal — essa idéia é ingênua. No entanto, acabei por acreditar em certas características que devem definir uma educação — mais propriamente, *educações* — de qualidade em qualquer parte do mundo.

Uma Perspectiva Ordenada: o Verdadeiro, o Belo e o Bom

Quero que todos se concentrem no conteúdo de uma educação — em sua substância, se preferirem: como esse conteúdo deve ser apresentado, dominado, posto em uso e transmitido a outros. E serei específico. Acredito que três preocupações muito importantes devem animar a educação — e essas preocupações têm nomes e histórias que remontam a um passado distante. Há o domínio da *verdade* — e o seu avesso, o que é falso ou indeterminável. Há o domínio da *beleza* — e sua ausência, em experiências e objetos que são feios ou *kitsch*. E há o domínio da *moralidade* — o que consideramos ser bom e o que consideramos ser maligno.

Para tornar esses domínios ainda mais tangíveis, permitam-me mencionar três tópicos que eu gostaria que fossem entendidos pelas pessoas em sua plenitude. Como meu exemplo do domínio da verdade, focalizo a teoria da evolução, tal como foi inicialmente enunciada por Charles Darwin e depois elaborada por outros cientistas ao longo dos últimos 150 anos. Essa é uma importante área da ciência e se reveste de particular significação para um psicólogo do desenvolvimento como eu. Se não se possui algum entendimento das noções essenciais de espécie, variação, seleção natural, adaptação e outras afins (e de como elas foram descobertas), se não se leva em conta a perene luta entre indivíduos (e populações) pela sobrevivência num determinado nicho ecológico, é impossível entender o mundo vivo de que somos parte.

É fascinante entender os processos de evolução por si mesmos, como foram descobertos por inúmeros cientistas incipientes. Mas tal entendimento tornou-se também necessário se o que se quer é participar de modo significativo na sociedade contemporânea. Sem uma sólida compreensão da evolução, não podemos pensar sistematicamente sobre toda uma gama de tópicos que afetam hoje os seres humanos: os méritos e perigos da clonagem; a conveniência do aconselhamento genético, da terapia dos genes e das várias formas de eugenia; as afirmações de que "entidades semelhantes a seres vivos" foram criadas em computador e evoluem de um modo similar ao da matéria orgânica; pretensões a explicar melhor o comportamento humano pela sociobiologia ou a psicologia evolutiva.

Como meu exemplo do domínio da beleza, escolho a música de Mozart — e, para ser específico, sua ópera *As Bodas de Fígaro*. Esta escolha começa no pessoal. Amo a música erudita e, em especial, as obras de Mozart, as quais representam para mim o pináculo da beleza criada por seres humanos. É minha convicção que todos deviam ter a chance de adquirir um entendimento de obras-primas como *As Bodas de Fígaro*: sua intricada linguagem artística, seus retratos de personagens dignas de crédito; emoções humanas profundamente sentidas, o perfil de uma era.

Além disso, tal entendimento é sua própria recompensa. Milhões de pessoas em todo o globo foram enriquecidas por suas experiências ouvindo Mozart ou deixando-se enlevar por outras obras-primas de diversas culturas. Uma compreensão refinada da realização de Mozart pode vir a influir no entendimento de obras de arte e de artesanato desconhecidas e até inspirar, talvez, novas e belas criações. E tal entendimento prova ser também relevante para as decisões que tomamos como cidadãos: que artes, artistas e outros indivíduos criativos apoiar; como apoiá-los; qual a melhor forma de encorajar a criação de novas obras; se existem áreas que devem ser censuradas ou regulamentadas e, se assim for, por quem; se as artes devem ser ensinadas na escola, depois da escola ou de maneira nenhuma.

Finalmente, como meu exemplo no domínio da moralidade, gostaria que os indivíduos entendessem a seqüência de eventos conhecidos como o Holocausto: o sistemático genocídio dos judeus e de alguns outros grupos pelos nazistas e fascistas, durante a Segunda Guerra Mundial. Também esse evento se revestiu de um significado pessoal, já que minha família veio da Alemanha e muitos de seus membros foram vítimas do Holocausto. Mas todo ser humano precisa entender o que os seres humanos são capazes de fazer, ora em segredo, ora com manifesto orgulho. E se o Holocausto é, sobretudo, uma crônica de perversidade humana sem precedentes, existem incidentes dispersos de bondade e heroísmo até nesse capítulo sombrio da história.

Tal como o estudo de ciência e de arte, os relatos de acontecimentos históricos podem ser intrinsecamente fascinantes. Mas possuem um significado mais amplo. Acredito que as pessoas estão mais aptas a definir o rumo de suas vidas e a tomar decisões vitais à luz do conhecimento acerca do modo como outras enfrentaram pressões e dilemas — historicamente, nos dias de hoje e em obras de arte. E só equipados com tal entendimento podemos participar de um modo consciente em debates (e decisões) contemporâneos sobre a culpabilidade de vários indivíduos e países na Segunda Guerra Mundial e sobre a responsabilidade de seres humanos em esforços atuais no tocante aos genocídios de Ruanda e da ex-Iugoslávia.

O entendimento de impressionantes exemplos de verdade, beleza e bondade é suficientemente significativo para os seres humanos para que possa ser justificado por si mesmo. Ao mesmo tempo entretanto, proponho que tal entendimento não seja mera manifestação de egoísmo pessoal. Os modos de pensar — as disciplinas — que se desenvolveram ao longo dos séculos representam nosso melhor meio de abordar praticamente qualquer tópico. Na ausência de tal entendimento, os indivíduos não podem participar de forma plena no mundo em que vivem — em que *nós* vivemos.

Pode-se pensar que ao menos alguma compreensão a respeito desses temas conhecidos seja bem difundida. É, portanto, elucidativo descobrir que a teoria de Darwin é considerada falsa por um entre cada dois americanos, e até mesmo por 20% dos pedagogos de ciências naturais.[1] De acordo com o célebre cientista Carl Sagan, apenas 9% dos americanos aceitam que os seres humanos evoluíram lentamente a partir de seres mais antigos, sem nenhuma intervenção divina.[2] Quanto ao Holocausto, cerca de 1/3 de todos os alunos secundários suecos acreditam que ele não aconteceu realmente.[3] Seticismo semelhante (ou até mesmo obscurantismo pura e simplesmente) é expressado por vários grupos norte-americanos. Vinte por cento dos americanos admitem que eles não sabem o que aconteceu durante o Holocausto, e 70% gostariam de ser mais bem-informados a respeito do ocorrido. Robert Simon, que ensina Filosofia no Hamilton College, relata que entre 10 e 20% de seus alunos americanos não conseguem admitir que a tentativa de genocídio nazista foi errada.[4]

Não é difícil prever uma reação a esse trio de tópicos: "Como se pode chamar a isso uma educação para todos os seres humanos?" Está vinculada ao tempo (a era moderna); está vinculada ao lugar (a Europa Ocidental e às regiões que são por ela influenciadas); e está vinculada até aos interesses pessoais do autor.

Certo e errado, como dizem. Eu ficaria deveras satisfeito se todos os seres humanos mergulhassem profundamente nos temas evolução, Mozart e Holocausto. Existem piores maneiras de se ampliar o próprio universo. *Mas — note-se bem — essas escolhas não são privilegiadas, e certamente não são as únicas possíveis.* No Ocidente, existe um sem-número de outras teorias científicas importantes (mecânica newtoniana, placas tectônicas, para dar apenas dois exemplos); outras singulares realizações artísticas (as obras de Michelangelo ou Rembrandt, Shakespeare ou George Eliot); outros eventos históricos moralmente matizados (as revoluções francesa e soviética; a luta americana em torno da escravatura). E, no seio de outras tradições culturais, existem abundantes exemplos do verdadeiro (estes incluiriam teorias populares ou a medicina chinesa tradicional); do belo (seja a pintura japonesa ou a música dos atabaques africanos); e do bem e do mal (os preceitos das mais importantes religiões, as histórias de tiranos brutais e suas horrendas proezas, as sagas de santos e pecadores).

Não estou afirmando, pois, que todo o mundo necessita estar apto a explicar o que constitui uma espécie; ou a discernir o desenvolvimento de melodias e os intricados romances numa obra como *As Bodas de Fígaro*; ou a analisar as razões por que tantos alemães foram cúmplices no Holocausto. Não, o que estou sustentando é que "uma educação para todos os seres humanos" necessita explorar com alguma profundidade um conjunto de realizações humanas capitais, condensadas na venerável frase "o verdadeiro, o belo e o bom".

Uma outra objeção possível. As categorias "verdadeiro, belo e bom" não estão elas próprias vinculadas a um tempo e cultura? Também este é um ponto válido, mas não decisivo. Os conceitos de "verdade", "beleza" e "bondade" refletem, na realidade, uma cultura filosoficamente orientada; com efeito, os nossos primeiros testemunhos de discussão explícita dessas virtudes são os diálogos registrados por Platão na Grécia, cerca de 2.500 anos atrás. Outras culturas desenvolveram noções semelhantes, embora o modo como elas "analisam" os três domínios possa diferir bastante. Entretanto, se atentarmos realmente para as crenças e práticas das culturas — as que elas valorizam, transmitem, punem ou proíbem — verificaremos que cada cultura abriga concepções específicas de como o mundo é e de como devia (e não devia) ser. E essas concepções incorporam sentimentos implícitos de verdade, beleza e moralidade.

Existe uma outra e mais importante razão animando o propósito básico de minhas palavras. Em última análise, a educação relaciona-se com a formação de certos tipos de indivíduos — o gênero de pessoas que eu desejo (e outros desejam) que os jovens do mundo venham a ser. Anseio pela criação de seres humanos que entendam o mundo, que se nutram desse entendimento e que queiram — ardentemente, perenemente — alterar o mundo para melhor. Tais indivíduos só podem vir a existir se entenderem o mundo tal como tem sido retratado por aqueles que o estudaram com extremo zelo e nele viveram com grande riqueza de idéias a serviço do bem-estar de seus semelhantes; se lograrem familiarizar-se com toda a gama — os cumes, os vales e as cavernas — do que outros seres humanos realizaram; e se estiverem sempre monitorando suas próprias vidas, implícita e explicitamente, em termos de possibilidades humanas, incluindo as que não foram previstas antes. Sem dúvida, existem vários percursos para que tais indivíduos alcancem essa sabedoria. Neste livro, exponho meu percurso preferido.

Selecionei os meus três exemplos de compêndio porque me são familiares e porque serão familiares a muitos leitores. Mas devo repetir: nada existe de sacrossanto a respeito desse trio de exemplos. Um outro livro, numa outra ocasião, poderia adotar como seu enfoque a relatividade, revoluções e as *ragas* da Índia meridional. E eu devoraria tal livro.

Sobre Este Livro

Embora este seja um livro pessoal, gostaria de pensar que não se trata de um trabalho idiossincrásico. Ele está baseado em minhas análises de esforços educacionais desenvolvidos no passado, e também no que foi estabelecido nas ciências a respeito da mente e da cultura humanas. Nos dois próximos capítulos, passo em revista esse passado e identifico novas pressões exercidas hoje sobre a educação. Com efeito, nunca o mundo mudou com tanta rapidez. Necessitamos de uma educação que esteja profundamente enraizada em duas considerações aparentemente contrastantes mas, na realidade, complementares: o que é conhecido a respeito da condição humana, em seus aspectos intemporais; e o que é conhecido acerca das pressões, desafios e oportunidades da cena contemporânea (e da vindoura). Na ausência dessa dupla ancoragem, estamos condenados a uma educação que é parcial, obsoleta, *naïve* e inadequada.

Após debruçar-me tanto sobre os aspectos intemporais quanto os vinculados ao tempo da educação, passo a relatar o que sabemos hoje (com base em recentes pesquisas científicas e acadêmicas) sobre a mente humana, o cérebro humano e as culturas humanas. Cada um desses pontos de observação é crucial e irredutível. Estudos da mente/cérebro (revistos no Capítulo 4) dizem-nos como os seres humanos passaram a saber e entender. Por exemplo, revelam os diferentes modos pelos quais os indivíduos adquirem o conhecimento e representam mentalmente esse conhecimento; e tais pesquisas indicam as dificuldades resultantes da mudança no entendimento primitivo do mundo, mesmo quando os pesquisadores sugerem possíveis abordagens para efetuar as necessárias transformações. Estudos de culturas humanas (revistos no Capítulo 5) indicam a série de percursos que os seres humanos seguiram — desde as sociedades em que a educação é prescrita em seus ínfimos detalhes até aquelas em que os estudantes são encorajados a "interpretar" o conhecimento por si mesmos ou em colaboração com um grupo de iguais.[5]

Consideradas em conjunto, a mente/cérebro e a gama de culturas humanas definem as oportunidades e limitações da educação. Isoladamente, o tópico educação refuta a oposição rudimentar entre natureza e criação. Uma educação para todos os seres humanos precisa ser construída sobre essas fundações, mesmo que tenha de incorporar os notáveis conhecimentos que foram adquiridos neste século.

Na segunda metade do livro, volto-me diretamente para as questões de educação, dentro e fora das salas de aulas. Muita coisa foi afirmada a respeito da dificuldade em se obter um entendimento profundo na sala de aula; e muito se aprendeu recentemente sobre que práticas educacionais são suscetíveis de êxito no cultivo de tal entendimento. É oportuno recapitular esses dados e construir uma educação que assente nos mais poderosos *insights*.

Contudo, é freqüentemente frustrante ler a respeito de educação efetiva em termos abstratos. Os exemplos, por sua raridade, são valiosos. Como minhas ilustrações primárias, retorno às três áreas de estudo que já apresentei. Mostro como, fundamentado em novos *insights*, é possível edificar uma educação que gere o profundo entendimento de questões tão importantes quanto a evolução, Mozart e o Holocausto: um entendimento que merece ser adquirido por seu valor intrínseco e que, ao mesmo tempo, permite a participação significativa no mundo de hoje (e de amanhã).

O meu estudo desses três tópicos representa um esforço constante e sistemático para conjugar as duas mais poderosas idéias com que trabalhei. Especificamente, baseio-me em dados sobre *a aquisição do entendimento* e sobre as *inteligências múltiplas dos seres humanos.* Sustento que os educadores podem atingir muito mais estudantes e afetá-los de um modo muito mais profundo através da ativação de suas múltiplas inteligências de três maneiras diferentes que são explicadas nos Capítulos 7, 8 e 9.

As páginas finais do livro enfrentam a difícil questão de como realizar, numa escala maior, o gênero de educação que eu gostaria de ver acessível a todos. Apóio-me em certos experimentos educacionais promissores em que eu e outros estivemos envolvidos nos últimos anos. É claro que tenho minha própria abordagem educacional preferida; este livro apresenta-se, num certo sentido, como um dossiê em favor desse regime, assim como um guia para indicar o modo como ele poderia ser realizado.

Ao mesmo tempo, por causa das gigantescas diferenças em sistemas de valores encontradas entre grupos e culturas, duvido que seja alguma vez possível realizar uma educação ideal e implementá-la no mundo inteiro. Talvez isso seja preferível — um mundo com um único sistema educacional poderia ser um lugar deveras enfadonho. Parece muito mais viável projetar um número limitado de poderosas abordagens, cada uma das quais pode satisfazer as necessidades e os desejos de uma significativa parcela da população do mundo. Assim, descrevo como poderiam ser desenvolvidos seis percursos educacionais diferentes, incluindo o meu percurso favorito, cada um com o seu próprio conjunto de normas. No Epílogo, volto à indispensável questão de valores: que valores educacionais nutrimos e como nos assegurar de que uma educação de qualidade é também uma "educação humana" para todos os seres humanos.

Indicadores

É esse, em suma, o tema deste livro. Permitam-me apresentar agora alguns indicadores que assinalam as minhas convicções — ou, para adotar uma metáfora diferente, que põem na mesa as minhas cartas educacionais.

Em primeiro lugar, a educação consiste em mais do que escolaridade. Muito do que escrevo diz respeito propriamente ao que ocorre — ou deve ocorrer — em salas de aula. Historicamente, porém, a educação surgiu muito antes de existirem instituições formais chamadas escolas; e hoje, outras instituições — por exemplo, a mídia — rivalizam com as escolas em sua competência e poder.

A propósito, a discussão da educação restringiu-se freqüentemente ao domínio cognitivo, até mesmo a disciplinas específicas. O meu próprio trabalho acadêmico e aplicado foi visto, com freqüência, nessa perspectiva. Entretanto, eu vejo a educação como um empreendimento muito mais amplo, envolvendo motivação, emoções, práticas e valores sociais e morais. Se essas facetas da pessoa não são incorporadas às práticas quotidianas, a educação é suscetível de ser ineficaz — ou de, o que é pior, produzir indivíduos que ferem as nossas noções de humanidade.

Boa parte da educação ocorre mais implícita do que explicitamente. Pode-se, sem dúvida, organizar cursos específicos sobre como pensar, como atuar, como se conduzir moralmente. São apropriadas algumas lições didáticas. Entretanto, nós, humanos, somos da espécie de animais que aprendem principalmente observando outros — o que eles apreciam e valorizam, o que rejeitam e desprezam, como se conduzem no dia-a-dia e, em especial, que "movimentos" fazem quando acreditam que ninguém está olhando. Pedirei continuamente a criação de escolas — mais apropriadamente, *comunidades* escolares — que consubstanciem certos valores, assim como a formação de professores que exibam certas virtudes. O mesmo pode ser dito a respeito da mídia, da família e de outras influentes instituições educacionais.

Volto-me em seguida para os rótulos. Muito do que escrevo pode ser identificado com a tradição educacional de John Dewey — a assim chamada educação "progressista" ou "neoprogressista". Rejeito a bagagem que passou a estar associada (creio que inadequadamente) a esse rótulo. Pode-se ser progressista, embora incorporando também objetivos educacionais tradicionais e apelando para a realização dos mais elevados padrões de trabalho, sucesso e comportamento. Nas palavras do próprio Dewey, "o objetivo organizado do adulto e do especialista (...) representa a meta em direção à qual a educação deve continuamente caminhar".[6]

O que dizer do cânone? Dados os meus exemplos de evolução, Mozart e o Holocausto, pode parecer que eu tenha abraçado a causa do pensamento ocidental ou até que esteja defendendo a controvertida herança do Homem Branco Morto. Com efeito, dedico-me ao estudo em profundidade das mais importantes realizações, tópicos e dilemas humanos. Penso que todo o mundo deve ter seus heróis e que podemos aprender até com aquelas figuras que são imperfeitas — como são todos os heróis. Mas diferente daqueles que definem um cânone *a priori*, acredito ser preferível que a decisão sobre o que é e o que não é importante seja deixada a uma comunidade educacional específica; que todas as decisões desse teor sejam consideradas, na melhor das hipóteses, conjecturais; e que estejam sujeitas a uma constante negociação e reconsideração.

Em conformidade com os termos acima, não acredito numa verdade, beleza ou moralidade *singular* ou *incontestável*. Todo período de tempo, toda cultura terão seus próprios favoritos provisórios e suas listas temporárias. Devemos começar com uma exploração dos ideais de nossa própria comunidade, e também devemos estar informados sobre os ideais de outras comunidades. Podemos não endossar a estética do pós-modernismo, ou a moralidade do Islã fundamentalista, ou as verdades do Concílio Vaticano. Mas vivemos num mundo onde essas preferências existem, e é necessário e conveniente aprendermos a conviver com elas — e elas conosco.

Deve ser evidente que acredito ainda menos numa lista de "conhecimentos nucleares" ou de "instrução cultural"; isso não só constitui uma tarefa ociosa como veicula uma visão do saber que é, na melhor das hipóteses, superficial e, na pior, antiintelectual. Se este livro é uma constante dialética — leia-se, discordância — com qualquer pensador educacional contemporâneo, exprime a minha rejeição aos programas endossados pelo reputado analista literário e educador E. D. Hirsch.[7] Ele reclama a adoção de um currículo especial organizado em seqüência, no qual os estudantes completam um grande número de tópicos e conceitos por cada ano de escola. Tenho grande apreço, sem dúvida, por indivíduos que são "instruídos" a respeito de sua própria cultura e de outras, mas tal instrução deve acontecer como resultado da investigação profunda de questões importantes e da aprendizagem do modo de pensá-las de uma forma disciplinada — não como conseqüência de se dominar 50 ou 500 tópicos predeterminados a cada ano.

Na minha paisagem educacional, as perguntas são mais importantes do que as respostas; o conhecimento e, principalmente, o entendimento devem emanar da constante exploração de tais perguntas. Não peço um estudo do verdadeiro, do belo e do bom, por saber com certeza no que consistem essas coisas. De fato, desconfio das pessoas que pretendem *saber* o que é verdadeiro, belo ou bom. Organizo minha apresentação em torno desses tópicos porque eles motivam os indivíduos a instruir-se sobre o seu mundo e a entendê-lo; e porque, francamente, rejeito um mundo em que os indivíduos deixam de interessar-se por essas questões simplesmente porque elas não permitem uma resolução inequívoca.

Ninguém gosta do jargão, sobretudo do de outras pessoas, e poucos conjuntos de jargão profissional são alvo de maior desagrado do que o usado por educadores. Procuro manter o mínimo do "linguajar de educador", e apresentar e ilustrar tais termos quando os uso. Entretanto, a educação é em si mesma uma disciplina; seria insensato ignorar seus *insights*, absurdo censurar o seu vocabulário. E assim, com algum pesar, falarei ocasionalmente sobre metas educacionais (por que queremos/necessitamos educar); currículos (os tópicos e conteúdos que se prefere destacar); disciplinas (que assuntos e, de um modo mais crítico, que maneiras de pensar são importantes inculcar); pedagogia (as estratégias, táticas e "movimentos" realizados por aqueles a quem cabe formalmente a responsabilidade pela educação); e avaliação (os meios, formais e informais, pelos quais os educadores e a comunidade como um todo estabelecem o que foi — e o que não foi — dominado pelo "corpo estudantil").

Finalmente, se os leitores conhecem algo do meu trabalho, é possível que estejam familiarizados com a minha tese de que os seres humanos têm, pelo menos, oito formas separadas de inteligência, e que diferimos uns dos outros em nossos respectivos "perfis de inteligência". Outros, assim como os meus próprios colegas, dedicaram consideráveis esforços às implicações educacionais dessa teoria, e abordarei mais adiante alguns desses trabalhos.

Houve uma conseqüência imprevista de meus estudos psicológicos sobre inteligências múltiplas. É a suposição, por parte de alguns críticos, de que não sou favorável a uma educação rigorosa e de que evito os padrões elevados. Creio que isso se deve ao fato de "as inteligências múltiplas" serem corretamente vistas como uma crítica às noções de "uma única inteligência" e de um currículo escolar que visa exclusivamente às capacidades lingüísticas e lógicas. Minha crítica aos tradicionais testes padronizados, com ênfase quase total sobre a competência lingüística e lógica, também levou alguns a concluírem que a avaliação me desagrada de um modo mais geral.

Uma crença nas inteligências múltiplas, entretanto, não é, em absoluto, uma declaração sobre padrões, rigor ou expectativas, e certamente não constitui uma rejeição dessas aspirações. Pelo contrário: sou um adepto incondicional dos padrões elevados e das expectativas exigentes. Nem sempre tenho êxito em minha própria vida e trabalho, mas não é por falta de empenho. Magoa-me ver minha obra alinhada (poderia ter escrito "difamada") com a de indivíduos que são apologistas dos baixos padrões, baixas expectativas, do "qualquer coisa serve".

Talvez eu não possa fazer muita coisa para corrigir essa interpretação errônea. Mas posso afirmar — da forma mais enfática que me é possível — que uma educação para todos os seres humanos é uma educação que exige muito de todos nós — de professores e de estudantes, de sociedades e de indivíduos, de (se me permitem) leitores e de escritores. Além disso, uma educação para todos os seres humanos só pode ser coroada de êxito se dispusermos de meios para apurar o que foi bem entendido e o que foi moderada ou seriamente mal interpretado. Concebo uma cidadania mundial altamente instruída, disciplinada, capaz de pensar de um modo crítico e criativo, bem informada sobre um vasta gama de culturas, capaz de participar ativamente em discussões sobre novas descobertas e escolhas, disposta a aceitar riscos por aquilo em que acredita.

Esta declaração de valores pode confundir amigos e desafetos. Os "progressistas" podem recear que, em minhas considerações sobre verdade e padrões, desertei do seu rebanho. Os "tradicionalistas" podem acolher com júbilo essas "confissões da meia-idade", mas continuarão discordando do meu enfoque sobre educação individualizada e da minha resistência aos cânones. Espero que este livro estimule os partidários de ambos os lados a reexaminarem suas não-examinadas suposições.

Até onde me é dado saber (esta é uma conjectura sobre a verdade), vimos a este planeta somente uma vez (pelo menos, numa era pré-clonagem). Façamos o mais que pudermos de nossa breve presença. Espero que a maioria use tal oportunidade positivamente — utilizando como alicerces para o que construírem o que foi estabelecido em nossa cultura acerca do verdadeiro, do belo e do bom. Creio que as educações para o entendimento aqui descritas podem gerar recompensas tanto para o indivíduo quanto para as comunidades mais amplas em que todos devemos conviver.

Capítulo 2

Constantes Educacionais

Uma Montagem Educacional: A Transmissão de Papéis e Valores

Digamos que, como um diretor de televisão, o leitor fosse solicitado a preparar uma montagem da educação no transcurso da história humana. Teria de considerar uma impressionante variedade de cenários e um surpreendente leque de "assuntos" e "práticas" — alguns ainda disponíveis para filmagem, outros necessitando recriação ou dramatização. Poderia começar com os primeiros humanos quando percorrem a savana em busca de caça; os filhos pequenos (talvez atados às costas de seus pais) observam atentamente enquanto os adultos caçam. Depois, esses rapazinhos assistem ao transporte, esquartejamento e repartição da caça que foi abatida, enquanto as meninas ficam observando de longe e depois ajudam suas mães a limpar, cozinhar e servir o alimento. Talvez nessa noite as crianças se reúnam ao redor da fogueira, enquanto os mais velhos contam histórias heróicas a respeito de deuses, ou fábulas admonitórias a respeito dos perigos do fogo, de perniciosos vilões ou de vizinhos predatórios. O leitor-cineasta poderia então cortar para um cenário agrícola e fazer uma panorâmica onde os mais jovens despertam ao romper do dia para ajudar os mais velhos a cuidar de animais e plantas, a lavrar e a colher os principais alimentos; no final do dia (ou do ano), indivíduos de diferentes idades participam em rituais ou entalham amuletos que se destinam a garantir o tempo favorável para a sementeira, safras abundantes e vida longa para seus familiares e aliados.

Inicialmente, talvez se pense nesses exemplos como algo remoto e exótico. Mas podem-se discernir reverberações dessas práticas de longa data nas vidas de crianças de hoje. Nosso documentário televisivo poderia incluir crianças participando em jogos de perseguição com companheiros da mesma idade ou mais velhos; acompanhando seus pais ao trabalho; ajudando em consertos, cozinhando uma refeição da família ou fazendo compras com a mãe; assistindo a um filme ou a uma representação ao vivo na companhia de um membro da família; assumindo papéis numa cerimônia religiosa ou colaborando na criação de obras de arte. Embora pouco possa ser abertamente dito sobre essas ocasiões, as práticas dos adultos assinalam com freqüência crenças claras a respeito de como o mundo é e como devia ser — incluindo noções sobre verdade, beleza e bondade.

Com efeito, se uma pessoa fosse solicitada a estipular os dois principais objetivos da educação através do tempo e do espaço, ela indicaria, muito provavelmente, "a modelação de papéis adultos" e "a transmissão de valores culturais". Toda sociedade deve assegurar-se de que os mais importantes papéis adultos — líder, professor, pai/mãe, sacerdote — sejam apropriadamente preenchidos por membros da geração seguinte. Se a cultura depende de caçadores, de preparadores de alimentos, marinheiros, tecelões, sacerdotes, advogados, comerciantes ou programadores de computador, é importante que uma certa proporção de jovens esteja apta a desempenhar esses papéis de maneira eficiente — e, por fim, a transmitir as características principais desses papéis às gerações seguintes. Da mesma forma, toda sociedade deve assegurar-se de que os seus valores mais centrais — sejam eles bravura ou serenidade, gentileza ou rudeza, pluralismo ou uniformidade — sejam passados com êxito para aqueles que um dia serão eles próprios os transmissores dessas virtudes.

No passado, papéis e valores evoluíram muito lentamente. Em numerosas sociedades, os meios de transmissão quase não mudaram ao longo dos séculos. Hoje em dia, os valores mudam mais rapidamente, porém ainda num ritmo comedido. Os papéis, por outro lado, estão mudando consideravelmente de uma geração (ou mesma década) para a seguinte e pressionando de forma considerável as instituições de educação.

Escolaridade Formal: Notações e Disciplinas num Quadro Descontextualizado

É claro que hoje em dia associamos a educação muito mais aos ambientes da escola formal do que à observação informal ou aos exercícios práticos no lar, nos campos ou ao redor da lareira. A instrução formal produz-se principalmente sob certas circunstâncias. Existem procedimentos — como pilotar um barco em grandes distâncias em águas turbulentas — que são complexos para serem assimilados simplesmente pela observação. Existem sistemas notacionais — como aqueles que transmitem proposições verbais, relações numéricas ou lugares geográficos — que requerem cuidadoso estudo em prolongados períodos de tempo. Há um conjunto de tradições — freqüentemente de natureza religiosa — que devem ser estudadas, confiadas à memória, às quais se recorre sempre que apropriado e que serão por último transmitidas à geração seguinte. E, finalmente, é provável que existam disciplinas acadêmicas formais que refletem os procedimentos da cultura para enfrentar questões sobre os mundos físico, biológico e pessoal.

As escolas evoluíram gradualmente para atender tais funções em múltiplos ambientes no mundo inteiro. Há "escolas do sertão" (*bush schools*) na África onde os jovens aprendem sobre o passado de suas tribos. Há recintos não-convencionais nos Mares do Sul onde os jovens memorizam informações sobre a arte de navegar, e decoram os nomes e localizações das centenas de ilhas ao redor das quais terão de navegar. Em comunidades com um texto religioso escrito — seja a língua o grego, o latim, o árabe ou o sânscrito — surgem escolas para que seus alunos possam aprender a decodificar o texto sagrado, recopiar trechos e, talvez, adaptar a linguagem escrita também para fins seculares. E em sociedades onde as disciplinas acadêmicas formais evoluíram e sofreram transformações, as escolas transmitem, pelo menos, os rudimentos àqueles que precisarão usar essas disciplinas profissionalmente ou em seus papéis como cidadãos.

Essas instituições diferem dos quadros educacionais não-convencionais numa característica crucial. Elas transmitem o material num contexto que é tipicamente distante daquele onde será finalmente utilizado (por exemplo, navegar nos Mares do Sul, ou barganhar nos tribunais, ou fazer negócios no mercado. Para usar o jargão corrente, a escola é, em grande parte, um ambiente "descontextualizado". Com efeito, como o hipotético documentário da televisão poderia revelar, as salas de aula em todo o mundo assemelham-se umas às outras. Pois enquanto a educação no mundo inteiro se caracteriza desde longa data pela transmissão de papéis e valores em ambientes apropriados, as "escolas descontextualizadas" foram criadas, primordialmente, com dois objetivos específicos: a *aquisição de instrução com notações* e o *domínio de disciplinas*.

Os seres humanos vêm usando, há dezenas de milhares de anos, as notações para registrar eventos numéricos, cronológicos e religiosos. Mas somente nos últimos poucos milhares de anos é que sistemas notacionais mais sofisticados passaram a ser amplamente usados. Para que os indivíduos fiquem aptos a ler, escrever e executar cálculos de qualquer grau de complexidade, é necessário que eles gastem muitos anos dominando os elementos desses sistemas de instrução e aprendam como usá-los de um modo fluente e flexível.

Embora alguns indivíduos em cada sociedade possam enfrentar dificuldades específicas para dominar as diversas tarefas de sua alfabetização, a maioria das sociedades elaborou sistemas pedagógicos que podem transmitir efetivamente às suas populações jovens os conhecimentos necessários para que aprendam a ler, escrever e contar. O contínuo analfabetismo no mundo não se deve à ignorância sobre como ensinar leitura, escrita ou aritmética mas, antes, a não se dedicarem recursos adequados para essas tarefas. Em países como a China ou Cuba, onde (sob regimes comunistas) a alfabetização tornou-se alta prioridade, ficou provado ser possível obter a alfabetização da população inteira num prazo de poucas décadas.

O uso de escolas para inculcar as disciplinas acarreta considerações mais complexas. É importante que a história do grupo, seus preceitos religiosos e morais, seus conhecimentos técnicos (acerca de caçar ou cozinhar, tecer ou navegar, vender mercadorias ou solucionar litígios) sejam transmitidos a sucessivas gerações. Por vezes, tal transmissão pode ser feita de modo informal, através de demonstrações e conversas casuais "no local"; outras vezes, como no caso de culturas que possuem extensos épicos em verso oral, uma rede mais formal de tradições deve ser confiada à memória; e, em tempos mais recentes, surgiram disciplinas em que o conhecimento é preservado em textos escritos e ilustrados. Em ambientes religiosos, essas disciplinas são freqüentemente confiadas à memória e recitadas em moldes rituais; em ambientes seculares, é apenas necessário que o estudante esteja apto a ler o texto da disciplina, a derivar significados do mesmo e seja capaz de apoiar-se nesse conhecimento quando necessário (pelo menos, para as provas do exame; idealmente, também para a vida além da escola).

Textos simples podem ser memorizados; uma disciplina pode, talvez, ser aprendida mediante um aprendizado informal. Mas, quando a familiaridade com um conjunto de instruções e disciplinas é muito solicitada e valorizada, a escola formal alcança o seu maior prestígio. Não basta "saber decodificar". As capacidades para ler fluentemente uma variedade de textos, pôr por escrito as próprias idéias, calcular rápida e corretamente, e usar sistemas numéricos para medição ou experimentação — tudo isso requer mais de um ano ou dois de estudo informal. (Sem dúvida, alguns indivíduos talentosos conseguiram dominar essas atividades sem muita orientação formal; e em meios onde a educação era acessível principalmente aos rapazes, as meninas tinham que aprender a ler e escrever sub-repticiamente ou ao lado de algum solícito parente.)

Nossa concepção de escola tem estado intimamente vinculada à existência de sistemas escritos formais, cujo domínio era considerado necessário para fins religiosos, econômicos e/ou sociais. E como a escolaridade foi ampliada para além dos anos de instrução primária, a educação formal está igualmente associada ao domínio de disciplinas, desde a história até a teologia e ciência. Passamos a aceitar como pressuposto que o adulto maduro deve ser versado em numerosas disciplinas — capaz não só de ser aprovado em exames escritos mas também de utilizar modos disciplinares de pensamento em sua profissão e como cidadão.

Seria um equívoco, entretanto, pensar nas instituições educacionais tradicionais como sendo meramente, ou mesmo primariamente, instrumentais num sentido estrito. Fazê-lo seria cometer o pecado de "presentismo" — atribuir a instituições pretéritas as nossas crenças (ou preocupações) atuais. Pelo contrário, tais instituições colocaram tradicionalmente em primeiro plano claras noções sobre aquilo em que devemos acreditar, o que devemos valorizar e como devemos viver.

Considere-se, por exemplo, o aprendizado. Um indivíduo ingressa numa relação formalizada com um mestre específico e exige-se-lhe que passe por uma série de etapas antes de alcançar ele próprio o *status* de mestre. Em contraste com a escola, o aprendiz não despende meramente com seu mestre algumas horas de cada dia; mais do que isso, o aprendiz submete-se inteiramente a uma única e dominante figura de autoridade — assinando um contrato e vivendo até no lar do mestre. É plenamente integrado na vida quotidiana do mestre e sua família. Através desses contatos, ele passa a absorver uma inteira visão do mundo — o que o mestre acredita ser verdadeiro a respeito do mundo, os padrões do mestre para aferir que trabalhos são aceitáveis, e os comportamentos que são desejados, tolerados e estritamente prescritos dentro e fora do local de trabalho.

Ou considere-se a escola religiosa tradicional. Tipicamente, o diretor da escola é um homem (freqüentemente solteiro) selecionado pela comunidade em parte com base em suas pressupostas virtudes morais, e a quem é conferida considerável autoridade intelectual e ética sobre os estudantes. Espera-se que ele não só transmita as crenças e tradições da cultura mas também que as encarne em seu próprio ser. Mesmo que disponha de poder para disciplinar os estudantes, será chamado à responsabilidade se os seus próprios modos de conduta não se coadunarem com os padrões morais da comunidade.

A natureza especial da escola é bem comunicada pelos rituais que a acompanham. No *cheder** judaico tradicional, por exemplo, o primeiro dia do rapaz na escola é uma ocasião de júbilo. Toda a família se veste

* Significa "quarto" em hebraico. As aulas de religião eram administradas numa sala contígua à sinagoga ou na casa do próprio professor, o *melamed.* (N.T.)

de gala e acompanha o garoto à escola. Ao rapaz é servido pão em forma de letras que foi molhado em mel; o início do doce processo de aprender está profundamente codificado no sistema límbico do jovem.

Apresso-me a acrescentar que estou discorrendo aqui sobre situações ideais. Sabemos haver mestres que espancam seus tutelados sem dó nem piedade, e professores que levianamente ignoram as imperfeições morais de seus alunos... ou as suas próprias. Tais realizações menos que perfeitas não desafiaram, porém, a ampla e fundamental visão educacional — uma representação do verdadeiro, do belo e do bom. Essa visão, não menos que suas intrigantes variações, deve ser captada na minha hipotética montagem educacional.

Uma Educação Recheada de Virtudes nas Disciplinas

O delineamento dessas virtudes — e à medida que elas se distinguem umas das outras — apresenta diferenças significativas. Tradicionalmente, as mais importantes verdades foram as religiosas — as crenças da cultura sobre o que os seres humanos são, seu lugar no cosmo, como se relacionam com deidades e outras figuras espirituais, forças divinas que determinam o destino de cada um. Mesmo essas verdades, que podem parecer banais — por exemplo, os nomes e identidades de determinados indivíduos ou espécies — são freqüentemente impregnadas de significação simbólica.

Gradualmente, à medida que descobertas empíricas são feitas, o número de verdades aumenta e sua relação com a ortodoxia religiosa pode mostrar-se problemática. As teorias teológicas de concepção e nascimento, por exemplo, podem ser compatíveis com a experiência quotidiana e o senso comum; mas também podem não ser. (O que é que se conclui, por exemplo, quando uma criança se parece suspeitosamente com o lavrador ou o guerreiro na aldeia vizinha?) Por vezes, verdades religiosas e empíricas existem lado a lado com escassa tensão. Outras vezes, porém, um dos lados nessa luta tem que fazer concessões.

A ascensão das disciplinas escolares representa um esforço de longa data para ampliar o nosso conhecimento do mundo. As ciências biológicas falam-nos sobre a natureza e os processos do mundo vivo; as ciências físicas descrevem o mundo material e as forças que regem os objetos físicos; as ciências sociais, mais recentemente iniciadas, informam-nos sobre a natureza humana, as ações, motivos e possibilidades humanos. E, se bem que de um modo menos decisivo que as disciplinas científicas, as disciplinas humanistas e artísticas também fornecem informação e conhecimento. Elas aumentam de forma significativa a nossa compreensão das variedades de beleza e moralidade; familiarizam-nos com as múltiplas maneiras como os indivíduos, ao longo do tempo e do espaço, têm-se concebido a si mesmos e concebido seus mundos, suas opções e seus destinos.

Há também uma conveniente divisão do trabalho entre essas esferas. As ciências esforçam-se por descobrir os padrões gerais que caracterizam todos os objetos, espécies, seres humanos; as artes e as humanidades dedicam-se às particularidades de pessoas, obras e experiências individuais. É evidente que, como cientista, Darwin queria entender as leis que governam todas as espécies; em contraste, aqueles que mergulham numa única cena de uma ópera de Mozart deleitam-se na especificidade de um personagem, de uma situação, de uma frase ou melodia, de uma pausa. Os historiadores do Holocausto podem ser divididos, informalmente, entre os de disposição mental mais científica, que procuram paralelos com outros genocídios, e os de uma tendência mais humanista, que exploram os acontecimentos que caracterizaram o Holocausto nazista do início da década de 1940.

As relações entre verdade, por um lado, beleza e bondade, por outro, são motivo de controvérsia. Na moderna sociedade secular, somos propensos a vê-las como domínios separados — os domínios, falando em termos gerais, da ciência, da arte e da moralidade. O pensamento iluminista e pós-iluminista distinguiu um domínio separado da razão/ciência/conhecimento e verdade, o qual se sustenta a si mesmo; a estética e a moralidade ou são minimizadas ou separadas como emocionais, subjetivas ou particularistas; e as relações entre "bondade" e "beleza" são vistas, na melhor das hipóteses, como discutíveis. Muitos (incluindo os de convicções políticas contrastantes) vêem a moralidade como um assunto de interesse do lar e/ou da Igreja, e procuram dissociá-la inteiramente da escola. A religião, outrora vista como o árbitro final da verdade, cede agora a tarefa de apurar a verdade às ciências e adota a esfera moral como sua preocupação central. E, é claro, alguns pensadores pós-modernos contestam inteiramente a utilidade de termos historicamente tão contaminados como verdadeiro, belo ou bom.

Em tempos idos, os vínculos entre esses domínios não eram vistos como problemáticos. Os antigos gregos elaboraram uma noção de pessoa virtuosa, o indivíduo que atingiu seu pleno desenvolvimento.[1] Tais indivíduos cultivaram o conhecimento; eram corajosos, leais, justos, fisicamente fortes e ágeis; e evidenciaram um apurado senso de beleza em questões de corpo e espírito. A finalidade da educação (*paidéia*) era assegurar ao maior número possível de indivíduos o alcance dessa harmoniosa excelência.

Na perspectiva confuciana, que se desenvolveu mais ou menos pela mesma época, era importante que o jovem se tornasse um cavalheiro: hábil nas artes gráficas, musicais, marciais; leal à família e ao Estado; humilde, gracioso, amável, justo e cortês na companhia de quem quer que seja.[2] Esse conjunto também só poderia resultar de uma educação ideal, uma que perdurasse pela vida inteira e promovesse a contínua autotransformação. Na sociedade confuciana, as áreas de beleza e bondade eram vistas como fundidas numa só: não podia ser admitida a noção de beleza em um objeto ou pessoa que fosse, ao mesmo tempo, moralmente corrupto.

Para ajudar no processo de tornar virtuoso um ser humano, as culturas clássicas voltaram os olhos para certas figuras na literatura, na história ou na vida contemporânea que encarnavam essas características: os heróis homéricos, por exemplo, ou a pessoa do próprio Confúcio. Havia também exemplos negativos — indivíduos notórios por sua fraqueza de caráter, covardia, arrogância, egoísmo, ou um "trágico defeito". Uma pessoa podia julgar-se usando como seus pontos de referência essas características humanas (ou sobre-humanas), e os seus professores podiam ajudá-la a ver de que modo alcançar esses ideais ou por que razões ficou muito aquém deles.

As culturas clássicas também consideraram certas disciplinas como particularmente importantes na formação da pessoa como um todo: a leitura de certos textos fundamentais, o domínio da música e da poesia, a disciplina do corpo (através da ginástica, ou da equitação, ou como atirador exímio, por exemplo) e, pelo menos, os rudimentos de retórica, aritmética, mensuração, medicina, música e astronomia. O currículo, por assim dizer, pode ter variado de região para região e de uma era para outra; mas as virtudes embutidas no seu profundo conhecimento mantiveram-se notavelmente constantes através de toda a Idade Média.

Ao procurar entender essas concepções clássicas de virtude, um ponto deve ser sublinhado. Os antigos não viam o indivíduo como uma coleção de virtudes, possivelmente conjugadas ou não. Adotaram, de preferência, uma visão decididamente *holística* da pessoa. Esta procuraria atingir a excelência em todas as coisas, continuaria esforçando-se durante a vida inteira e buscaria igualmente constituir-se num ser humano integrado e equilibrado. Ou a pessoa representava uma integração dessas características intelectuais, físicas, éticas e estéticas, ou a pessoa não a representava. A aquisição de conhecimento e habilidade era vista como um auxiliar necessário à obtenção de virtude — o bem supremo — a serviço da sociedade a que se pertencia.

Muitos acham difícil ver essas virtudes como partes integrantes do mesmo conjunto. As esferas separaram-se. Entretanto, ainda podem emocionar-nos os versos finais da "Ode on a Grecian Urn" [Ode sobre uma urna grega]:

> *"Beauty is truth, truth beauty" — that is all*
> *Ye know on earth, and all ye need to know.**

Com o passar do tempo, portanto, as instituições educacionais tiveram como tarefa primordial a transmissão aos jovens do ponto de vista corrente da cultura sobre o que é verdadeiro (e não verdadeiro); o que é belo (e o que carece de beleza); o que é bom (e o que é maligno). Mais discutíveis, hoje em dia, são os limites próprios da educação. Poucos negariam à escola o papel primordial na tarefa de inculcar conhecimentos

---

* "Beleza é verdade, a verdade beleza" — isso é tudo
O que sabeis na terra, e tudo o que precisais saber. (N.T.)

e verdade. Entretanto, é muito menos certo se as escolas devem ser o principal comunicador de beleza e bondade. Nas culturas em que se pode verificar a existência de considerável concordância sobre essas questões, sua transmissão é freqüentemente confiada à escola; assim, em países europeus com uma população relativamente homogênea, os alunos estudam religião na escola e também aprendem as matérias de currículos formais nas artes.

Na sociedade norte-americana, entretanto, há razões constitucionais e culturais para bifurcar ou trifurcar a obrigação educacional. Muitos indivíduos que de bom grado mandam seus filhos a escolas comunitárias, rejeitam a idéia de instrução religiosa ou moral; isso, argumentam eles, é tarefa da família, da Igreja ou de uma instituição competente sediada em outro local da comunidade. Organizações como os escoteiros e as colônias de verão suprem com freqüência essa lacuna. E um crescente número de americanos mostra-se tão determinado a transmitir seus próprios sistemas de valores *pessoais* que rejeita por completo as escolas públicas, preferindo a escola religiosa ou a instrução particular. Essas formas personalizadas de educação podem incluir uma rejeição direta das noções de verdade veiculadas pela comunidade. Por exemplo, alguns pais desafiariam os pontos de vista consensuais a respeito da evolução (a melhor explicação das origens humanas), a favor da versão bíblica fundamentalista da criação humana.

Eu vejo a situação desta maneira. Outrora, era relativamente fácil e sem problemas inculcar a verdade, a beleza e a bondade através de instituições acadêmicas formais. Tal consenso sofreu grande desgaste em todo o mundo e é especialmente tênue nas sociedades modernas e pós-modernas, como os Estados Unidos. Alguns concluiriam que a missão estava, de qualquer modo, superada e que estamos em muito melhor situação por não termos que olhar as escolas como transmissoras dessas antigas virtudes. Neste ponto, empreendo uma extensa meditação sobre a alternativa oposta: a missão da educação deve *continuar* a ser uma confrontação com a verdade (falsidade), beleza (fealdade) e bondade (maldade), sem negar as facetas problemáticas dessas categorias ou as discordâncias entre diferentes culturas e subculturas. E as disciplinas acadêmicas ainda são a melhor forma de levar a cabo essa missão.

Escolhas Perenes

Até aqui, sublinhei o quarteto de características que cobrem o tempo e espaço educacionais — o desejo de transmitir papéis, veicular valores culturais, inculcar os diversos graus de instrução e comunicar certo conteúdo disciplinar e modos de pensar. E destaquei o "trio de virtudes" que por muito tempo animou a educação — uma busca, no âmbito da própria cultura de cada um, do que é verdadeiro, do que é belo e do que é bom. É importante reconhecer, porém, que são vários os caminhos pelos quais as instituições educacionais implementaram essas virtudes. Ao longo do tempo, o pêndulo oscilou entre um certo número de polaridades:

• Entre extensão e profundidade. De um modo geral, o impulso foi no sentido de cobrir o máximo de informação — de transmitir tantas verdades quantas fosse possível. Entretanto, a vantagem de explorar um menor número de tópicos, em muito maior profundidade, também foi periodicamente reconhecida. O filósofo anglo-americano Alfred North Whitehead sustentou: "Que sejam poucas e importantes as principais idéias introduzidas na educação de uma criança, e que sejam apresentadas em todas as combinações possíveis."[3] Hoje, nos Estados Unidos, vemos a tensão entre educadores como Theodore Sizer, que defendem a tese de que "menos é mais", e aqueles como E. D. Hirsch, que especificam o considerável montante de conhecimentos essenciais necessários para ser culturalmente instruído. O mesmo debate é travado em países que vão da Itália a Cingapura.

• Entre acumulação e construção do conhecimento. A maioria das escolas salientou, ao longo do tempo, a importância de se acumular uma grande soma de conhecimentos que são apreciados pela sociedade. O professor leciona, o compêndio é lido, o conhecimento é absorvido, retido, recitado de volta. Com efeito, compêndios medievais dedicaram freqüentemente considerável atenção a como memorizar fielmente o material — como encher melhor o recipiente mental.

Data da época clássica, entretanto, uma postura rival, "construtiva" ou "transformativa", em relação ao conhecimento. Conforme exemplificado nos colóquios de Sócrates, alguns educadores pedem que se enfrentem perguntas enigmáticas, que se dê prioridade ao debate em torno de respostas alternativas, que o estudante se esforce por construir sua própria conclusão pessoal, como resultado de sérias reconsiderações da questão.[4]

• Entre resultados utilitários e o crescimento intelectual por si mesmos. Em especial no nível retórico, sempre houve pressão sobre os educadores para comunicarem a utilidade de seus ensinamentos — se não com o objetivo de ganhar dinheiro, ou "permanecer à frente dos japoneses", pelo menos para facilitar a entrada no céu.[5] Mas uma tradição alternativa, associada em especial a educadores ingleses como o cardeal John Newman[6] ou, mais antigamente, a Cícero e Confúcio, sustenta a importância do conhecimento em si mesmo. Nesta perspectiva, a exploração do mundo e o desenvolvimento do espírito são virtudes importantes, quer culminem ou não em maiores bens materiais. E, num talvez surpreendente corolário, alguns sustentam que a melhor preparação para um mundo em rápida mudança continua sendo uma educação liberal clássica.

• Entre educação uniforme e educação individualizada. A maioria das escolas tem sido uniforme, no sentido de que ensinaram e avaliaram todos os indivíduos essencialmente da mesma maneira. Esta abordagem é adotada por sociedades do Leste Asiático, mas também por sociedades centralizadas de outras latitudes, como a França e as comunidades francófonas. Um argumento a favor da educação uniforme é que ela parece ser a modalidade mais eqüitativa.

Opõe-se-lhe uma perspectiva individualizada que realça a vasta diferença entre indivíduos, em termos de suas forças, necessidades e metas particulares. À luz da variação humana, faz mais sentido construir uma educação que leve em conta as diferenças entre pessoas. Com efeito, semelhante educação talvez seja mais justa; não confere prioridade a uma certa espécie de mente mas, antes, vai ao encontro do estudante onde ele estiver. Tal educação tampouco determina que cada pessoa deve assemelhar-se a outras na comunidade. Em contraste com uma concepção lockiana, que modela o indivíduo de acordo com os planos traçados pela comunidade, essa concepção "rousseauniana" permite que as inclinações naturais do indivíduo se desenvolvam e perdurem.

• Entre educação por muitas entidades privadas e educação como responsabilidade pública.

Historicamente, a educação foi, em grande parte, um assunto privado; a escola pública elementar norte-americana, a primeira no mundo, só foi concebida em meados do século XIX. A instrução pública em massa é distintamente um fenômeno do século XX. Hoje em dia, a educação pública está sendo alvo de ataques em muitos setores, tanto por aqueles que são favoráveis a escolas seculares ou sectárias independentes e sem fins lucrativos, quanto por aqueles que gostariam de ver as escolas administradas por empresas privadas (como as grandes corporações). A perspectiva alternativa jeffersoniana argumenta que a educação deve ser uma responsabilidade pública — paga pela comunidade, aberta à comunidade, e dedicada à preservação e transmissão de idéias e valores comunitários. Embora, historicamente, esse ponto de vista pareça ter-se originado nos Estados Unidos da América, é hoje aceito na maioria das nações do mundo, onde, com efeito, se estende freqüentemente ao nível universitário.

• Entre uma educação que ignora ou amalgama disciplinas e uma educação que sublinha o domínio disciplinar. Hoje, em muitos lugares as disciplinas estão sob fogo cruzado. São vistas como obsoletas, autoritárias, defasadas em relação a um ensino baseado em problemática ou baseado em temática, a província de "homens mofados". É melhor ignorar ou colocar as disciplinas entre parênteses, pelo menos até o momento de ingressar na universidade e cada um seguir sua própria curiosidade, onde quer que ela o conduza.

O ponto de vista contrastante sublinha que as disciplinas representam realizações humanas significativas; numa frase evocativa, elas "separam-nos dos bárbaros". Muito do que é crucial a respeito de verdade, beleza e moralidade foi codificado em uma ou mais disciplinas escolares — especialmente nos modos como elas elaboram e abordam questões. Os estudantes devem dominar as disciplinas e artes do seu tempo mesmo que, no fim, detectem suas deficiências e logrem superá-las ou reconfigurá-las.

• Entre uma educação que minimiza ou critica a avaliação, e uma que se fundamenta na avaliação e qualificação. Pelo menos no âmbito da educação, poucos gostam de testes e exames; e mesmo entre o público fora das escolas, os testes são geralmente olhados como um mal necessário. Hoje em dia, é considerável a controvérsia a respeito da administração de testes e exames, na esfera acadêmica e para além dela. Alguns acham que a avaliação é necessariamente odiosa; deve ser efetuada o menos possível, com o maior cuidado possível e tão individualmente quanto possível.

Uma perspectiva totalmente diferente interpreta a avaliação como um aspecto essencial e positivo de toda a aprendizagem. Todos os profissionais qualificados (incluindo os professores) estão permanentemente envolvidos em avaliação, e esses especialistas acham que a avaliação pode ser, com freqüência, uma experiência gratificante. Nessa perspectiva, os estudantes deviam familiarizar-se, desde o começo, com avaliações, as quais deveriam constituir uma parte regular da educação; e, o mais cedo possível, os próprios estudantes deveriam juntar-se aos processos de (auto-)avaliação.

• Entre padrões relativos, graduais, e elevados padrões universais. Hoje em dia, ninguém se atreve a opor padrões — e talvez essa unanimidade seja uma boa coisa. Políticos, homens de negócios, pais e educadores rivalizam para ver quem pode recorrer mais contínua e entusiasticamente a padrões. Mas elementos díspares existem nas fileiras dos defensores dos padrões. Os que se preocupam a respeito de padrões injustos ou de uma perda irreparável de auto-estima pedem que os padrões sejam sempre mencionados de forma atenuada ou constantemente ajustados à luz das aptidões e metas dos estudantes; ou que as "oportunidades para aprender" sejam igualadas em todos os cenários de ensino, antes de quaisquer conseqüências (para professores e alunos) serem associadas ao fracasso em satisfazer padrões.

Uma abordagem menos flexível, mais universalista, acentua a necessidade de enunciação de claros e elevados padrões para todos os estudantes; de manutenção do foco sobre esses padrões; de vigorosos esforços para ajudar os estudantes a dominá-los; e conseqüências claras quando esses padrões não forem satisfeitos. (Podem, entretanto, subsistir diferentes pontos de vista sobre o modo como os estudantes devem ser preparados para esses padrões, e avaliados em função dos mesmos.)

• Entre uma educação que é uma vitrine tecnológica e uma educação que ressalta a dimensão humana. Sobretudo entre aqueles que pertencem aos mundos dos negócios e da política, as tecnologias são freqüentemente vistas como salvadoras: as instrumentações que vão finalmente profissionalizar a educação e fazer de todos os nossos estudantes ávidos — ou, pelo menos, eficientes – aprendizes.

Muitos humanistas temem a tecnologia. A sociedade, dizem eles, já está sendo desumanizada; os computadores vão simplesmente acelerar o fim da dimensão humana. A educação deve ter como alicerce e preservar os preciosos laços entre seres humanos e as propriedades únicas do espírito humano. A tecnologia, dizem esses modernos luditas, deve ser firmemente mantida em seu lugar.

Com referência a cada uma dessas antinomias, tenho uma perspectiva ou preferência. Em termos claros, sou um educador que favorece a profundidade acima da extensão, a construção acima da acumulação, a busca do conhecimento pelo amor ao conhecimento acima da reverência à utilidade, uma educação individualizada acima de uma uniforme, e uma educação que seja de caráter público. Sou favorável a uma educação centrada no estudante e não no professor, uma educação que esteja atenta a diferenças individuais e de desenvolvimento. Em todas essas dimensões, eu poderia ser visto no lado liberal ou progressista do campo educacional.

Ao mesmo tempo, entretanto, sou também favorável à educação que tem raízes nas disciplinas, que atribui valor à avaliação regular e que aplica elevados padrões de julgamento ao trabalho do estudante. Nesse sentido, alinho-me com o campo tradicional ou conservador.

Por fim, sobre a tecnologia, encontro-me sinceramente numa posição intermediária: as novas tecnologias contêm tremendas promessas, mas devem ser vistas como meios, não como fins. Um lápis pode ser usado para escrever sonetos spencerianos ou para furar o olho de alguém. Um computador pode fornecer extenuantes currículos ou estimulantes enigmas científicos; pode esclarecer, entreter, instruir, entorpecer, estimular o consumismo ou estimular estereótipos étnicos. A Internet pode ajudar a criar vigorosas e construtivas comunidades; pode isolar e dessensibilizar indivíduos para outros seres humanos; pode até fomentar a inimizade e o ódio.

Nos meus melhores dias, espero que essa posição modulada me permita fazer causa comum com uma vasta gama de educadores e pais; nos momentos mais acalorados, temo que a ira de todos eles possa recair sobre mim. Assim seja.

* * *

Olhando em retrospecto através do tempo e com uma perspectiva de 360 graus através dos espaços, é possível discernir importantes elementos que caracterizaram a educação em todas as épocas: transmissão de valores, modelagem de papéis, domínio de notações e disciplinas. É importante a identificação desses elementos do todo, é uma tolice desprezá-los quando voltamos os olhos para novos tempos e novos mundos. Entretanto, é igualmente um sintoma de miopia ignorar as muitas e enormes mudanças que já são patentes no mundo e que afetarão indubitavelmente o formato da educação e da escolaridade nos anos vindouros.

CAPÍTULO 3

Educação no Futuro

Uma Instituição Compreensivelmente Conservadora

"As maneiras estão sempre em declínio", observou o comediógrafo romano Plauto em tom irônico. Poderia, sem dúvida, ter acrescentado: "e o mundo está sempre mudando... com crescente rapidez". As vastas mudanças em curso no mundo moderno são conhecidas de todos. Seja qual for o campo de atividade — as profissões liberais, os negócios, outros lugares de trabalho, a agricultura, os transportes, os meios de comunicação, a família e o lar — as condições são palpavelmente diferentes do que eram há um século ou mesmo um quarto de século atrás. Redimensionar, reestruturar, reconstruir são características do mundo comercial de hoje; o mundo de amanhã apresentará presumivelmente essas características e outras inovações ainda desconhecidas.

Seria um exagero sustentar que as escolas não mudaram em cem anos. Nos Estados Unidos e no resto do mundo, existem novos temas (como a ecologia), novos meios (computadores pessoais, videocassetes) e, pelo menos, algumas novas práticas — jardim-de-infância universal, educação especial para quem tem problemas de aprendizagem, esforços para integrar na "corrente principal" estudantes que têm problemas físicos ou emocionais. No entanto, com exceção de umas poucas mudanças relativamente superficiais, seres humanos milagrosamente transportados de 1900 reconheceriam muito do que acontece nas salas de aula de hoje — predomínio das preleções, ênfase sobre os exercícios práticos baseados na instrução recebida, matérias e atividades descontextualizadas, que vão desde o uso de cartilhas e seletas de leituras básicas até aos testes semanais de ortografia. Com a possível exceção da Igreja, poucas instituições mudaram tão pouco em seus aspectos fundamentais quanto as encarregadas da educação formal da geração seguinte.[1]

Contraste-se essa continuidade com as experiências infantis fora da escola.[2] Na sociedade moderna, as crianças têm acesso a uma gama tão extensa de meios de comunicação e informação que teriam parecido milagrosos numa era não muito remota (e que ainda deixam atônitos os membros de sociedades menos industrializadas): televisões, telefones celulares, computadores pessoais com CD-ROMs, máquinas de fax, videodiscos, *walkmen*, filmadoras para vídeo e diapositivos, para mencionar apenas alguns. Num instante, os jovens podem entrar em contato com amigos, familiares e até estranhos no mundo inteiro.[3] Os hábitos, atitudes e conhecimentos dos jovens são influenciados não só — e talvez não essencialmente — por aqueles que constituem seu círculo imediato de relações mas, sobretudo, pelos heróis e heroínas apresentados na mídia, com destaque para aquelas figuras sobre-humanas oriundas dos universos do espetáculo e do esporte. Aquele visitante do passado que reconheceria sem dificuldade a sala de aula de hoje ver-se-ia em apuros para relacioná-la com o mundo "fora da escola" do garoto de dez anos dos dias atuais. Confesso que, com freqüência, eu próprio me defronto com tais dificuldades.

As escolas — se não a educação de um modo mais geral — são instituições inerentemente conservadoras. Eu defenderia, em grande parte, esse conservadorismo. Métodos de instrução que se desenvolveram no decorrer de longos períodos de tempo têm muito a recomendá-los; e não é pequeno o número de práticas "modernosas" que provam ser voláteis, quando não inúteis ou perniciosas. A experimentação educacional nunca esteve totalmente ausente, mas ocorreu sobretudo nas margens. Somente no último século, importantes experimentos educacionais foram iniciados por educadores tão carismáticos quanto Maria Montessori, Rudolf Steiner, Shinichi Suzuki, John Dewey e A. S. Neill. Essas abordagens desfrutaram de considerável sucesso; de fato, poderiam impressionar o nosso hipotético visitante de 1900. E, no entanto, eles tiveram um impacto relativamente pequeno sobre o mais amplo movimento de educação que se desenrolou em todo o mundo contemporâneo.

Seis Forças que Recriarão as Escolas

Pode ser arriscado dizê-lo, mas creio que a situação atual é diferente. As mudanças no nosso mundo são tão rápidas e tão decisivas que será impossível para as escolas permanecerem tal como eram ou simplesmente introduzirem alguns ajustes superficiais. Com efeito, se as escolas não mudarem muito rápida e radicalmente, é bem provável que sejam substituídas por outras instituições mais receptivas (embora, talvez, menos reconfortantes e menos legítimas).

Há um precedente. Há 300 anos, as escolas serviam apenas a uma elite e eram essencialmente de caráter religioso; mas durante os dois séculos seguintes, as escolas passaram a servir à população em geral e adotaram uma coloração primordialmente secular. Essas mudanças ocorreram por causa de fatores tais como a urbanização e a industrialização, que pediam uma força de trabalho confiável e funcionalmente instruída; e o surgimento concomitante de ministérios de educação centralizados, com seus planos e poderes educacionais explícitos.

As exigências sofreram, uma vez mais, uma espetacular mudança. Há cem anos, bastava existir uma elite superiormente educada e uma população geral com as habilitações proporcionadas por uma instrução básica. Hoje em dia, porém, quase qualquer função que pode ser executada mediante a aplicação de procedimentos regulares será computadorizada. Para ser atrativo aos empregadores, um indivíduo terá que ser altamente instruído, conciliador, flexível, capaz de resolver problemas e, não menos importante, deve estar pronto para mudar de papel ou mesmo de profissão no caso de sua posição corrente se tornar obsoleta. As sociedades tampouco poderão negligenciar vastas parcelas de sua população. Para se conservarem competitivas num mundo em rápida mudança, as sociedades terão que fornecer educação de qualidade a uma considerável maioria de seus futuros cidadãos. E terão de ser receptivas para, pelo menos, seis conjuntos de tendências.

Grandes avanços tecnológicos e científicos. O mais importante evento tecnológico do nosso tempo é a ascendência do computador — poderosas unidades centrais e versáteis máquinas pessoais (incluindo *laptop*). Os computadores já desempenham um papel destacado em muitos aspectos de nossas vidas, desde transporte e comunicação até contabilidade e recreação pessoais. Atentas a essas tendências, muitas escolas dispõem agora de computadores em condições de trabalhar em rede. Em certa medida, esses complementos tecnológicos foram absorvidos pela vida da escola, se bem que, com freqüência, se limitem simplesmente a fornecer as velhas lições num mais conveniente e eficiente formato.

No futuro, porém, a educação será significativamente baseada no computador. Não só grande parte da instrução e avaliação será fornecida por computador, mas os hábitos mentais promovidos pelas interações com o computador serão realçados — mesmo quando se corre o risco de perder aqueles que se escoam pelas fissuras computacionais. Por exemplo, o pensamento preciso e explícito, passo a passo, é suscetível de ser valorizado, ao passo que os juízos estéticos ou éticos sutis podem ser marginalizados. Ao mesmo tempo (ainda que pareça um tanto paradoxal), os computadores permitirão um grau de individualização — orientadores ou preceptores personalizados — que no passado só eram acessíveis aos indivíduos mais abastados. Todos os estudantes podem receber um currículo elaborado na medida de suas necessidades, estilo de aprendizagem, ritmo e rapidez com que se domina a matéria, e registro dos resultados em matérias e lições anteriores. Com efeito, a tecnologia do computador permite, pela primeira vez, uma realização concreta de idéias educacionais progressistas de "personalização" e "aprendizagem ativa, transmitida no contato pessoal e direto com a informação" para estudantes do mundo inteiro.

A tecnologia do computador coloca toda a informação existente no mundo nas pontas dos dedos do indivíduo, literalmente. Isso é uma bênção e uma maldição. Os indivíduos já não têm que despender longos períodos de tempo em busca de uma fonte ou de uma pessoa — estas podem ser acessadas num abrir e fechar de olhos. (Com efeito, em breve os indivíduos nem mesmo terão de digitar uma instrução a fim de encontrar a capital de Montana, a população da Coréia ou a lei de Ohm; precisarão apenas perguntar oralmente para receber a resposta impressa ou falada pelo computador — obtendo assim a "instrução cultural" instantânea.)

Menos conveniente é a circunstância de não se dispor de meios de controle de qualidade; no momento em que escrevemos estas linhas, "qualquer um pode jogar". Informação e desinformação coabitam confortavelmente e, por enquanto, não existem métodos confiáveis para distinguir o bom senso do absurdo e das óbvias distorções "na rede". A etnógrafa Sherry Turkle fala-nos de uma criança pequena que insiste em dizer que "há sempre tumultos quando os impostos sobem" porque é essa a sabedoria comum enraizada no amplamente acessível programa "Sim City".[4] Chegar a compreender o verdadeiro, o belo e o bom — e quais dessas verdades, belezas ou bondades merecem ser conhecidas — constitui um formidável desafio.

Poderia ser dito, em resposta, que o mundo sempre esteve repleto de más ou falsas informações. Isso é verdade; mas, no passado, as autoridades educacionais podiam, pelo menos, escolher seus compêndios favoritos (e banir outros). A situação de hoje, com todo o mundo tendo acesso instantâneo a milhões de fontes, não tem precedente.

A inteligência artificial e a realidade virtual são duas tecnologias relacionadas com o computador que podem projetar uma vasta sombra sobre a educação. Grande parte do planejamento escolar pode ser efetuado, não por agentes humanos mas por programas criados por agentes humanos; e muito do que era cumprido antes por compêndios e ocasionais passeios ao campo será agora desempenhado em cenários de realidade virtual. Pode-se perguntar: qual é o "valor de verdade" de matérias preparadas inteiramente por entidades não-humanas?

Opondo-se às tendências prévias, é possível que a aquisição de credenciais passe a ser menos importante. Os indivíduos estarão aptos a educar-se a si mesmos (em grande parte, quando não inteiramente) e a exibir sua mestria em cenários simulados. Por que pagar 120 mil dólares para ir à faculdade de Direito, se qualquer indivíduo pode "ler Direito" como em tempos idos e depois demonstrar sua competência jurídica via simulação no computador? Ou, ainda, pilotar um avião ou realizar uma neurocirurgia?

Grande parte da educação, no passado, estava ajustada para garantir que os indivíduos pudessem realizar de modo confiável um trabalho regular durante todos os seus produtivos anos de adultos. Hoje em dia, esse pressuposto é duplamente falho. Em primeiro lugar, conforme assinalado, quase tudo o que pode ser tratado de forma algorítmica será realizado por autômatos.[5] Em segundo lugar, poucas pessoas permanecerão a vida inteira no mesmo nicho ocupacional; e muitas deslocar-se-ão com freqüência (quer voluntariamente ou por necessidade) de um nicho, empresa e setor da economia para um outro.

A explosão de papéis novos e passíveis de rápidas mudanças no local de trabalho complica a educação de uma forma sem precedente. A maioria dos professores e pais não contará com experiências em que possa apoiar-se a fim de preparar os jovens para um mundo onde podem esperar mudar de emprego com regularidade. Na ausência de precedentes, os jovens terão que se preparar para mudar rapidamente a "trajetória de suas carreiras" e as situações em que transcorrem suas vidas.

Se bem que o ensino e os currículos baseados no computador se apresentem como a influência tecnológica dominante em educação, outras inovações terão também impacto. Tecnologias da imagem permitirão o estudo dos processos do fluxo nervoso e sangüíneo mostrados por estudantes quando ocupados na solução de vários tipos de problemas ou em atividades criativas. Não estando mais restringidas a usos no campo da pesquisa, essas constatações a respeito da "vida mental" do estudante são suscetíveis de influenciar as abordagens pedagógicas, assim como a colocação, seja na corrente educacional predominante, seja em ambientes destinados a modelos especiais de educação.

Uma compreensão mais acentuada da base genética da aprendizagem e dos vários talentos é também passível de interferir na sala de aula. Pode ser possível determinar quais os jovens que têm probabilidade de avançar rapidamente e quais parecem destinados a experiências escolares "penosas"; e algumas autoridades insistirão em que essas descobertas sejam aplicadas em casos específicos (enquanto outras objetarão com veemência a quaisquer decisões tomadas com base na informação genética). Drogas que se propõem melhorar a aprendizagem, a memória ou a motivação tornar-se-ão de fácil acesso. Pais e professores podem enfrentar dilemas éticos que, em outros tempos, pareciam mais apropriados numa obra de ficção científica.

Finalmente, recentes e decisivos avanços em biologia e medicina podem modificar a educação de um modo sumamente radical. Se os indivíduos desejam "planejar" seus filhos através da engenharia genética, ou alterar a dotação genética de uma pessoa já existente, ou se a clonagem humana se torna uma realidade, tanto quanto uma possibilidade, então nossas definições do que significa ser um ser humano, ou ser parte de uma sociedade humana, mudarão para sempre. Até mesmo as leis da evolução podem ter que ser reconcebidas.

Ciência e tecnologia não alteram meramente nossas concepções do que é verdadeiro. Novos papéis são criados e valores tradicionais são desafiados. Nossa gama de possibilidades morais é alterada e as nossas sensibilidades estéticas também podem ser afetadas.

Tendências políticas. Com o fim da Guerra Fria, foram abalados os pressupostos constitutivos das relações internacionais no século XX. A luta obstinada e sem quartel contra um poderoso inimigo militar deixou de fornecer um motivo para a educação e o adestramento; as formas democráticas de governo estão em ascensão no mundo inteiro; e com a comunicação mais rápida entre indivíduos e nações, certos padrões de interação humana (como uma imprensa livre e a migração fácil) tornam-se mais atraentes, enquanto outros (como a censura ou as violações de direitos humanos) demonstram ser menos fáceis de defender.

Mesmo os que aplaudem esses desenvolvimentos reconhecem o seu caráter controverso. Existem vários graus e tipos de democracias. As formas externas de democracia são mais facilmente imitadas do que seus valores subjacentes. Os princípios democráticos são, com freqüência, mais respeitados na transgressão do que na observância — nos Estados Unidos e fora dele. Com efeito, privados de fontes explícitas, muitos americanos não podem distinguir passagens da Declaração de Independência de citações extraídas de obras de Marx e Engels. (Seria o caso de indagar como os europeus orientais se sairiam no mesmo teste.)

O colapso do comunismo e o enfraquecimento do socialismo não ocorreram sem sacrifícios. As redes de segurança com que os indivíduos estavam contando desapareceram ou tornaram-se mais tênues, e várias forças criminosas inseriram-se com indesejável freqüência num vazio político. Fundamentalismos étnicos e tribais que estavam escondidos ou suprimidos sob regimes totalitários retornaram com imprevista força. Podem ocorrer menos guerras em grande escala, mas existem intermináveis escaramuças locais, formas virulentas de tortura e até mesmo tentativas de genocídio.

Como a educação está significativamente preocupada com sistemas de valores, essas rápidas mudanças na ecologia política causam tensões. Compêndios, planos de lições, até visões do mundo, têm que ser alterados. Os instrutores devem traçar um rumo entre os vários "ismos", grupos raciais e étnicos, valores políticos e sociais passados e presentes. Imagine-se o que deve ter sido, nos últimos 50 anos, ser professor num país do Leste Europeu. O que era verdadeiro, belo e bom em 1950 ou mesmo em 1990 não tem hoje o menor valor; e, no entanto, indivíduos treinados em eras anteriores — os pais, não menos que os professores — não podem simplesmente desvencilhar-se de crenças que foram há muito interiorizadas. Nas palavras do poeta britânico Matthew Arnold, eles podem sentir-se "vagando entre dois mundos — um morto, o outro, sem forças para nascer".[6]

Nem esse sentimento de anomia está restrito ao antigo mundo comunista. À medida que nos distanciamos dos eventos deste século, muitos cidadãos europeus ocidentais e norte-americanos têm tido que repensar os papéis desempenhados pelos Estados Unidos em importantes conflitos, como a Segunda Guerra Mundial. Muitas práticas duvidosas — por exemplo, entendimentos com os nazistas — foram negadas em anos passados; agora, 50 anos depois, é muito doloroso para os cidadãos de um país enfrentar-se com o que eles (ou seus pais ou avós) fizeram (ou deixaram de fazer). E aqueles que, paradoxalmente, se têm na conta de grandes patriotas — por exemplo, os membros de milícias da extrema direita nos Estados Unidos — acabam adotando padrões estéticos e valores morais em total discrepância com os valores democráticos que estão ostensivamente comprometidos em defender.

Forças econômicas. Mesmo aquelas partes do mundo que nutrem pouca simpatia por instituições e valores democráticos reconhecem hoje a ascendência dos mercados e das forças do mercado. Quer se trate da China ou Rússia, Iraque ou Irã, África ou América Latina, membros da Asean [Associação das Nações do Sudeste Asiático] ou do Mercosul [Mercado Comum do Cone Sul], as regiões do outrora "segundo" ou "terceiro" mundo encontram-se hoje inelutavelmente envolvidas com as novas tecnologias, a formação de poderosas empresas, a busca de produtividade — em suma, empenhadas numa sistemática e incessante concorrência que envolve bens e serviços num mercado cada vez mais global.

Os estudantes devem ser educados para que possam participar e sobreviver nesse implacável ambiente darwiniano. Tal formação é mais fácil naquelas regiões do mundo onde o capitalismo tem sido dominante desde longa data, na política oficial da sociedade ou, pelo menos, "na rua". Mas naquelas sociedades onde a cooperação foi realçada em detrimento da competição, onde os indivíduos são encorajados a subjugar suas próprias paixões pessoais, e onde o estado providencia uma rede de segurança (com freqüência, em troca de cooperação política ou silêncio), o ajustamento a um ambiente de "briga de cachorro grande" prova ser difícil e talvez repugnante também.

Uma parte inevitável do novo ambiente — tanto político quanto econômico — é a globalização.[7] Ao passo que, antes, quase toda economia se desenrolava confortavelmente num nível local, o período de sistemas econômicos isolados foi superado há muito. Empresas multinacionais, associações e acordos de comércio regional, investimentos e financiamentos internacionais são as novas realidades. Os países devem encontrar e impor suas vantagens competitivas, devem permanecer sempre vigilantes e alternativamente ofensivos e defensivos numa paisagem econômica sujeita a rápidos câmbios sobre a qual eles jamais podem exercer suficiente controle. Um trilhão de dólares circula a cada dia em instituições financeiras; uma queda súbita na Bolsa de Valores de uma nação pode deflagrar bilhões de dólares de perdas no mundo inteiro numa questão de horas. Quando George Soros fala, o mercado estremece.

A globalização tem ramificações ecológicas e econômicas. A poluição não respeita fronteiras geográficas, e os esforços para limpar ou proteger o ar, a água ou mesmo o espaço exterior requerem cooperação internacional. A economia de mercado age contra esses esforços, porquanto o mercado responde primordialmente a pressões e lucros a curto prazo, e não a necessidades e políticas estratégicas a mais longo prazo. Além disso, os países em desenvolvimento percebem as iniciativas ecológicas como esforços velados para manter um campo de jogo desigual. Mas, a menos que se suponha que as questões, de uma forma ou de outra, acabarão por encontrar elas próprias uma saída, torna-se imperativo incluir em qualquer currículo uma consciência tanto ecológica quanto econômica.

Embora não sejam necessariamente concomitantes, outras características tendem a acompanhar a economia de mercado. Há a corrida precipitada para fabricar numerosos produtos que, com freqüência, diferem uns dos outros apenas em detalhes mínimos; há a necessidade, portanto, de descrever e anunciar esses produtos *como se* fossem realmente muito distintos uns dos outros; há a obsolescência planejada; há o foco sobre consumo, comercialismo e consumismo. Infelizmente, os indivíduos não parecem necessitar de "treinamento disciplinar" para ingressar nesse mundo, que parece bem adaptado demais às profundas propensões humanas. Com efeito, a "educação defensiva" pode ser necessária caso se pretenda resistir à influência sedutora do mercado — ao chocolate mais saboroso, ao tênis mais incrementado, à motocicleta mais veloz.

Finalmente, com o crescimento econômico, dá-se uma mudança para a sociedade da informação, a sociedade do conhecimento, a sociedade do saber. É cada vez maior o número de indivíduos que se transfere para os setores dos serviços humanos, dos recursos humanos e, especialmente, para a criação, transformação e comunicação do conhecimento. Trabalhadores podem muito bem ser contratados e demitidos com base no que sabem, na eficiência com que podem aprender e em suas contribuições recentes para as bases úteis e pertinentes do conhecimento. Ninguém poderá apoiar-se na escola do passado nem dormir sobre os louros educacionais outrora obtidos. Somente aqueles que podem demonstrar sua permanente utilidade numa sociedade impregnada de conhecimentos podem esperar colher indefinidamente as recompensas oferecidas por essa sociedade.

Ao retratar essas forças econômicas, não tenho a intenção de endossá-las — quando muito, nutro sentimentos um tanto contraditórios a seu respeito — nem de indicar que elas serão dominantes para sempre. Há muitas maneiras de conduzir uma sociedade, ou um mundo — tantas quantas são as maneiras de causar sua ruína ou destruição! Os modelos de capitalismo de Adam Smith e Milton Friedman — ou, no caso, de Lee Kwan Yew, de Cingapura, ou de Deng Xiaoping, da China — não esgotam as opções. Mas, pelo menos, para o futuro previsível, não existem alternativas viáveis na cena internacional. Os cidadãos (em especial os futuros cidadãos) devem ser preparados (ou inoculados, se preferem essa metáfora) para poder participar na economia de mercado conforme requerido, embora sejam capazes, talvez, de resistir às suas facetas menos agradáveis.

A tarefa das escolas talvez não devesse ser preparar os estudantes para a vida num mundo dominado pelo mercado. Outras agências e instituições estão, por certo, mais do que dispostas a preencher a brecha. Entretanto, as escolas tampouco podem ser mantidas à margem do processo. Decisões sobre que qualificações e competências inculcar são um aspecto a ter em conta: políticas sobre emprego, promoção, final da escolaridade e transição da escola para o trabalho são outras áreas onde a educação se conjuga com a economia. Os métodos pelos quais as considerações econômicas são realçadas ou marginalizadas no currículo provam ser importantes variáveis. Igualmente importantes são as mensagens implícitas da comunidade escolar: o ambiente da escola é de natureza competitiva, cooperativa ou um amálgama de ambas? Se competitiva, predomina uma mentalidade de "soma zero" ou "ganhar-ganhar"? As escolas podem servir como uma encarnação do mercado, ou um modelo alternativo de como a vida poderia ser realizada; elas podem ensinar o mercado ou ensinar contra o mercado. Com efeito, a decisão sobre por qual desses rumos enveredar é intrinsecamente moral — na medida em que reflete o senso de valores do educador a respeito do que seja "o bem".

Tendências sociais, culturais e pessoais na era moderna. Em contraste com o inequívoco *"mane, thecel, phares"* econômico, é um grande desafio tentar discernir as tendências sociais, culturais e pessoais dos anos vindouros. Pode-se conceber uma utopia onde os indivíduos estarão pessoalmente confortáveis e seguros, aptos a realizar seus próprios desejos, a conviver com aqueles de quem gostam e a participar de uma gama de oportunidades de lazer e cultura mais vasta do que nunca. Lamentavelmente, também é fácil conceber uma distopia, na qual os indivíduos são manipulados por anunciantes invisíveis e fugazes doutores, os conflitos de grupo são exacerbados, nossas opções aparentemente ilimitadas são, na realidade, restringidas pelos cínicos proprietários da mídia, a privacidade e o espaço pessoal são perenemente violados e o já considerável abismo entre opulência e indigência é indefinidamente dilatado. Ou pode-se ser persuadido pelo roteiro do cientista político Samuel Huntington,[8] que prevê uma luta entre os autoritários mas economicamente poderosos modelos das sociedades confucianas asiáticas e as democráticas mas menos coesamente organizadas versões do Ocidente.

Uma previsão pode ser feita com segurança: os meios de comunicação serão uma dominante, ainda que por vezes involuntária, agência da educação em todo o mundo. (Considerem-se apenas as mensagens da mídia global destes últimos anos — as associadas a nomes como O. J., Diana, Dolly e Deep Blue.*)

---

* A fama pode ser fugaz no mundo de "15 minutos" de Andy Warhol. Por ordem, um astro do futebol americano acusado de duplo homicídio, uma princesa que morreu jovem, a primeira ovelha clonada, o primeiro computador que derrotou o campeão mundial de xadrez.

Será extremamente difícil — se não impossível — isolar uma determinada cultura de todas as outras. Indivíduos em todo o mundo terão acesso colorido às crenças, atitudes e estilos de vida de milhões (na verdade, bilhões!) de outros indivíduos — nos nossos termos, eles estarão expostos às — e desafiados pelas — verdades, belezas e visões morais de seres humanos seus semelhantes, incluindo indivíduos cujos pressupostos e formação estão em considerável divergência com os nossos próprios. Fundamentalistas islâmicos no Irã, fundamentalistas judeus em Israel, fundamentalistas cristãos nas Américas podem aderir às suas crenças mas terão que fazê-lo em meio ao considerável e "ruidoso" conhecimento das vidas de outras seitas, assim como daqueles milhões para quem a religião deixou de ser uma força potente.

Os efeitos dessa exposição, como sabemos, serão vários. Alguns indivíduos serão ameaçados (talvez apropriadamente) pela exposição a estilos de vida alheios, e serão tentados a resistir, rejeitar, repelir esses contaminantes estrangeiros. Mas outros — especialmente os mais jovens, os mais corajosos, os mais ousados — ampliarão seu senso de opções. E quando o conhecimento de opções (e como concretizá-las) se universaliza, deve ser comprovadamente mais difícil marginalizar vastos setores da humanidade com base na cor da pele, filiação étnica, sexo ou orientação sexual.

Em suma, é disso que trata a modernidade cultural. Em algumas civilizações ocidentais, em especial nas da Europa e América do Norte, conjuntos de práticas, normas e valores foram gradualmente elaborados. Mais recentemente, indivíduos vivendo em outras partes do mundo foram expostos através da mídia a modos de viver em que os indivíduos escolhem seus próprios papéis profissionais, parceiros, locais de residência e até sistemas de valores. Num tal contexto moderno, questões de expressão pessoal, esportes, entretenimento, moda tornam-se mais importantes; as preocupações políticas, religiosas e ideológicas esmorecem, em certa medida.

Inicialmente, tal exposição era chocante. Em países como o Irã e a China, resultaram em fortes reações negativas em relação à "sociedade moderna", ao "Ocidente", à "sociedade secular" e outros espantalhos. Entretanto, ao mesmo tempo, registrou-se um fascínio com a forma como os seres humanos se apresentam quando se despojam daqueles "vínculos"[9] — confortantes e restritivos — que caracterizaram a maior parte da vida humana na maior parte do mundo, durante a maior parte da história. Noções de verdade, beleza e moralidade são irrevogavelmente desafiadas e, talvez, alteradas para sempre.

Se a marca ocidental da modernidade sobreviverá e predominará é uma questão em aberto. Sociedades islâmicas como a Indonésia ou a Malásia, sociedades confucianas como Cingapura ou a China lograram assimilar muito da competência tecnológica e econômica do Ocidente sem adquirir também suas crenças políticas liberais ou suas práticas sociais tolerantes. Entretanto, se a educação formal destaca a adoção de tais e tão controvertidas características ocidentais, ou a inoculação contra elas, a crescente intimidade do nosso planeta assegura uma constante preocupação com essas questões.

Fatores pessoais têm influenciado tipicamente questões de escolha a respeito de parceiros, residência, trabalho e estilo de vida; e essas "considerações sociais" continuam a ser importantes para os indivíduos no mundo inteiro. Entretanto, uma outra dimensão de vida pessoal, potencialmente de grande importância também, ainda não foi muito percebida. Refiro-me a um maior entendimento da mente humana — em termos de emoções, personalidade e cognição. Vivemos numa época em que se acumulam os *insights* psicológicos e em que o fascínio popular pelo trabalho intelectual não dá mostras de declínio — seja na China, Brasil ou Dinamarca. O que ainda tem que acontecer é uma ligação entre o entendimento que a pessoa adquire de sua própria mente e a responsabilidade pessoal que ela assume por sua própria educação.

Até agora, a educação tem sido vista, em grande parte, como a responsabilidade de "forças externas": as mentes individuais têm sido tratadas como herméticas "caixas-pretas". Entretanto, é agora possível aos indivíduos obterem *insights* muito maiores sobre o funcionamento das mentes em geral e de suas próprias mentes em particular. O conhecimento pessoal acerca da mente poderia propiciar aos indivíduos um sentido de intervenção a respeito de suas vidas cognitivas que teria parecido utópico num passado ainda não muito distante. Metacognição, autoconsciência, inteligência intrapessoal, pensamento de segunda ordem, planejamento (e revisão e reflexão), pensamento sistêmico, bem como suas relações mútuas, não precisam ser mero jargão psicológico ou chavões de "auto-ajuda"; em termos claros, os próprios indivíduos podem desempenhar um papel muito mais ativo na determinação da verdade, beleza e bondade que impregnarão suas próprias vidas.

A educação tem sido tradicionalmente considerada um imperativo para os jovens — os adultos não viviam tanto tempo, e as vidas adultas não mudavam tanto assim. Agora, porém, as vidas adultas mudam rapidamente, e a longevidade de seres humanos está em firme ascensão, tendo alcançado pelo menos os bíblicos 70 anos na maioria dos países e aproximando-se dos 80 em muitos. "Aprender durante a vida inteira é uma necessidade" deixou de ser apenas uma bonita frase. Uma vez mais, esse é, para alguns, um bem-vindo desenvolvimento; certos grupos étnicos e religiosos vêm sublinhando há muito a importância de se aperfeiçoar a mente de uma forma constante. Mas para os que foram criados em ambientes de escassa orientação acadêmica, e para aqueles que nunca gostaram muito de escola, a perspectiva de uma vida onde se deve continuar a estudar, a aprender, a praticar e, sobretudo, a *melhorar as aptidões e poderes mentais de cada um* é comprovadamente menos sedutora.

Os jovens devem ser criados de modo que sintam prazer em aprender, desenvolvam interesses difusos e queiram nutrir suas mentes para o resto de suas vidas. Platão expressou isso em termos memoráveis: "A finalidade da educação é levar o indivíduo a querer fazer o que tem de fazer." Tal virtude parece ausente até mesmo naqueles países que se destacam nas comparações internacionais de realização educacional; e a afluência da maioria dos indivíduos às modalidades de diversão mais fúteis e irracionais — e longe das que exalam o mais leve odor de educação — indica que a aprendizagem ao longo da vida, por mais necessária que pareça ser aos responsáveis por programas de ação (incluindo o presente autor), pode não ser uma "venda fácil" em muitos setores.

A cambiante cartografia do conhecimento. O conhecimento será sempre ampliado — isso faz parte da condição humana —, mas no passado essa expansão foi gradual e aparentemente controlável. Foi dito, só em parte como gracejo, que o poeta e educador britânico Matthew Arnold (1822-1888) foi o último homem (*sic*) no mundo a saber tudo. Seja como for, dificilmente existe hoje uma disciplina escolar onde o conhecimento básico não aumenta a taxas essencialmente geométricas. Por estimativas conservadoras, o montante de informação disponível duplica de poucos em poucos anos; ouvi recentemente uma afirmação no sentido de que a soma de informação no mundo dobra a cada 80 dias! E mesmo que esses números sejam em grande parte desprovidos de significado (no fim das contas, a desinformação conta como informação? O que é que, de qualquer modo, conta como informação?), a realidade que eles tentam quantificar torna mais difícil determinar que "verdade" merece ser estudada e o que merece ser conhecido.

No futuro, o indivíduo (ou "agente inteligente") que puder examinar esses repertórios de conhecimentos e determinar o que merece ser conhecido será tido em alto apreço. Ainda mais estimável será a pessoa (ou o explorador) capaz de sintetizar os domínios do conhecimento em expansão exponencial, para que informação vital possa ficar à disposição, em forma útil, do cidadão comum e do articulador comum de programas de ação.

O conservadorismo dos sistemas educacionais prova ser especialmente problemático neste ponto. O trabalho nas fronteiras do conhecimento muda de década para década; com efeito, amigos meus no mundo da biologia molecular dizem-me que não podem permitir-se permanecer desinformados por mais de três meses! Mesmo nas humanidades, as perspectivas sobre arte e literatura são muito diferentes do que eram há uma geração. E, no entanto, no mundo inteiro, os indivíduos estudam nas escolas os mesmos "assuntos" praticamente da mesma maneira que seus pais e avós os estudaram. Quando esses estudantes descobrem a verdadeira natureza do trabalho de "eliminar fronteiras" nas disciplinas — na universidade, através de suas próprias leituras ou explorações, ou num aprendizado — ficam freqüentemente atônitos — de um modo ora agradável, ora inconveniente.

A questão do estudo interdisciplinar é, sem dúvida, oportuna. Nas cabeças-de-ponte avançadas, a maioria dos problemas não se acomoda facilmente nos bem ordenados nichos disciplinares. A norma é a formação de equipes de trabalhadores interdisciplinares, e os investigadores mais eficientes são aqueles que são capazes de combinar os *insights* e as técnicas de duas ou mais disciplinas — tarefa nada fácil quando as próprias disciplinas estão mudando rapidamente. E, no entanto, o trabalho interdisciplinar constitui um permanente desafio, na medida em que requer o casamento de abordagens, métodos e modos de pensar freqüentemente díspares.

Em minha opinião, é apropriado continuar a exercitar o pensamento disciplinar no nível de ensino secundário. As disciplinas representam os nossos melhores esforços para pensar sistematicamente sobre o mundo e são requisitos preliminares para um competente trabalho interdisciplinar. Ao mesmo tempo, tal prática produz uma disjunção indesejável entre a educação dos futuros profissionais baseada em disciplinas e a realidade interdisciplinar de um saber que eliminou fronteiras.

As mudanças na cartografia do conhecimento podem atordoar a mente.[10] Enquanto os indivíduos estavam habituados a aguardar durante extensos períodos de tempo para ler os resultados de uma pesquisa, importantes descobertas são agora conhecidas no mundo inteiro em poucos dias, cortesia da Internet. A publicação impressa tornou-se cada vez mais uma formalidade e está até inteiramente superada em certas áreas de ponta. Novos campos e subcampos são fundados a cada ano, mesmo quando campos outrora dominantes decrescem de importância. A acessibilidade a um vasto acervo de dados básicos possibilita a indivíduos sem educação formal dominar matérias e dar contribuições para o mundo acadêmico. O ensino à distância possibilita que indivíduos realizem até cursos avançados sem terem que se deslocar para uma faculdade ou universidade. E, como já foi mencionado, o poder dos ambientes virtuais pode permitir que indivíduos talentosos ou determinados demonstrem proficiência sem extensos e dispendiosos processos de diplomação.

Como complemento dessas tensões disciplinares, encontra-se alterada a própria noção de alfabetização. À clássica trilogia de ler, escrever e contar, devemos certamente adicionar várias linguagens de computação e programação. Uma diferente mistura entre graus de alfabetização está também ficando em evidência. Assim que a pessoa começa a operar em hipermídia, a ler e organizar suas próprias páginas na *Web* e a montar seus projetos baseados no computador, ela deve orquestrar um novo amálgama de informações gráficas, lingüísticas e até auditivas. Há todos os motivos para crer que os diversos graus de alfabetização continuarão a proliferar, mesmo quando suas possíveis relações mútuas forem exploradas, em especial, talvez, pelos estudantes mais jovens com talento para o planejamento.

As mudanças na cartografia do saber exercem seus principais efeitos no sentimento do que é verdadeiro numa cultura. Entretanto, o seu impacto não pára aí. Nunca se pode prever as implicações de uma descoberta. Por exemplo, a Internet resultou inicialmente dos esforços para ajudar cientistas financiados pelo governo e militares a estabelecerem entre si comunicações eficientes. Porém, a Internet transmite agora novas formas de arte e variedades de atividade sexual, incluindo pornografia. E a Internet fornece aos indivíduos a oportunidade de desenhar seu próprio retrato e, de fato, de mudá-lo a seu bel-prazer. Não só essas novas formas representam possíveis contribuições para a permanente evolução dos nossos sentimentos de beleza (ou não-beleza) e bondade (ou maldade); mas, se, e em que medida, tal transmissão deve ser regulamentada, suscita fundamentais questões políticas e morais.

Para além da modernidade — um porre pós-moderno.[11] Embora praticamente desconhecidas do grande público, novas perspectivas sobre o conhecimento foram desenvolvidas no Ocidente (em especial na França) durante a última geração. Diversamente denominadas pós-modernismo, relativismo, estruturalismo, pós-estruturalismo ou desconstrutivismo (e, podem estar certos, não são todas a mesma coisa!), essas abordagens desafiam coletivamente as certezas do conhecimento que foram adotadas durante épocas pregressas.

Em variantes mais moderadas, essa "perspectiva pós-moderna" adverte para que não se privilegiem pontos de vista específicos; pede o reconhecimento de "vozes" diferentes (previamente suprimidas, com freqüência); e sublinha a "natureza construída" de todo o conhecimento. Em suas variantes mais radicais, essa perspectiva questiona até a possibilidade de avanços no conhecimento e na verdade. Os "puristas" pós-modernos afirmam que o conhecimento é essencialmente sobre o poder, e que os que estão no poder determinam o que é verdadeiro e o que não é, determinações essas que mudam quando a "hegemonia" (isto é, a autoridade política que detém o controle) muda. Os textos não podem conter verdades porque são inerentemente autocontraditórios; todas as leituras são necessariamente leituras equivocadas; e a tarefa do *scholar* é pôr a descoberto — através da "desconstrução" desses textos — essas prolíficas auto-acusações e contradições internas.

O pensamento pós-moderno invadiu a consciência pública de várias maneiras. Através do ridículo — quando um *scholar* de orientação tradicional se depara com uma passagem particularmente burlesca e a destaca num texto que documenta os pecados correntes do universo acadêmico. Através do artifício — quando o físico Allan Sokal logrou publicar um artigo sobre ciência em *Social Text,* uma revista "pós-moderna".[12] Sokal revelou depois que o artigo era, na realidade, uma colagem de declarações predominantemente absurdas, com o objetivo de ridicularizar os textos desconstrutivistas prototípicos. Através do escândalo — quando se revelou (postumamente) que um importante desconstrutivista, Paul de Man, tinha sido um simpatizante nazista em sua juventude.

Apesar dos meus esforços para ser descritivo, devo admitir que tenho pouca ou nenhuma tolerância pela versão "pura" do pensamento pós-moderno. Em vez de revelar as contradições nos escritos de outros, acredito que esta posição também está eivada de autocontradições. Se os únicos padrões são os do poder, por que prestar atenção aos escritos de desconstrutivistas ou de quaisquer outros? Se devemos prestar atenção a alguns escritos (em contraste com a tarefa impossível de gastar uma igual soma de tempo com todos os escritos), então devem claramente existir alguns padrões operacionais — nesse caso, a posição pós-moderna peca por incoerente. Não se pode assumir uma posição que enfatiza a relatividade de todo o conhecimento e, no entanto, ao mesmo tempo, reivindicar o direito de ser ouvido e levado a sério. Recordo um professor que desafiou com pleno êxito uma turma de alunos de orientação relativista ao declarar que tencionava atribuir-lhes notas segundo lhe desse na veneta. Instantaneamente "curada" de seu relativismo, a turma converteu-se a padrões objetivos.

Este livro não é, porém, a ocasião para ser justo, ou injusto, com (minha versão de) sabedoria e crítica pós-modernas. Menciono aqui essa escola de pensamento por uma única razão. Se aceita como coisa certa e infalível, a postura pós-moderna invalida minha iniciativa de criar uma educação que se concentre no verdadeiro, no belo e no bom. Com efeito, desde uma perspectiva pós-moderna, minha missão seria literalmente uma impossibilidade. Uma vez que essas virtudes são ficções, impregnadas de contradições internas, como pode alguém tentar legitimamente transmiti-las? Mesmo o esforço para aumentar a sensibilidade para as versões de verdade de *outros* seria visto como fútil, embora fosse, talvez, uma estratégia politicamente mais correta.

Gostaria, entretanto, de propor uma trégua. Estou disposto a deixar um bom espaço à disposição dos pós-modernos no nível universitário (sobretudo nos cursos facultativos!), desde que eles me permitam formular os currículos desde o jardim-de-infância até as escolas secundárias. Sejam quais forem os méritos que as perspectivas pós-modernas possam ter para o estudante maduro, penso que elas só causarão dificuldades e problemas para todos os estudantes pré-universitários, salvo os dotados de um espírito mais sutil. Do meu ponto de vista, pode haver certa validade em contestar fáceis pressupostos a respeito da verdade, ou beleza, ou bondade, uma vez que estas se encontrem consolidadas; mas tentar abalar o próprio esforço para avançar no rumo da verdade (ou da beleza, ou da bondade), antes que ela tenha tido uma chance de consolidar-se, parece-me ser uma conduta injusta, se não profundamente perturbadora para a mente em desenvolvimento. Posso acrescentar que os esforços para acabar com essas discussões estão condenados ao fracasso: até mesmo o estudo do belo foi recentemente ressuscitado na academia.[13]

Permitam-me oferecer uma analogia. Não foram poucas as vezes em que os meus alunos de psicologia me disseram que Freud ou Piaget tinham sido refutados. Pergunto-lhes então se porventura leram suas obras e asseguram-me que já não é necessário lê-las! Fico contente quando escuto argumentos contra a viabilidade de um importante pensador expostos por alguém que fundamentou solidamente sua argumentação, mas não por alguém que transmite a conclusão em segunda mão, ou por alguém que contesta a própria validade de uma outra forma de investigação. Nesse contexto ecumênico, permitam-me dizer que respeito a erudição de que deram provas pensadores pós-modernos como Jacques Derrida (a respeito de Kant e Descartes) ou Jean-François Lyotard (a respeito de Freud e Marx) ou Richard Rorty a respeito dos pensadores epistemológicos clássicos.[14] É lamentável que seus próprios alunos projetem com tanta freqüência as atitudes e as conclusões deles, em vez de rivalizarem com seu meticuloso estudo de textos críticos.

Ponto final. Num certo sentido, pode muito bem ser que os pós-modernos estejam certos. Mesmo em ciência, a verdade última pode ser uma meta impossível; e, por certo, as concepções de beleza e moralidade mudam e continuarão a mudar *ad infinitum*, ainda que lentamente. Um currículo fundamentado nas verdades tradicionais não deve ter a pretensão de ser definitivo. Pelo contrário, deve procurar obter concepções culturais correntes do verdadeiro, do belo e do bom; e pode certamente incluir uma crítica sobre as afirmações e alegações contrárias, assim como um reconhecimento do *status* contingente de todo o conhecimento. Mais importante ainda, deve legitimar a permanente busca de exemplos para admirar, condenar ou procurar entender. Eu revelo as minhas raízes tradicionalistas — e minha mais persistente luta com o pós-modernismo "puro" — na minha asserção de que esses interesses perenes continuam a ser os adequados para seres humanos. E revelo a minha fidelidade ao Iluminismo na minha convicção de que, ao longo do tempo, a humanidade realizou algum progresso nos três domínios que me são caros.

A Visão Multiculturalista. O pós-modernismo é confundido, por vezes, com multiculturalismo, talvez porque ambas as missões são promovidas em departamentos de humanidades, às vezes pelas mesmas pessoas. Com efeito, os missionários de ambos os campos começam com uma crítica à erudição humanista ocidental corrente, mas depois divergem. Os pós-modernos concentram-se na epistemologia do cânone, ao passo que os multiculturalistas atacam a constituição do cânone — como eles o vêem, um foco excessivo sobre as idéias e obras de "varões brancos mortos".[15]

Minha visão do multiculturalismo é mais velada do que a minha crítica do pós-modernismo. Concordo em que a insistência num só cânone é desavisada; há muito mais obras e idéias dignas de estudo do que seria concebível incluir em qualquer cânone. (Os historiadores dizem-nos que os cânones sempre foram imprecisamente constituídos, na melhor das hipóteses.) Além disso, existe virtude num cânone pluralista, aquele que deliberadamente se apóia em diferentes fontes históricas, culturais e ideológicas. De fato, numa nação cuja população é, em si mesma, diversa, tal ecletismo é necessário e desejável. Finalmente, o que conta como cânone pode legitimamente mudar, dependendo da comunidade educacional em questão.

Para mim, as questões são princípios e exatidão. Neste ponto, um possivelmente surpreso Matthew Arnold faz sua terceira aparição neste capítulo. Usando sua frase, conclamo os educadores "a aprenderem e propagarem o melhor que se conhece e pensa no mundo".[16] Na mesma ordem de idéias, quero que os estudantes disponham de informação tão exata quanto possível. Na medida em que esses dois critérios são satisfeitos, acredito que os currículos e abordagens multiculturais são benéficos. Quando, porém, os multiculturalistas não aderem a normas em suas seleções de trabalho, ou favorecem obra inferior apenas por causa de sua proveniência atraente, então não me resta outra alternativa senão afastar-me deles. Da mesma forma, tampouco nutro simpatia por aqueles que optam por reescrever a história, para que créditos por descobertas sejam dados, sem provas convincentes, a indivíduos ou grupos que porventura tenham um certo sotaque, substrato cultural ou atitude política.

Permitam-me que expresse o meu ponto de vista positivamente. Quero que todos os estudantes desenvolvam um senso de elevados padrões; quero que todos os estudantes se esforcem pela exatidão e usem as provas de um modo apropriado; quero que os estudantes respeitem uma série de grupos e culturas, mas que o façam de uma forma crítica. É possível ter uma educação pré-universitária que seja multicultural e que satisfaça esses critérios, embora não seja esse um resultado necessário.

É impossível ter um currículo pós-moderno que satisfaça esses critérios — na verdade, os próprios critérios não possuem legitimidade aos olhos dos pós-modernistas.[17]

Uma Encruzilhada Educacional

Conduzi uma ampla pesquisa, usando como pontos de referência as constantes que caracterizaram a educação ao longo dos séculos, assim como as variáveis que dominam a paisagem nos anos vindouros.

Todos somados, esses fatores constituem considerável desafio para qualquer educador. Por um lado, o educador deve determinar a melhor forma de comunicar os desejados papéis, valores, saberes, disciplinas, e um sentimento do verdadeiro, do belo e do bem, em suas várias nuanças. Ao mesmo tempo, o educador deve ter conhecimento e ser receptivo para os vários e cambiantes fatores que atuam no mundo, incluindo os científicos, tecnológicos, políticos, econômicos, sociais, culturais e pessoais. Finalmente, atento aos sinais oriundos da academia, o educador precisa situar seu próprio trabalho no âmbito dos discursos do pós-modernismo e do multiculturalismo; pois mesmo se (como é afirmado) todos os discursos se contradizem, os educadores não podem evitar os respingos dos proponentes mais ruidosos dessas provocantes visões do mundo.

Assinalei que a educação é uma instituição conservadora, e que esse conservadorismo não é necessariamente um mal. De fato, com respeito à transmissão de valores e ao domínio de certos sistemas notacionais e certas disciplinas, uma abordagem conservadora pode perfeitamente ser solicitada. Entretanto, a explosão de conhecimento e a cartografia das disciplinas em constante mudança requer uma atenção rigorosa e estimulante às matérias curriculares. E abordagens novas e imaginativas terão que ser desenvolvidas se pretendemos que os jovens estejam preparados para o conjunto de papéis em rápida mudança que eles podem esperar vir a desempenhar na sociedade de amanhã.

Como a maioria dos outros observadores, estou convencido de que a educação se encontra numa encruzilhada. As mudanças no mundo são tão cataclísmicas, suas implicações estão em tal desconformidade com as práticas do passado, que o *status quo* não pode perdurar na maior parte do mundo. Com efeito, ainda que de um modo um tanto paradoxal, aquelas nações do mundo que são consideradas as mais bem-sucedidas pelos padrões correntes parecem ser as mais preocupadas com a inadequação das escolas atuais para as necessidades futuras. As sociedades do Leste Asiático exigem mais criatividade e individualidade; líderes europeus e americanos lamentam o fracasso das escolas para alcançar (que dirá excitar!) vastos segmentos da população; e observadores do mundo inteiro ressaltam que pressupostos seculares acerca da criação e transmissão do conhecimento perderam todo o valor. Não podemos prever como serão as escolas e a educação — mas podemos esperar que sejam substancialmente diferentes do que os nossos antepassados consideraram axiomático. Passado e futuro fornecem um jogo de lentes; o nosso conhecimento cada vez maior dos seres humanos fornece um outro.

Felizmente, nesta busca por novas visões educacionais, existe terra firme. Com efeito, há muitas áreas de refúgio — fornecidas, respectivamente, pelo que podemos aprender de estudos da mente (psicologia), estudos do cérebro (neurologia e biologia) e estudos de culturas (antropologia). Acontece que parte do que mudou no passado recente é o nosso entendimento desses vários domínios; estamos agora em posição de passar em revista esse conhecimento e de a ele recorrermos, *como justificado*, em nosso redesenho da paisagem educacional a fim de se adquirir uma compreensão do verdadeiro, do belo e do bom.

Capítulo 4

Perspectivas Mentais e Cérebro

Conhecimento Científico e Julgamento de Valor

Em conferências, procuro evitar desagradáveis trocas de palavras. Mas o conferencista — um eminente neurocientista — conseguira irritar-me. Diante de uma platéia de influentes líderes educacionais, ele fizera esta atrevida afirmação: "Esta é a década do cérebro. Vamos saber o que faz cada região do cérebro e como as várias partes do cérebro colaboram umas com outras. E assim que tivermos alcançado esse conhecimento, saberemos exatamente como educar cada pessoa."

Afirmações extremas pedem respostas extremas. Levantei-me na platéia e retorqui: "Discordo totalmente. Poderíamos saber o que cada neurônio faz e não estaríamos nem um passo mais adiantados para saber como educar os nossos filhos."

Concluída a apresentação, dirigi-me ao conferencista e discutimos. Comecei por pedir-lhe um exemplo do que ele estivera afirmando. Citou imediatamente o ensino da linguagem: "Sabemos agora que as crianças absorvem facilmente padrões, e, em especial, os padrões de linguagem, quando são muito jovens. Portanto, deveríamos ensinar línguas estrangeiras às crianças durante os seus primeiros anos de vida."

"Não estou convencido", respondi. "Em primeiro lugar, cada um de nós (e a avó de cada um) sempre soube que as crianças pequenas captam linguagens — e sobretudo acentos — com facilidade. Não precisamos de estudos do cérebro para nos dizerem isso. Em segundo lugar, certas pesquisas sugerem que os militares sabem como ensinar linguagens com muito maior eficácia do que os pais e avós."

E prossegui: "Mas esse não é o meu ponto principal. Estou argumentando que as decisões sobre o que ensinar, quando ensinar e até como ensinar envolvem juízos de valor. Tais decisões jamais podem ser ditadas por conhecimento do cérebro. Em última análise, se as crianças aprendem bem padrões quando são muito pequenas, isso constitui igual razão para ensinar-lhes matemática, música, xadrez, biologia, moral, civilidade e uma centena de outras coisas. Por que motivo dar prioridade a uma língua estrangeira? Você nunca pode ir diretamente do conhecimento sobre o modo como o cérebro funciona para o que fazer na primeira série na segunda-feira de manhã. E as decisões que se tomem acerca do ensino de línguas podem muito bem ser diferentes, dependendo de se viver na Suíça, em Cingapura, na Islândia ou na Irlanda."

E assim terminou nossa discussão. Não penso que tenha convencido o conferencista, mas admito em retrospecto que exagerei na defesa da minha posição. Acho fascinante o estudo do cérebro — e seu primo germano, o "estudo da mente" — e seria a última pessoa a contestar sua importância para a sociedade como um todo, e para aqueles de nós interessados na educação de gerações futuras. Mas subsiste o ponto central. Creio que a educação é importante demais para ser confiada a qualquer grupo específico — seja o professor na sala de aula, a junta escolar, o ministério central ou a comunidade neurocientífica. As decisões sobre educação são, em última análise, decisões sobre metas e valores; elas são apropriadamente tomadas pela comunidade mais ampla e informada, e não por qualquer setor privilegiado, mesmo aqueles que são afortunados o bastante para estar desvendando os mistérios da mente humana.

Queremos educar novas gerações de jovens para que possam enfrentar com êxito um mundo que já mudou espetacularmente e está mudando com rapidez ainda maior. Se a comunidade pretende tomar decisões informadas, é crucial que se determine o que foi aprendido sobre seres humanos na psicologia (o estudo da mente), na biologia (o estudo do cérebro e dos genes) e na antropologia (o estudo de diferentes culturas). Com efeito, numa era de contínuos avanços científicos, seria criminoso não estar atento para todas essas fontes de informação, e igualmente criminoso dedicar-se a uma delas com exclusão das outras.

No Passado: Traços Inatos e Comportamentos Bem Formados

Muito antes de existir um domínio explícito chamado psicologia, a educação procedia na base do que poderíamos chamar psicologia "leiga" ou "popular". Todas as espécies de pressupostos estão embutidas nos sistemas educacionais tradicionais; alguns parecem tão óbvios que dificilmente merecem discussão. Foi geralmente suposto que os indivíduos mais velhos estão mais bem informados do que os mais jovens; que as pessoas mais velhas devem falar e demonstrar, enquanto as mais novas devem ficar caladas e observar; que prêmios devem ser dados àqueles que aprendem bem e castigos aos que parecem ser lerdos e/ou indolentes; que os professores não deveriam ser apenas indivíduos bem familiarizados com a matéria que lecionam, com a sua profissão e com as normas de sua comunidade, mas também servir como exemplos morais e éticos.

Talvez surpreenda o fato de se poderem citar argumentos — até "argumentos tradicionais" — contrários a essas suposições geralmente sustentadas. Alguns sublinharam a sabedoria e o conhecimento do inocente (e os antolhos dos mais idosos); a importância das perguntas das crianças e sua participação ativa; os perigos de uma economia educacional baseada no jogo entre promessas sedutoras e ameaças de punição; os benefícios de tratar com rudeza os talentosos e com benignidade os menos aptos; a irrelevância da vida privada ou da amplidão de conhecimentos de um adulto, desde que possua uma área de grande competência específica e saiba como transmiti-la aos alunos. Não obstante, as perspectivas antecedentes levaram geralmente a melhor, sugerindo que desvendam profundas intuições agasalhadas pela maioria dos seres humanos. É uma luta árdua argumentar contra tais intuições aparentemente plausíveis.

Tem sido dito muitas vezes que o campo da psicologia possui um extenso passado mas uma história curta. Essa história começou formalmente nas últimas décadas do século XIX, quando as universidades ofereceram pela primeira vez cursos e diplomas em psicologia, foram instalados laboratórios experimentais, surgiram revistas e organizações psicológicas, e personalidades como William James, nos Estados Unidos, Ivã Pavlov, na Rússia, e Alfred Binet, na França, passaram a ser conhecidas como psicólogos (em vez de, respectivamente — e de modo aliterativo — como filósofos, fisiologistas e pedagogos).

A psicologia não foi talhada para elucidar questões educacionais, mas importantes figuras da psicologia acabaram quase invariavelmente por abordar e, por vezes, afetar as práticas educacionais. E um punhado de psicólogos influentes, como Edward L. Thorndike, do Teachers College [da Universidade de Colúmbia], concentrou especificamente sua atenção na educação. Ao escrever em 1910 o editorial do novo *Journal of Educational Psychology*, ele declarou:[1]

> A psicologia é a principal colaboradora para um entendimento do material da éducação (...) Uma completa ciência da psicologia descreveria todos os fatos acerca do intelecto, caráter e comportamento de cada indivíduo, apontaria a causa de toda e qualquer mudança na natureza humana, diria o resultado que toda e qualquer força educacional produziria (...) Todo o progresso nas ciências da natureza humana contribuirá para o nosso êxito em controlar a natureza humana e modificá-la em benefício do bem-estar comum (...) A psicologia oferece ajuda, neste caso, ao pedir-nos que formulemos as nossas noções sobre as finalidades da educação em termos das exatas mudanças que a educação efetuará, e ao descrever para nós as mudanças que realmente ocorrem nos seres humanos.

Duas correntes dominantes caracterizaram a psicologia acadêmica na primeira metade do século XX.[2] (A psicanálise gozava de considerável influência na cultura geral, mas pouca no âmbito universitário.) É interessante assinalar que essas duas correntes não eram mutuamente compatíveis, numa acepção intelectual; entretanto, ambas exerceram, com freqüência, efeitos importantes e sinérgicos. Tendências "cognitivas" recentes em psicologia podem ser vistas como reações a esse par de noções. E embora essas idéias tenham hoje menos influência do que ao tempo de Thorndike, ambas são ainda potentes em muitas partes do mundo... e no espírito de muitos leitores deste livro.

Em primeiro e destacado lugar, havia as idéias dos behavioristas (por vezes chamados teóricos da aprendizagem). Influentes, sobretudo, nos Estados Unidos e na ex-União Soviética, esses *scholars* mostraram-se à altura de sua denominação: estavam interessados no comportamento [*behavior*], na ação não-dissimulada, naquelas condutas que podiam ser observadas objetivamente e medidas por métodos confiáveis. Tudo o que o psicólogo podia aceitar como de seu legítimo interesse eram os comportamentos realmente observados, e não quaisquer reações encobertas ou subjetivas, se é que existiam. No que dizia respeito aos behavioristas, era diversionista, enganoso e profundamente errado falar sobre o indivíduo como um ser dotado de vida mental, completo com pensamentos, idéias, sonhos, consciência, imagens, etc. Tudo o que importava — pelo menos, desde a perspectiva do psicólogo — era o padrão *observável* de ações que os indivíduos "emitiam" em diferentes ambientes. Se um indivíduo queria mais de uma certa ação, tudo o que tinha a fazer era recompensá-la ou reforçá-la; e se queria eliminar um certo conjunto de ações, tratava de punir ou, se era um indivíduo mais refinado, deixava simplesmente de recompensar o comportamento e este acabaria por extinguir-se.

A premissa epistemológica básica do behaviorismo pode ser expressa por um chiste. Um casal behaviorista faz sexo. Depois, um diz para o outro: "Bem, é óbvio que foi estupendo para você. Mas diga-me, como é que foi para mim?"

De que modo o behaviorismo se manifesta na educação? Em primeiro lugar, os educadores são desencorajados a especular sobre a vida mental de seus pupilos. O que pudesse "acontecer" entre as duas orelhas simplesmente não tinha o menor interesse. Importante era um delineamento dos objetivos comportamentais que eram desejados. Portanto, cabia ao educador a tarefa de ensinar e recompensar de tal modo que esses objetivos fossem alcançados, enquanto os seus concorrentes eram contornados ou eliminados. Se, por exemplo, se quisesse que os jovens escrevessem sem erros de ortografia, esse comportamento seria moldado, os jovens procurariam imitar o modelo e seriam recompensados sempre que suas ações se aproximassem do modelo; por outro lado, seriam punidos ou ignorados toda vez que se desviassem dos detalhes do modelo. Na opinião do behaviorista, os pensamentos que os indivíduos dedicavam à ortografia, os estratagemas que usavam ou as estratégias que favoreciam, e como se sentiam a respeito de seu desempenho, eram considerações ilegítimas.

E quanto aos problemas mais difíceis, aqueles que não podiam ser facilmente modelados? Era válida a mesma linha de análise. Esses comportamentos complexos eram decompostos em parcelas mais simples, as quais permitiam a modelagem, e um comportamento era "moldado" até que cada uma dessas parcelas fosse aperfeiçoada (por exemplo, os diferentes segmentos que compunham a redação de um ensaio ou a solução de um conjunto de equações). Então, esforços hesitantes e imperfeitos seriam pacientemente aplicados na "montagem" das parcelas, até ser finalmente alcançado, após sucessivas tentativas e erros, o objetivo comportamental ou o desempenho desejados.

O resumo desse modo de pensar é representado pela máquina de ensinar.[3] Sem necessidade de intervenção humana (salvo, é claro, na programação da máquina), o estudante senta-se num terminal, emite comportamentos e é continuamente moldado através do reforço positivo (ou negativo), até emergir o curso correto de ações. Hoje em dia, quando é muito provável que a máquina seja um computador, alguns puseram em tais programas o apelido de atividades para "treinar até matar" (*"drill-and-kill" activities*).

Mesmos os behavioristas radicais reconheceram que alguns jovens aprendiam mais depressa que outros. Mas os behavioristas enfatizaram a disciplina e o esforço (embora fossem incapazes de oferecer boas definições desses conceitos, dotados de evidentes matizes mentalistas). Eles acataram o exemplo que lhes foi dado pelo fundador do behaviorismo, J. B. Watson, autor da famosa declaração de que poderia transformar qualquer criança em qualquer espécie de adulto, se simplesmente empregasse o correto "programa de reforço".[4] De acordo com essa atitude arquimediana, tudo era possível desde que se possuísse o sistema adequado de alavancas — tempo, paciência e o arsenal apropriado de prêmios e castigos.

Para que não se pense que as idéias behavioristas estão mortas, atente-se para práticas correntes como os testes nacionais padronizados ou a educação baseada em resultados. Em ambos os casos, tanto os proponentes quanto os adversários concentram-se inteiramente no escore obtido por um estudante no teste ou nos resultados específicos determinados por uma jurisdição. Raramente se presta atenção aos meios pelos quais esses comportamentos são realizados, sem falar dos padrões específicos ou gerais de pensamento que poderiam originar, ou contrariar, a emissão dos comportamentos desejados. Afinal de contas, que testes correntes revelaram alguma vez o pensamento subjacente na resposta?

Não cabe alongarmo-nos mais quanto ao behaviorismo. As diferenças de desempenho entre os jovens levam-nos à segunda corrente dominante do credo do psicólogo, *circa* 1950, a qual se refere à natureza e distribuição da inteligência. Chamo-lhe o "ponto de vista do traço".

É sobejamente conhecido que os primeiros testes de inteligência foram criados por Alfred Binet em Paris, há quase um século, como um meio de prever quais crianças experimentariam dificuldades na escola e quais progrediriam. Acontece que Binet considerou justamente que os testes deviam ser administrados de modo informal, e que a inteligência de qualquer criança podia ser melhorada através do treinamento sensitivo. Entretanto, esses sentimentos não afetaram o modo como os testes de inteligência se desenvolveram ao longo deste século.[5]

Assim que a instrumentação para avaliação de inteligência se desenvolveu nos Estados Unidos, surgiu uma visão do mundo muito diferente. Em primeiro lugar, os testes de inteligência foram padronizados e normalizados, de modo que qualquer sujeito testado podia ser comparado em idade mental com qualquer outra pessoa. Então, jovens (assim como recrutas do exército, imigrantes chegando à Ilha Ellis e outros que estavam sendo "selecionados") foram testados em sua inteligência, decisões sobre sua educabilidade e seu "caminho" apropriado na escola ou na vida foram tomadas com base no seu Quociente de Inteligência ou QI registrado — a quantidade do traço de inteligência que eles mostravam numa determinada medida lingüística ou pictórica.

Poder-se-ia acreditar na mutabilidade da inteligência, mas a maioria dos psicólogos prefere não crer nessa possibilidade.[6] Desenvolveu-se, pelo contrário, uma ortodoxia. A inteligência é um traço predominantemente genético ou inato; caracteriza uma única capacidade geral, freqüentemente designada por "g" para inteligência geral: e não há muito que se possa fazer a respeito da inteligência dada a cada um. Segue-se que os psicólogos devem determinar a inteligência de uma pessoa desde cedo e basear as recomendações educacionais no QI registrado. Este ponto de vista penetrou a intervalos regulares na consciência pública — por exemplo, o debate entre o psicólogo Lewis Terman e o ensaísta Walter Lippmann nas páginas de *The New Republic* na década de 1920; o furor em torno da crítica de Arthur Jensen dos primeiros programas de intervenção (como o *Headstart*) no final da década de 1960; e a extensa discussão sobre a controvertida publicação de Richard Herrnstein e Charles Murray, *The Bell Curve,* em meados da década de 1990.

Pode-se facilmente discernir a tensão entre essas duas perspectivas. Os behavioristas sugerem que, na maioria dos casos, é possível qualquer coisa e que a tarefa dos educadores consiste em promover elevados níveis de desempenho em todos os jovens; os examinadores que usam testes de QI acreditam que à capacidade e os limites de um indivíduo são largamente fixados pela natureza. Entretanto, embora essas idéias sejam intelectualmente incompatíveis, elas podem continuar a coexistir muito confortavelmente na sala de aula. Os testes de inteligência podem definir expectativas e, talvez, determinar os grupos ou cursos para os quais as crianças são canalizadas. Mas então, quer se esteja lidando com os talentosos ou com os pouco dotados, o ensino pode ser conduzido com base em princípios e recompensas behavioristas. Em termos sucintos, os genes determinam o traço de inteligência; os métodos behavioristas permitem a máxima expressão dos traços de cada pessoa.

Devo admitir que o quadro que descrevi tem algo de caricatura. Muito provavelmente, apenas os adeptos fanáticos acreditaram em tais conceitos de uma forma tão absoluta e implacável quanto aquela em que os apresentei. Além disso, a maioria dos professores (e a maioria dos pais) não subscrevia os pontos de vista dos behavioristas ou dos psicólogos do traço. Eles eram muito mais pragmáticos a respeito do que acreditavam e faziam. Contudo, suas práticas — desde o rastreamento de jovens na base de escores de testes até freqüentes competições ortográficas e concessão de estrelas de ouro — refletiram o poder penetrante e muitas vezes insidioso dessas importações oriundas da psicologia de laboratório.

A Revolução Cognitiva

As idéias psicológicas e educacionais podem continuar a ser criticadas enquanto o mundo for mundo, mas as idéias continuam a repercutir, incólumes a tais manchas verbais. Só um conjunto de idéias fundamentalmente diferente dispõe de potencial para mudar concepções e, em última análise, práticas — ou (como se expressaria um behaviorista reformado) comportamentos e, essencialmente, crenças.

Em meados da década de 1950, um novo conjunto de idéias começou, com efeito, a circular nas ciências comportamentais e humanas. Essas idéias tinham diferentes fontes e implicações, mas possuíam o efeito cumulativo de desafiar as ortodoxias psicológicas gêmeas que acabei de descrever. Com o benefício da visão retrospectiva do historiador, essas idéias são usualmente qualificadas como a "revolução cognitiva".

A noção fundamental da revolução cognitiva é a idéia de "representação mental".[7] Esta expressão refere-se à crença de que os indivíduos têm idéias, imagens e várias "linguagens" no interior de sua mente-cérebro; essas representações são reais e importantes; e são suscetíveis de estudo por cientistas e de mudança por educadores. Ora, pessoas leigas — para não mencionar um impressionante cortejo de filósofos, incluindo Platão e Aristóteles, Descartes e Kant — acreditam desde tempos imemoriais que os indivíduos trafegam em tais representações mentais. Mas a hegemonia behaviorista tinha excluído tais idéias da psicologia científica.

Paradoxalmente, a "ascensão das representações" deveu-se, em primeiro lugar, mais ao poder de máquinas do que a exemplos de seres humanos. Os computadores estavam chegando à idade adulta, por assim dizer, e as máquinas tinham deixado de ser, simplesmente, velozes trituradoras de números; pelo contrário, eram capazes de jogar xadrez e de executar provas lógicas. Faz sentido falar desses computadores como tendo representações (seqüências organizadas de símbolos ou proposições) e executando operações ou transformações baseadas nessas representações. Se era válido atribuir representações a máquinas (assim se argumentava), parecia sem pé nem cabeça negá-las a seres humanos que, afinal de contas, criaram, programaram e interpretaram a produção desses engenhos computacionais.

Uma vez readmitida a noção de representação no panteão dos conceitos psicológicos, podia ser formulada toda espécie de indagações. Que espécies de representações os seres humanos têm? Com quais nasceram? Como é que mudam naturalmente? Como, e em que medida, podem ser deliberadamente mudadas? Certas representações são privilegiadas? Diferentes indivíduos favorecem diferentes representações mentais? Grande parte da história da ciência cognitiva (o campo interdisciplinar que surgiu na esteira da revolução cognitiva) constitui uma tentativa para responder a essas questões.

A simples "mudança de representações" provocou uma revolução no pensamento a respeito das duas correntes anteriores da psicologia. Os comportamentos deixaram de ser, simplesmente, o único foco de atenção. Com efeito, poder-se-iam quase conceber os comportamentos como epifenômenos (isto é, as sombras de nossas representações mentais determinantes). O que importava era o estado (fixo ou fluido) das representações mentais do indivíduo: eram estes os gatilhos de ações e não-ações, assim como os intérpretes do significado de tais ações. Estudantes ainda escreviam certo ou errado, sem dúvida; mas os cognitivistas não insistiam em apurar o número de erros ortográficos cometidos. Esses cientistas preferiam averiguar que regras os estudantes estavam seguindo, que estratégias estavam empregando, o modo como eles interpretavam as lições, as justaposições bizarras de letras, os escores de testes, as reações dos pais e seus próprios desempenhos numa competição ortográfica.

Na mesma ordem de idéias, a inteligência não precisava mais ser vista como uma "caixa-preta", com a qual uma pessoa nascia e a qual estava (ou, mais provavelmente, não estava) sujeita a mudanças. Em vez disso, o conceito de inteligência decompunha-se em diferentes espécies e combinações de representações mentais. Era muito provável que os indivíduos nascessem com certas representações mentais — por exemplo, a capacidade para interpretar objetos físicos como entidades distintas e permanentes; ou a capacidade para discriminar entre os sons de todas as línguas faladas por seres humanos. Entretanto, assim como as instruções no programa podem ser mudadas, também essas representações mudarão — como função do amadurecimento, como conseqüência da experiência, como resultado de interações com outras representações. Por exemplo, o arsenal inicial e universal de discriminações fonêmicas é gradualmente reduzido e apurado como resultado das línguas que um indivíduo ouve, e daquelas que não ouve, em seu meio habitual. Nessa concepção, a velha idéia de inteligência passa a ser vista como uma espécie de detentora de lugar reservado, um lugar que só pode ser reclamado e mantido enquanto não forem feitos comentários mais específicos sobre verdadeiras representações mentais e o modo como poderiam ser alteradas.

Idéias tradicionais e cognitivo-revolucionárias podem existir em várias combinações. É possível acreditar na primazia dos traços (como uma inteligência singular) e, no entanto, crer que os traços podem ser alterados (por exemplo, através de um rigoroso processo de modelagem; ou através da criação de novas e mais poderosas representações mentais). É possível acreditar na primazia das representações mentais (a linguagem como um conjunto de representações sintáticas e fonológicas) e, no entanto, ser céptico a respeito da influência do meio ambiente sobre essas representações (as quais podem surgir em filas cerradas, de acordo com um relógio biológico). Embora as fronteiras entre behaviorismo e cognitivismo devessem ser nitidamente traçadas num texto, na prática muitos indivíduos subscrevem aspectos de ambas as ortodoxias.

Uma revolução em ciência social não exerce necessariamente efeitos imediatos ou nítidos no mundo da prática. A maioria dos educadores no mundo inteiro tem apenas uma tênue percepção dessas mudanças no pensamento de investigadores psicológicos; e mesmo aqueles — talvez porque lêem publicações como *Scientific American* — podem não trasladar essa compreensão para práticas educacionais inovadoras. Entretanto, a revolução cognitiva introduziu todo um conjunto de novas idéias — idéias que, creio eu, revestem-se de poderosas implicações educacionais. Mencionarei, em seguida, as seis das mais destacadas.

1. A perspectiva desenvolvimentista

Graças ao trabalho pioneiro do psicólogo suíço Jean Piaget, deixou-se de acreditar que as crianças pequenas eram apenas adultos em miniatura ou ignorantes.[8] Agora, pelo contrário, atribuía-se às crianças um modo próprio e característico de representação do mundo. O mundo do bebê é um mundo de percepções e ações sensoriais; o mundo da criança que começa a engatinhar apresenta pela primeira vez várias espécies de símbolos — como palavras e imagens; a criança que começa a freqüentar a escola está apta a lidar com conceitos (como quantidade ou tempo) desde que esses conceitos sejam encontrados em forma tangível e concreta; o adolescente é capaz de raciocinar abstratamente a respeito dos mesmos conceitos em palavras ou através da manipulação de símbolos lógicos, sem necessidade de referir-se constantemente a objetos ou visualizações tangíveis.

Um ponto importante a respeito da perspectiva desenvolvimentista é o fato de não estar ela fortemente vinculada à idade. Dado um grupo de crianças de sete anos de idade, algumas podem não ser capazes de "operações mentais concretas"; muitas estarão no ápice desse estágio; e alguns tipos prodigiosos terão começado a pensar de acordo com os mais abstratos processos "formais" que associamos aos adolescentes.

Muitas pesquisas realizadas desde o tempo de Piaget refinaram esses estágios e revelaram suas irregularidades e pequenos problemas. Contudo, em seu mais amplo sentido, esse quadro piagetiano resiste ao tempo — e suas implicações educacionais são manifestas. Munidos desse quadro, é provável que os educadores apresentem conteúdo e idéias de um modo que seja o mais apropriado em termos de desenvolvimento infantil; dar-se-ão conta de que diferentes crianças — mesmo as de idêntica estatura e idade — podem estar em diferentes níveis de desenvolvimento e, por conseguinte, serão beneficiadas por diferentes espécies de exemplos e lições. E serão cépticos diante de currículos ou medidas que pretendam ser adequadas para todas as crianças, independentemente de seu nível de desenvolvimento.

Pensa-se usualmente na perspectiva desenvolvimentista com referência à compreensão infantil de verdades — sejam elas físicas, biológicas ou históricas. Isso reflete, em parte, o próprio fascínio de Piaget pelos contornos cambiantes da cognição infantil: por exemplo, as dificuldades que crianças pequenas têm em perceber a conservação de quantidade ou número, apesar de mudanças na configuração física do material exposto; ou a tendência das crianças para confundir questões de tempo e velocidade. Mas as diferenças de desenvolvimento são igualmente importantes para as outras virtudes educacionais. As crianças muito novas possuem distintas perspectivas morais: por exemplo, elas concentram-se no montante de danos causados, e não na intenção de quem os cometeu.[9] E suas concepções artísticas são analogamente comedidas: em seus primeiros anos de escola, acreditam que os quadros devem ser realistas para ter algum mérito; e, quando avançam para a média infância, evitam metáforas e outras formas de linguagem figurativa, a favor de formulações literalmente precisas.[10]

2. Representações mentais universais

Talvez de um modo algo inesperado, a outra figura de respeito no pensamento sobre cognição infantil não é um psicólogo, mas um pioneiro da lingüística. Durante muitos anos, Noam Chomsky montou uma tese segundo a qual a linguagem é uma espécie muito especial de sistema cognitivo, dotada de suas próprias representações psicológicas e (presumivelmente) neurológicas.[11] (A este respeito, entre outros, Chomsky contesta o ponto de vista de Piaget de que as representações mentais são esquemas muito gerais que abrangem conteúdos díspares, como linguagem, número e espaço.)

A obra de Chomsky é importante porque sugere que as crianças nascem com certas espécies muito específicas de representações mentais, as quais se desenvolvem de acordo com diretrizes estritamente traçadas. Há estruturas dedicadas à linguagem, e estas desenvolvem-se de uma forma prescrita — muito semelhante ao modo como se desenvolve um órgão físico — durante os primeiros anos de vida. Parece haver também estruturas mentais dedicadas ao reconhecimento de número, relações especiais, música, e ao entendimento de outras pessoas. Todos os seres humanos normais possuem a mesma família de representações mentais; e na ausência de maus-tratos, essas representações desenvolver-se-ão de modos previsíveis, de acordo com um programa previsível. Assim, por exemplo, nos primeiros anos de escola, todas as crianças normais ficarão aptas a conversar, entender, calcular e interpretar as motivações de outras.

À luz dessa perspectiva inatista, poder-se-ia muito bem perguntar qual é o papel do educador. E, verdade seja dita, Chomsky e seus colaboradores tiveram muito pouco a dizer sobre essa questão — talvez porque o que diriam não fosse muito reconfortante. Afinal de contas, os educadores têm pouca influência sobre o desenvolvimento do olho ou do fígado — e Chomsky usa esses "órgãos" como metáforas para as diferentes faculdades da mente.

Entretanto, é possível aduzir algumas implicações. Em primeiro lugar, se existem eventos normativos marcantes no desenvolvimento de diferentes órgãos mentais (como os que representam e processam a linguagem ou os números), é importante estabelecer quais são eles. Só então o seu curso normal pode ser observado e as ocasionais ausências ou anomalias podem ser identificadas e tratadas. Em segundo lugar, muitas atividades educacionais — como a leitura, por exemplo — requerem a interação dessas representações; uma vez que tal processamento interativo envolve, digamos, representações gráficas e verbais, ele não pode ser deixado simplesmente ao acaso. Em terceiro lugar, os modos como são usadas várias capacidades simbólicas variarão de cultura para cultura, e até no seio de uma cultura. Não só as linguagens naturais diferem entre si em termos de fonologia, sintaxe e semântica, mas as circunstâncias "pragmáticas" em que uma pessoa opta por falar (ou permanecer calada), e as maneiras como se dirige a indivíduos de vários *status*, ocorrem de forma reveladoramente diferente entre culturas. Não existe nenhuma condição em que as representações mentais possam ter notícia desses padrões de uso; essa é, primordialmente, a tarefa de educadores, no âmbito de um dado contexto cultural.[12]

Até aqui, a perspectiva universalista foi aplicada principalmente à linguagem e outros domínios de orientação cognitiva. Recentemente, porém, desenvolveram-se fascinantes esforços para ampliar o conjunto de capacidades sob exame e para vê-las através de uma perspectiva darwiniana. O argumento da psicologia evolucionista é apresentado nos seguintes termos.[13] Assim como as capacidades lingüísticas (e numéricas e espaciais) evoluíram a fim de permitir a adaptação ótima ao meio ambiente, outras capacidades humanas podem igualmente ter propriedades universais, e estas são também a conseqüência adaptativa de milênios de evolução. Especificamente, pode haver universais no domínio moral (por exemplo, a inclinação para procurar eqüidade numa transação) e no domínio estético (por exemplo, a atração para padrões visuais ou auditivos que sejam moderadamente discrepantes daqueles que são tipicamente encontrados no meio em que se vive). Os educadores tomem nota: pode ser que as lições precisem ser elaboradas à luz dessas representações mentais universais de beleza e moralidade.

3. Diferentes padrões de inteligência

Em meu próprio trabalho, procurei unir o estudo de representações mentais com um foco sobre as diferenças entre indivíduos. Creio que Chomsky e seus colaboradores estão certos em delinear um conjunto de domínios, cada um dos quais apresentando suas próprias formas de representações e sua própria história de desenvolvimento (ou amadurecimento). Entretanto, não basta simplesmente identificar esses domínios e observá-los à medida que se desenrolam.

De acordo com a minha análise, todos os seres humanos possuem, pelo menos, oito formas nitidamente separadas de inteligência.[14] Cada inteligência reflete o potencial para resolver problemas ou criar produtos que são valorizados em um ou mais contextos culturais. As inteligências são identificadas por um conjunto de critérios, que vão desde a representação em partes específicas do cérebro até a suscetibilidade para codificar num sistema simbólico.

Populações especiais, como prodígios e sábios, exibem com freqüência inteligências em esplêndido isolamento. Os testes de inteligência exploram tipicamente a inteligência lingüística e lógico-matemática — as inteligências de maior importância nas escolas contemporâneas — com, talvez, alguma amostragem de inteligência espacial também. Mas, como uma espécie, possuímos ainda inteligência musical, inteligência corporal-cinestésica, inteligência naturalista, inteligência sobre nós próprios (inteligência intrapessoal) e inteligência sobre outras pessoas (inteligência interpessoal). E é possível que os seres humanos também exibam uma nona inteligência existencial — a propensão para postular (e considerar) questões sobre vida, morte e realidades supremas. Cada uma dessas inteligências apresenta sua própria forma distinta de representação mental; de fato, é igualmente exato dizer que cada inteligência *é* uma forma de representação mental.

Esse conjunto de inteligências ajuda a definir nossa espécie — e como tal é compatível com a abordagem chomskyana que considera formas universais de representação mental. Mas os indivíduos também diferem uns dos outros — em personalidade, em temperamento e na disposição peculiar de suas inteligências. Se bem que todos nós possuamos a gama de inteligências, talvez não haja duas pessoas — nem mesmo os gêmeos idênticos — que exibam exatamente as mesmas inteligências, no mesmo grau e na mesma combinação. Além disso, a configuração de inteligências e as relações entre elas também se alteram com o tempo, à luz das experiências por que os indivíduos passam e do sentido que atribuem (ou deixam de atribuir) a tais experiências.

Se este quadro está correto, ainda que aproximadamente, ele abriga significativas implicações educacionais. No passado, as escolas foram uniformes — no sentido de que ensinaram as mesmas matérias, da mesma maneira, a todos os estudantes, e até avaliaram todos os estudantes da mesma forma. Esse procedimento aparentemente democrático pode ter alimentado a ilusão de eqüidade, mas, em minha opinião, tal conclusão teria sido sumamente enganosa. De fato, só é justa para uma certa faixa de estudantes — aqueles poucos que foram bafejados com sólidos recursos nos domínios lingüístico e lógico. Se desejamos uma educação para todos os seres humanos, uma que ajude cada um deles a realizar seu potencial, então o processo educacional precisa ser concedido de um modo muito diferente.

Em termos sucintos, as escolas precisam ser individualizadas e personalizadas. Precisamos entender as representações mentais específicas de cada estudante com o máximo de detalhe possível. E depois, até onde for exeqüível, devemos configurar a educação de modo que os estudantes possam abordar as matérias segundo métodos que lhes assegurem o acesso ao seu conteúdo; e tenham assim a oportunidade de mostrar o que aprenderam de uma forma que lhes seja cômoda mas também interpretável pela sociedade circundante. Uma tal educação individualizada para todos desloca-se para o primeiro plano quando abordo as particularidades de uma educação centrada especificamente na verdade, beleza e bondade.

4. Os prós e os contras das primeiras representações

Como todos reconhecem hoje (repetindo o neurocientista que me serve de adestramento em meus confrontos), os primeiros anos de vida são importantes para o desenvolvimento da saúde, cognição, personalidade — enfim para o pleno crescimento da criança. Durante esses primeiros anos, sem a necessidade de uma instrução formal, os jovens desenvolvem teorias muito poderosas sobre como funcionam vários mundos — o mundo físico, o mundo natural e o mundo de seres humanos.[15]

Algumas dessas idéias são úteis. Por exemplo, sem instrução formal, os jovens acabam por reconhecer que os objetos continuam a existir mesmo quando não estão à vista, e que cada classe de objetos permite certas ações, mas não outras (comparar uma tira de borracha com uma pedra ou um puxa-puxa). Passam a reconhecer que alguns objetos são impulsionados por energia própria, enquanto outros requerem a intervenção de forças humanas ou de entidades externas a esses objetos. E passam a reconhecer que todos os seres humanos possuem mente, tal como eles próprios, e que essas mentes estão repletas de intenções, medos e desejos.

Essas são as boas notícias — a existência de certas representações universalmente realizadas que são exatas e adaptativas. Lamentavelmente, porém, algumas idéias que se desenvolvem no começo da infância estão muito menos fundamentadas. As crianças acreditam, por exemplo, que os indivíduos que se parecem com elas são bons, ao passo que os que lhes parecem diferentes são maus. Acreditam que algo que se movimenta está vivo, enquanto que o que está imóvel está morto. Acreditam que os objetos são impelidos por invisíveis forças mágicas. E assim por diante. Boa parte da literatura e do teatro, em seus primórdios, "joga" com essas crenças de um modo que cativa os jovens, mesmo quando diverte os mais velhos nos bastidores.

Além disso, essas primeiras representações — idéias falsas, como lhes chamam as pessoas do ramo — não desaparecem simplesmente com a idade. Pelo contrário, elas provam ser desconcertantemente robustas. Mesmo os estudantes que freqüentaram a escola formal continuam a nutrir uma variedade de idéias falsas — sobre tópicos que vão desde a evolução à ópera e ao Holocausto. A persistência das primitivas idéias falsas deve-se a um certo número de fatores: o inesperado vigor das primeiras representações; o fato de que os educadores não se deram conta desse vigor e por isso elas foram ignoradas; a tendência para confundir a acumulação de informação factual com a alteração de robustas representações mentais; a pressão para cobrir um excessivo número de matérias de um modo necessariamente superficial. Como resultado de tão ubíquos fatores, até os melhores estudantes, nas melhores escolas, continuam freqüentemente a dar guarida a idéias falsas, a concepções errôneas; a durabilidade da "mente não-instruída" tem sido documentada de forma excelente por engenhosos pesquisadores cognitivos.

A importância educacional dessas constatações é por demais patente — e desalentadora. Muitas das idéias que povoam as mentes dos estudantes — mesmo de bons estudantes — têm pouca base na realidade. A evolução não é uma marcha contínua para a perfeição; as óperas não têm por que ser relíquias do passado; o Holocausto aconteceu e pode acontecer de novo. Entretanto, sua inadequação não impede que essas representações resistam e perdurem. Com efeito, descobrir como extirpar idéias falaciosas e substituí-las por representações mais acuradas poderia ser visto como a missão central da educação formal.

5. A conveniência de funções cognitivas superiores

Queremos que todos os estudantes adquiram fatos básicos e graus básicos de instrução. Apesar da retórica corrente, nunca encontrei um educador que contestasse a importância desses "básicos". Entretanto, muitos de nós também queremos que os jovens sigam além dessas capacidades elementares — não só porque os estudantes podem então lidar com idéias mais complexas e sutis, mas porque o mundo do trabalho também exigirá cada vez mais que se superem as "competências básicas".[16]

Recentemente, os psicólogos exploraram as chamadas funções cognitivas superiores: solução de problemas, equacionamento de problemas, reflexão, planejamento, criatividade, compreensão mais profunda. E também chamaram a atenção para a capacidade emergente de pensar sobre nossa própria mente — para refletir sobre nossa própria memória (capacidades metamnemônicas), nosso próprio pensamento (capacidades metacognitivas) e até nossas próprias representações (capacidades metarrepresentacionais).

Pensar explicitamente sobre a nossa própria mente, sobre o nosso próprio pensamento pode ser um fenômeno relativamente novo, exceto entre os filósofos. Quase todos nós, durante a maior parte da história, assemelhamo-nos ao *monsieur* Jourdain de Molière, que só tardiamente descobriu que estivera "falando em prosa" a vida inteira. Pode muito bem ser que um indivíduo pense bem e profundamente sem recorrer a uma visão distanciada de seus próprios processos de pensamento. Foi dito, a respeito de grandes escritores como Dante e Henry James, que a mente deles era a tal ponto sutil e refinada que nunca era interrompida pelo pensamento.

Quanto ao resto de nós, porém, pode ser valioso que cada um proceda a um inventário do seu próprio pensamento — avaliar o modo como nossas mentes funcionam bem e o modo como são inadequadas, as espécies de estratégias e recursos que podem ajudar quando tentamos dominar disciplinas e conteúdos. (Até onde me é dado supor, Henry James, Dante e mesmo Shakespeare eram argutos praticantes da metacognição.)

Além disso, é inestimável a oportunidade que o mundo de hoje nos oferece de suplantar nossas próprias cognições, inevitavelmente limitadas, com as magníficas e férteis representações fornecidas pela tecnologia. Em épocas passadas, se um indivíduo não podia manipular formas em sua própria mente, era quase certo experimentar dificuldades numa classe de geometria; hoje em dia, porém, é possível criar uma imagem numa tela e manipulá-la para que se insira no conteúdo do coração (ou da mente) de alguém. Do mesmo modo, os auxiliares para a nossa memória, ou veículos que acentuam nossas capacidades para ponderar nossas próprias representações, podem ser de singular ajuda quando queremos dominar e acompanhar a expansão do conhecimento. Para muitos de nós, as várias listas, bancos de dados, funções de exposição e armazenagem dos nossos computadores assumem, de uma forma quase irritante, o papel desempenhado no passado por cadernos diários manuscritos, colas escritas a tinta nos pulsos ou as próprias capacidades mnemônicas de um indivíduo forçadas ao máximo.

Com ou sem ajudas tecnológicas, a opção por uma consciência elevada do seu próprio processo de pensamento é suscetível de ser adotada em muitos ambientes educacionais. Desde que não se sucumba ao dilema da centopéia — que pé devo movimentar primeiro? — é provável que essa autoconsciência prove ser benéfica para estudantes e professores. E, em especial, pode estimular os indivíduos a procurarem conexões entre os vários conteúdos e disciplinas que estão estudando — incluindo aquelas que abrangem as três virtudes de verdade, beleza e bondade.

6. *Para além da cognição: o papel da personalidade, motivação e emoção*

Seja o que for a inteligência, seja o que for o que ela possa ser, é proveitoso para a pessoa ter nascido dotada com um considerável potencial intelectual. Também ajuda contar com excelentes professores e tecnologias disponíveis, porquanto aqueles e estas podem aguçar nossas inteligências e enriquecer nossas representações mentais. Finalmente, a consciência de nossas próprias estruturas de aprendizagem e conhecimento também pode ser vantajosa. Assim como podemos melhorar nossa própria saúde pelo íntimo conhecimento do corpo e a monitoração regular de suas estruturas e funções, também podemos aperfeiçoar nosso pensamento mediante a monitoração estratégica de nossas representações e processos mentais.

O compreensível foco dos educadores sobre a cognição teve, por vezes, a infeliz conseqüência de minimizar a sensibilidade para outros fatores igualmente importantes. Provavelmente, o mais crucial é a motivação.[17] Se um indivíduo está motivado para aprender, o mais provável é que trabalhe com empenho, seja persistente, mais estimulado do que desencorajado por obstáculos, e continue a aprender, mesmo quando não é pressionado para fazê-lo, apenas pelo puro prazer de saciar a curiosidade ou dilatar suas faculdades em direções pouco conhecidas.

Mas por que alguns indivíduos são motivados para aprender, enquanto outros não? Num franco desafio aos behavioristas, que vincularam diretamente a motivação à recepção de recompensas tangíveis, os pesquisadores acreditam agora que os estudantes são muito mais bem servidos quando suas motivações são intrínsecas; quando se dedicam ao estudo porque é algo divertido ou gratificante por si mesmo, e não porque alguém prometeu algum tipo de benefício material. Com efeito, Mihaly Csikzsentmihalyi documentou o poder de motivação do "estado de fluxo contínuo"[18] — quando um indivíduo fica absorvido a tal ponto nas realidades de uma atividade física ou mental que perde a noção de espaço, tempo e preocupações mundanas.

Merece ser citado o depoimento de Darwin sobre as virtudes da motivação intrínseca: "Pode ser mais benéfico para uma criança dedicar-se com energia a alguma ocupação, por mais trivial que seja a sua natureza, e assim adquirir perseverança, do que voltar-lhe as costas por não ver nela qualquer vantagem futura para si."[19]

O que estimula a motivação? São preciosas as primeiras e agradáveis experiências lúdicas, nas quais a exploração de materiais e situações leva a uma compreensão mais profunda. A estreita identificação com adultos, que podem acompanhar um jovem quando este aborda um novo domínio, também é crucial; os jovens anseiam pela aprovação de adultos a quem amam, e esses adultos podem aclimatar os estudantes em um mundo de disciplina, a dialética entre divertimento e esforço. Certas culturas apresentaram desde longa data um ciclo contínuo de prática, aprendizagem e desempenho público como uma atividade que, em última análise, se converte em sua própria recompensa; para fins educacionais, ajuda ser criado em tal meio de contínuo aperfeiçoamento.

A teoria de inteligências múltiplas sugere um outro fator. Os indivíduos podem ser sumamente motivados para aprender quando se entregam a atividades para as quais possuem algum talento. Ao dedicarem-se a tais atividades, certamente farão progressos e evitarão uma inconveniente frustração. Portanto, compete aos educadores não só tentar motivar sistematicamente os estudantes, de um modo geral, mas também identificar aquelas atividades que rapidamente se tornem recompensadoras para um certo grupo de estudantes predispostos.

O papel das emoções na aprendizagem também passou por renovado e minucioso exame.[20] As emoções servem como um "sistema primário de aviso", assinalando tópicos e experiências a que os estudantes sintam prazer em dedicar-se, assim como aqueles que podem ser motivo de preocupação, dissabor, mistificação ou repulsa. É uma importante missão criar um ambiente educacional em que floresçam as emoções de prazer, estimulação e desafio. Também é mais provável que os estudantes aprendam, recordem e façam uso subseqüente daquelas experiências em que tiveram fortes e, assim se espera, positivas reações.

A integração do domínio das emoções na perspectiva cognitivista permanece como um desafio contínuo. Inicialmente, em parte para simplificar seu trabalho, os cientistas cognitivistas manifestaram desagrado para lidar com o afeto — era macio, úmido, desordenado —, mais compatível com o divã do psicanalista do que com o laboratório do experimentalista. Tornou-se evidente, porém, que qualquer retrato da natureza humana que ignore a motivação e a emoção é de uso comprovadamente limitado no que se refere a facilitar a aprendizagem humana e a pedagogia — afinal de contas, as pessoas não são computadores. E assim, nestes últimos anos, os cognitivistas propuseram vários modelos de como as emoções podem estruturar, guiar e influenciar representações mentais. Todos apontam para uma verdade simples — se quisermos que algo seja obtido, dominado e subseqüentemente usado, tratemos de inseri-lo num contexto que envolva as emoções. Inversamente, aquelas experiências que são desprovidas de impacto emocional refletem um fraco envolvimento e são logo esquecidas, não deixando nenhuma representação mental.

Do Estudo da Mente ao Estudo do Cérebro

Até aqui, evitei em grande parte mencionar o cérebro.[21] Nessa negligência, estou sendo respeitoso em relação aos meus ancestrais intelectuais. Os behavioristas, assim como os psicólogos do traço, não queriam ter nada a ver com o cérebro; era uma caixa-preta. Evitando deliberadamente a teoria mentalista ou suportes fisiológicos, os psicólogos insistiram em que "inteligência é o que os testes testam". E mesmo aqueles psicólogos (como eu) que há muito repudiaram as tradições behavioristas e do traço hesitam muito em aceitar o cérebro sem reservas. No fim das contas, se tudo pode ser explicado pelo cérebro, então há poucas razões para a existência da psicologia e de outras ciências humanas — sem dúvida, uma razão para a minha viva reação ao alinhado neurocientista!

É claro que, para a maioria dos pensadores modernos, o divórcio entre cérebro e mente é uma simples sinalização terminológica. Sou um materialista, por certo. Creio que tudo na mente é o produto de um cérebro — embora esteja disposto a acrescentar "um cérebro situado num corpo humano e desenvolvendo-se num ambiente humano em permanente mudança". Rejeito a existência de qualquer espírito etéreo, de qualquer comunicação extra-sensorial, de quaisquer anjos ou demônios inefáveis. Como por vezes observo a estudantes que consomem tempo demais flutuando à deriva num ambiente *New Age*: "Se vocês pensam que a mente é uma coisa distinta do cérebro, simplesmente cortem-no em fatias, parte por parte, e vejam o que sobra quando a dissecação estiver concluída."

Como posso sustentar essa posição, enquanto continuo a resistir às pretensões de que o cérebro abriga todos os segredos da mente, guarda todas as chaves para o saber? Por três razões:

Em primeiro lugar, o estudo do cérebro é, em si mesmo, simplesmente o estudo de um órgão. Para se poder pensar sobre o cérebro em termos psicológicos, tem que se recorrer tanto a uma psicologia quanto a uma neurologia. Para ser específico, digamos que se descobre que uma certa coluna de neurônios responde a um certo estímulo. Como podemos descrever esse estímulo — é um rosto, um formato oval, uma forma em movimento, a avó de João, qualquer mulher grisalha sorridente? Esta pergunta não pode ser respondida simplesmente em termos neurológicos. Requer uma teoria de psicologia cognitiva — quais são as entidades reais, concretas, a que os organismos (ou seus neurônios) respondem? Como podem elas ser mais exatamente (ou menos erradamente) descritas? E como estão representadas na mente/cérebro? Entregues aos seus próprios recursos e expedientes, os neuroanatomistas podem parecer aqueles pretensos mecânicos de automóveis que não entendem nada de princípios da física. Eles podem saber onde tais e tais peças se encaixam, mas não fazem a menor idéia de como o motor funciona, e ficam perdidos quando uma peça enguiça de um modo imprevisto.

Em segundo lugar, os cérebros não existem no vácuo. Existem num corpo, o qual, por sua vez, existe numa cultura. Os cérebros têm o potencial para desenvolver-se numa gigantesca variedade de culturas, mas, uma vez iniciado o desenvolvimento (e isso ocorre na concepção), a cultura em que o indivíduo está vivendo torna-se uma importante determinante da estrutura e organização do cérebro. Talvez existam locais do cérebro conectados para prefigurar rostos humanos ou para agrupar fonemas. Mas que rostos e sons lingüísticos são encontrados — *e como se lhes atribui um sentido* — nunca é determinado pelo cérebro. A atribuição de um sentido, de um significado, é um fenômeno inerentemente cultural. E assim, deve-se pensar sempre no cérebro como situado no interior de uma mente que está em desenvolvimento no seio de determinada cultura, e que deve necessariamente adotar a coloração de vida dessa cultura (ela própria em permanente mudança). Além disso, na medida em que o cérebro está exposto a uma mescla de culturas, suas mensagens complementares e conflitantes também devem estar de algum modo representadas — e reconciliadas.

Finalmente, e da maior importância, a educação é inerentemente uma prática que se caracteriza por — na verdade, é decorrente de — um conjunto de valores. Um indivíduo não se limita apenas a ensinar e aprender. Procede a escolhas sobre o que ensinar, como ensiná-lo e *por que* isso deve ser ensinado e aprendido. Essas decisões são juízos de valor com decisivas conseqüências. Toda a fiação do cérebro, conhecida em detalhe até a última sinapse, nunca nos poderá conduzir aos valores. Por mais atraente que seja para os audaciosos exploradores da mente, ou substância, ou metafísica, o abismo entre "é" e "deve ser" é intransponível.

Mas, poderá protestar o leitor, o conhecimento do cérebro pode dizer-nos o que é possível e o que não é; como realizar algo e como não se pode realizar algo. "Vamos com calma", respondo eu. "Pode ajudar, sem dúvida, conhecer a estrutura e o funcionamento do cérebro; tal conhecimento pode ter interessantes implicações para a aprendizagem e a pedagogia. Mas a única maneira de saber com absoluta certeza se alguma coisa é possível é tratar de fazê-la. E, no caso de se ter êxito, apesar dos vaticínios da neurociência, esse êxito converte-se no fator determinante. O sucesso nos fará, simplesmente, mudar a maneira de pensar a respeito do cérebro, em lugar de rever a maneira de pensar sobre pedagogia."

Um exemplo. Suponhamos que duas partes do cérebro (chamar-lhes-emos o córtex espacial e o córtex musical) estão muito distantes uma da outra e têm relativamente poucas conexões entre si. Isso poderia levar o nosso Neurocientista Simplista a inferir que o domínio de uma habilidade que depende da área musical não deveria ter efeito sobre as aptidões requeridas no tratamento da informação espacial. Mas o nosso Pedagogo Ignorante desconhece essa evidência: ele insiste em ensinar música a sujeitos e depois testar as aptidões espaciais desses sujeitos. Resulta que, para surpresa de muita gente, os sujeitos musicalmente treinados suplantam o desempenho de um grupo de controle em algumas medidas de aptidão espacial. O Neurocientista foi refutado.

Quando depois passamos a perscrutar em detalhe o cérebro dos aprendizes *in vivo*, poderemos descobrir vários estados de coisas. Talvez os sujeitos tenham posto à prova a credulidade neurológica ao possuírem — ou causando a formação de — novas conexões nervosas que ligam essas áreas previamente desconexas. Talvez os domínios da música e da percepção espacial tenham em comum características que não tinham sido previstas por um estudo das estruturas cerebrais que estão usualmente envolvidas no pensamento musical e espacial; por exemplo, ambas as atividades podem apoiar-se nas mesmas estruturas subcorticais comuns que organizam entre si ordens de grandeza semelhante. Ou, talvez, a experiência musical resulte ser um motivador geral e, em última instância, produz um desempenho superior numa série de tarefas não-musicais (em cujo caso nada existe de especial a respeito das matérias espaciais). Em todos os casos, o fato é o mesmo: o conhecimento do cérebro, por si só, não poderia ter previsto o resultado do estudo.

A Educação e o Cérebro

Para que não me confundam com um ludista neural, permitam-me reiterar que acredito que o estudo do cérebro é vital por si só e sumamente sugestivo para cientistas sociais e educadores. Eu passei 20 anos em pesquisas neuropsicológicas; continuo a devorar toda a ciência popular, a respeito do cérebro, que me cai nas mãos e, quando possível, também mergulho na literatura mais técnica. Adoro as verdades biológicas!

Com efeito, os tópicos cognitivos acima mencionados têm reverberações diretas no estudo do cérebro. Sabemos que diferentes padrões de estruturas neurológicas estão na base dos diferentes estágios do desenvolvimento. Estão sendo elucidados os mecanismos cerebrais subjacentes nas representações mentais universais e nas inteligências individuais. Muitos e excitantes trabalhos sobre redes neurais documentam o desenvolvimento dos mais antigos esquemas e representações, e a natureza (e extensão) de experiências que se fazem necessárias para que essas representações sejam fundamentalmente alteradas. As conexões e interações entre sensibilidades emocionais e capacidades cognitivas têm sido agora documentadas com refinada meticulosidade. Só quando se trata das mais elevadas funções cognitivas, como a metamemória ou a criatividade, é que a ciência do cérebro volta a oferecer suas contribuições.

A ciência do cérebro tampouco se limita a reforçar apenas o que já é conhecido. Alguns dos mais convincentes *insights* sobre a mente provieram de estudos das dissociações entre capacidades que se pensava estarem intimamente relacionadas e, inversamente, das associações de capacidades que se pensava serem muito díspares. Por exemplo, a ciência do cérebro deu importantes contribuições para a dissecação da capacidade outrora tida por singular a que se dá o nome de memória; hoje reconhecemos a existência de diferentes espécies de memórias: a curto prazo vs. a longo prazo; semântica (genérica) vs. episódica (memória para eventos específicos); formas motoras e lingüísticas de memória. A ciência do cérebro também nos mostrou que os símbolos lingüísticos, quer se lhes tenha acesso em modalidades orais, escritas ou "semióticas", são todos processados do mesmo modo, o qual se diferencia muito do utilizado para os símbolos numéricos; que as diferentes capacidades numéricas são exibidas pelos respectivos hemisférios; e que existem vínculos curiosos, não-intuitivos, entre capacidades como a denominação de cores e a leitura.

Recentemente, muita atenção pública foi atraída para as novas técnicas de formação de imagens que nos permitem ver a atividade cerebral enquanto está ocorrendo e detectar com precisão quais as estruturas envolvidas; essas técnicas vão certamente revelar novas operações da mente. Tais estudos já nos permitiram identificar regiões específicas do cérebro que estão envolvidas em diferentes partes de processos complexos, como dar nomes a objetos ou recordar uma passagem musical; e outros estudos mostraram que os principiantes processam a informação de maneira completamente distinta dos especialistas num dado domínio.

Passo a enumerar as conclusões sobre cérebro-e-mente que devem ser levadas em conta por qualquer pessoa interessada em educação. Quero ressaltar que a maior parte desses achados se baseia primeiramente em trabalhos feitos com animais e não em pesquisa com seres humanos, mas listei apenas aqueles que acredito que se possam obter também com seres humanos.

1. *A tremenda importância da experiência nos primeiros tempos de vida.* Todas as experiências são importantes, mas essas revestem-se de particular importância para a vida subseqüente. Assim, a educação (em sentido amplo) deve começar nos primeiros meses de vida.

2. *O imperativo: "Use-o ou perca-o."* A posse de tecido cerebral e de conexões potenciais não é suficiente. Se esse tecido não é estimulado pela percepção sensorial apropriada, e depois ativamente utilizado, acabará atrofiado ou tomado por outras funções.

3. *A flexibilidade (mais tecnicamente, a plasticidade) do sistema nervoso primitivo.* Crianças pequenas podem sobreviver e desenvolver-se mesmo na ausência de grandes porções do sistema nervoso. Mas, à medida que envelhecemos, o nosso cérebro torna-se menos flexível, e fica cada vez mais difícil compensar as capacidades e funções perdidas.

4. *A importância de ação e atividade.* O cérebro aprende melhor e retém o máximo quando o organismo está ativamente envolvido na exploração de lugares e materiais físicos e na formulação de perguntas para as quais tem uma necessidade irresistível de obter respostas. As experiências que são apenas passivas tendem a atenuar-se e seu impacto não é duradouro.

5. *A especificidade de aptidões e talentos humanos.* Longe de ser uma máquina generalizada que ou funciona bem ou não tão bem, o cérebro humano é composto de numerosas zonas e redes neurais, cada uma orientada para capacidades muito específicas. Embora a natureza não seja inteiramente justa, e alguns indivíduos sejam dotados de mais potenciais e talentos do que outros, as aptidões provam ser surpreendentemente independentes umas das outras: uma pessoa pode ser excelente numa capacidade, ao passo que não se sai bem em outras.

6. *O possível papel organizador desempenhado no começo da infância pela música.*[22] Um certo número de fascinantes estudos sugere que a

experiência de aprender um instrumento musical desde tenra idade pode gerar conseqüências positivas em outros domínios cognitivos, incluindo os que são valorizados na escola. Essa recente pesquisa ainda requer consideráveis e aprofundadas réplicas. Entretanto, sugere que certas atividades podem assumir papéis privilegiados na organização de experiências subseqüentes.

7. *O papel crucial desempenhado pela codificação emocional.* O papel formativo das emoções na aprendizagem está sendo cada vez mais reconhecido. Aquelas experiências que têm conseqüências emocionais (e são registradas como tal) são suscetíveis de ser retidas e utilizadas mais tarde. Os indivíduos cujo processo de codificar emocionalmente suas experiências se deteriorou podem ter dificuldade em reter e fazer uso subseqüente dessas experiências.

Esta lista podia ser ampliada com outros itens; sem dúvida, será lida de um modo diferente, dentro de uma ou duas décadas. De importância especial, as novas técnicas de produção de imagens nos permitirão estabelecer a extensão em que conclusões obtidas principalmente com outros animais também se aplicam a seres humanos.

Até agora, apesar da propensão biológica deste capítulo, não disse virtualmente nada sobre genética e hereditariedade — provavelmente o tópico mais debatido com maior veemência no estudo da mente.[23] Como a maioria dos cientistas, eu reconheço o surpreendentemente grande papel desempenhado pela hereditariedade nas *performances* realizadas por seres humanos. Quer se trate da inteligência geral (psicométrica) ou de capacidades específicas, como a habilidade espacial ou musical, parece que metade da variação se deve a fatores genéticos. Ou seja, aproximadamente metade da variabilidade encontrada num grupo de indivíduos numa população prova ser função da história genética individual, enquanto que a metade restante é devida, *grosso modo,* às experiências (tipicamente diferentes) desses indivíduos no mundo.

Apesar do fascínio exercido por esse tópico, especialmente em círculos anglo-americanos, sinto que ele tem pouca importação para a educação. A razão é simples. Aos jovens e seus professores é proposta uma certa participação genética e não há nada que possa ser feito — pelo menos até agora! — a respeito dessa participação. Toda a educação tem que se concentrar em aproximadamente metade da produtividade final que é devida a fatores não-genéticos, ambientais. E o mesmo argumento é válido se estudos futuros documentarem um coeficiente de hereditariedade tão elevado quando .8 ou tão baixo quanto .2 (o último indica que a variação em sua maior parte é devida a fatores causados pelo meio ambiente).

Pelo menos até agora. Eu seria insincero se não assinalasse a possibilidade de, no futuro, os indivíduos tentarem influenciar sua própria composição genética ou tomarem decisões de vida-ou-morte (por exemplo, o aborto) baseados no agora verificável perfil genético de um filho. Esse "brincar de Deus" desorganizaria e acarretaria o caos para todas as nossas instituições culturais, incluindo a educação. Imploro que isso não aconteça.

Menos espetaculares e talvez mais prováveis, os estudos do cérebro humano *in vivo* serão empreendidos para fazer recomendações educacionais (no caso de indivíduos) e recomendações para uma política geral (no caso de grupos). Suponhamos, por exemplo, ser possível determinar que áreas ordinariamente usadas para o processamento da linguagem escrita não estão sendo ativadas num dado cérebro; essa informação será certamente importante para o diagnóstico e, com toda a probabilidade, será também usada no tratamento. Usadas criteriosamente, essas medidas podem ser muito úteis. Entretanto, o potencial de mau uso — na classificação, em decisões prematuras sobre o curso do tratamento ou a gama de resultados — é real; rigorosa vigilância e uma permanente humildade devem acompanhar quaisquer incursões nesse admirável mundo novo.

A Considerável Distância entre Ciência e Prática

Para os cientistas da mente, do cérebro e dos genes, estes são tempos excitantes. Grande soma de conhecimento cognitivo e neurocientífico foi acumulada no decorrer de minha vida; muitíssimo mais será acumulado durante a vida dos estudantes de hoje. A ignorância dessas descobertas é difícil de justificar; mas, ao mesmo tempo, é importante não ser dominado ou intimidado por elas.

Em termos claros, nunca existe uma passagem direta de uma descoberta científica para uma prática educacional. Cada ponto, cada generalização, pode levar a uma variedade de recomendações, algumas delas até contradizendo-se entre si. Veja-se, por exemplo, a afirmação em *The Bell Curve* de que é difícil mudar a inteligência. Essa afirmação levou os autores, Richard Herrnstein e Charles Murray, à conclusão de que não tem muita justificativa financiar programas como *Head Start*, que tentam estimular a inteligência de crianças pequenas. Entretanto, antes de sua morte, Herrnstein confessou-me que era possível utilizar os mesmos dados e chegar a uma conclusão oposta. Ou seja, precisamente porque não é fácil alterar a inteligência, deveríamos dedicar *todos* os nossos recursos a esse fim. (Eu poderia acrescentar que talvez estivéssemos usando métodos errados; e que novos métodos, ou novas tecnologias, poderiam tornar muito fácil promover um significativo aumento de inteligência. De fato, o simples fato de ir à escola elevou regularmente os QIs de crianças em todo o mundo.)[24]

Na mesma ordem de idéias, é importante aceitar as imperiosas asserções emitidas pela neurociência ou a ciência cognitiva com algumas restrições. Somos bombardeados hoje em dia com declarações que dizem: "desenvolver de forma apropriada um cérebro infantil exige uma estimulação quase permanente do nascimento até aos três anos".[25] Sem dúvida, um modelo de puericultura que acarrete estimulação é preferível a um que ignore uma criança pequena, embora a estimulação excessiva possa ser contraproducente. É crucial lembrar que a maior parte das pesquisas citadas em abono dessas asserções foi executada com mamíferos inferiores, e a maioria delas no ambiente não natural do laboratório do psicólogo. E é igualmente crucial compreender que não podemos fazer declarações sobre o que é possível, a menos que tenhamos ensaiado um respeitável número de ambientes; a prótese tecnológica de amanhã pode tornar irrelevantes todas as afirmações prévias sobre potenciais humanos num determinado domínio.

No Ocidente moderno, há uma tendência para considerar a ciência humana como aquele empreendimento que começa e acaba dentro da pele do indivíduo. Alguns crêem nisso, mas eu não. O que aprendemos sobre seres humanos a partir de estudos culturais é, pelo menos, tão importante quanto o que aprendemos através da psicologia e biologia; com efeito, as decisões educacionais não deveriam ser tomadas sem um apoio igualmente sólido em ambos os campos. E assim, chegou o momento de considerar os *insights* adquiridos graças a etnógrafos, antropólogos e outros observadores de outras culturas.

Capítulo 5

Como as Culturas Educam

O Melhor Ensino Pré-Escolar do Mundo

Nas ondulantes serranias do nordeste da Itália, aninhada entre Parma e Bolonha, está situada Reggio Emilia, uma cidade de 130 mil habitantes. A província de Emilia-Romanha é uma das mais prósperas regiões da Europa, com terras férteis, abundantes produtos agrícolas, extensas redes hidrelétricas e grande diversidade de indústrias leves, tecnicamente orientadas. É também uma área com uma história ímpar de cooperação cívica em atividades econômicas e culturais que remonta ao final da Idade Média; sua arte, artesanato e teatro são admirados em toda a Itália. Os cidadãos pertencem a uma multidão de associações, incluindo clubes de caça, corporações literárias e empresas agrícolas em regime de cooperativa; a participação no processo político está entre as mais elevadas na Itália. Na maior parte dos últimos 50 anos, Reggio Emilia tem tido uma administração esquerdista; mesmo depois do colapso do mundo comunista, os habitantes continuam a adotar um sistema político que é democrático, socialista e orientado para a defesa dos interesses da comunidade.[1]

Pouco depois do término da Segunda Guerra Mundial, aconteceu a um jovem jornalista chamado Loris Malaguzzi, que vivia em Reggio, visitar uma pequena aldeia bombardeada nas vizinhanças da cidade, e ele ficou profundamente comovido por essa experiência. Tendo estudado Pedagogia, decidiu permanecer na região de Reggio e tentar criar boas escolas para crianças pequenas. Nas décadas seguintes, trabalhou incansável e imaginativamente com uma equipe crescente de jovens e dedicados educadores para estabelecer e aperfeiçoar um grupo de creches para crianças de zero a três anos e de escolas para crianças em idade pré-escolar, de três a seis anos. No início da década de 1990, a revista *Newsweek* declarou que o ensino pré-escolar de Reggio era o melhor do mundo. De um modo geral, dou pouco valor a tais classificações, mas neste caso estou de pleno acordo. Os 22 estabelecimentos municipais de ensino pré-escolar e as 13 creches e jardins-de-infância dessa atraente comunidade são únicos.

Quando se entra pela manhã num dos jardins-de-infância, a primeira coisa que impressiona é a beleza e amplidão do edifício. As instalações escolares de Reggio são espaçosas, abertas, luz abundante banhando toda a área; vasos de plantas, cadeiras e sofás convidativos estão estrategicamente colocados, adicionando cor e conforto ao ambiente. Há recantos isolados para onde as crianças podem retirar-se quando preferem o sossego, jardins interiores e espaço comum onde as professoras podem reunir-se; a maioria das salas de aula forma uma seqüência fluente e desemboca numa ampla praça central. A passagem para as áreas de recreio, fora do edifício da escola, também é cômoda e de fácil acesso, e se o tempo é favorável, ver-se-ão grupos de crianças brincando juntas nos *playgrounds*. Em prateleiras bem cuidadas, estão armazenadas literalmente centenas de materiais — desde coloridas formas geométricas, passando por grãos de cereais e conchas marinhas, até gravetos de madeira reciclável — com os quais as crianças podem vir a estar ocupadas em algum momento, ou repetidas vezes, durante o ano. Tudo parece estar nos seus devidos lugares; não há desarrumação ou desordem e, no entanto, os espaços são convidativos e flexíveis.

Até aqui, é claro, esta descrição não diferencia as escolas de Reggio de centenas de escolas atraentes, prósperas e bem cuidadas para crianças pequenas em todo o mundo. As escolas de Reggio destacam-se em virtude do tipo e qualidade de atividades a que as crianças se dedicam de modo regular; das formas profundamente solícitas e *respeitosas* como as professoras interagem com as crianças e umas com as outras; da acessibilidade da educação em todo o município (cerca de metade das crianças freqüentam a escola).

Em cada uma das classes numa escola, grupos de crianças dedicam muitos meses à exploração de um tema de interesse. Esses temas são escolhidos entre os que atraem as crianças — usualmente porque oferecem rica estimulação sensorial e suscitam fascinantes quebra-cabeças. Entre as muitas dúzias de motivos distintos que têm sido investigados ao longo dos anos (e, por vezes, num certo número de ocasiões diferentes) estão a luz solar, o arco-íris, as gotas de chuva, a cidade, uma cidade para formigas, os leões heráldicos do brasão da cidade que dominavam a praça central de Reggio, os campos de papoulas, um parque de diversões para pássaros construído pelas crianças, e o funcionamento do aparelho de fax. As crianças abordam esses objetos, temas e ambientes de muitos ângulos; descobrem e refletem sobre enigmas que surgem no decorrer de suas explorações; e acabam criando engenhosos objetos que absorvem seus interesses e seus estudos — desenhos, pinturas, mostruários, histórias em quadrinhos, mapas, séries fotográficas, modelos de brinquedos, réplicas — na verdade, uma série imprevisível de gêneros, em constante crescimento.

Por último, como uma história que chega a um final apropriado, dá-se por concluída a exploração de um tema. Daí em diante, os objetos que foram criados são colocados em exposição para que os pais, outras crianças e os membros da comunidade possam admirá-los, aprendam com eles, apreciem o cuidado com que foram executados e montados. Muitas dessas mostras temáticas acabaram sendo convertidas em livros, em exposições itinerantes e em murais nas suas próprias escolas ou em outras. A maioria dos observadores concorda: os trabalhos não são meros objetos "descartáveis" feitos por crianças; muitos representam autênticas criações substanciais e evocativas.

Se bem que muitos dos belos artefatos produzidos pelas crianças se imponham à atenção inicial de educadores e de visitantes leigos, eles não representam a essência do empreendimento de Reggio. Em minha opinião, o esforço central consiste na interação cotidiana entre professoras, alunos e, por vezes, os pais e outros adultos da comunidade; a igualmente regular permuta de dados e informações entre as professoras que dão as aulas e os seus colegas que desempenham papéis especiais, os chamados "pedagogos" e instrutores de trabalhos práticos; e, sobretudo, a assombrosa *documentação* de trabalho estudantil empreendida pelo pessoal docente no transcurso de cada dia.

Os educadores em Reggio Emilia desenvolveram e aperfeiçoaram continuamente um conjunto de técnicas para acolher com extrema seriedade as idéias e ações das crianças. Muito pensamento é dedicado à exposição inicial de experiências que possam vir a constituir, por último, os temas a desenvolver nas semanas seguintes. Mas não é possível planejar de antemão um tal currículo. Pelo contrário, as reações especiais de determinadas crianças a experiências específicas passam a ser a base, o elemento dinâmico do "currículo". As atividades da semana seguinte (por vezes, até do dia seguinte) são uma decorrência dos resultados, problemas e quebra-cabeças da semana em curso; e o ciclo é repetido enquanto provar ser fecundo. Crianças e professoras estão constantemente refletindo sobre o significado de uma atividade, que questões ela suscita, como sua profundidade e sua amplitude podem ser produtivamente sondadas.

Vejamos como esse processo funciona. Talvez no segundo dia de aulas apareça um arco-íris que pode ser observado acima da praça central, através da clarabóia da escola. Uma criança ou uma professora viu o arco-íris e chama para ele a atenção das outras. As crianças começam a falar sobre o arco-íris e, talvez por sugestão da professora, algumas delas começam a desenhá-lo. De súbito, o arco-íris desaparece; as crianças começam a falar sobre de onde foi que ele veio e se viajou para um outro lugar. Uma criança apanha um prisma que estava por perto e observa a luz que o atravessa. Chama seus colegas de classe para que se acerquem e vejam, e eles começam a experimentar com outros objetos translúcidos. No dia seguinte chove, mas, desta vez, o céu está nublado e nenhum arco-íris é visível. Daí em diante, as crianças estabelecem postos de observação após uma tempestade, para ter a certeza de que poderão espiar o arco-íris quando este aparecer e captá-lo em vários meios de expressão.

E se não surgir nenhum arco-íris, ou não lograrem captar sua aparição, os estudantes debaterão as razões por que isso ocorreu e examinarão como poderiam preparar-se melhor para a próxima visão de um arco-íris.

Foi iniciado um programa sobre o arco-íris! Nas semanas seguintes, as crianças lêem e escrevem histórias sobre o arco-íris, exploram gotas de chuva, examinam os fenômenos semelhantes ao arco-íris que acompanham a névoa causada por uma mangueira ao regar-se um jardim, registram um sensacional duplo arco-íris e brincam com lanternas elétricas e velas para observar seu aparecimento através de vários líquidos e vasos. No começo, ninguém sabe até onde o programa poderá levar; e, embora programas anteriores influenciem claramente os "lances" preparados pelas professoras (e, ocasionalmente, por alunos), essa qualidade não-limitada do programa é decisiva para o meio educacional que foi criado em Reggio ao longo das décadas.

Documentar as discussões, assim como os "lances", esboços, rascunhos e obras das crianças é a tarefa do pessoal docente. É um trabalho permanente, desafiador e gratificante. As professoras desenvolvem sistemas elaborados para registrar precisamente o que aconteceu, com suficiente clareza, de modo que quem estiver interessado no progresso individual e coletivo das crianças possa interpretar o relatório numa data ou época ulterior. Além de papel e tinta, os documentos usam com freqüência fitas cassete, *videotapes* e diapositivos. Às vezes, parece existir documentação demais em curso e que ninguém será capaz de passar toda ela em revista com um propósito crítico. Mas a documentação — como um gravador que é acionado o tempo todo — deve ser vasta porque nunca está claro *qual* a palavra, ou esboço, ou momento, se revelará crucial para o entendimento das crianças, o esclarecimento das professoras e a elucidação de um desconcertante ou inexplicável fenômeno. Assim como o fotógrafo visitante deve ficar batendo sucessivas chapas, a fim de não perder o momento crucial, também a professora-como-documentarista deve ser extremamente completa, para que nenhuma palavra ou obra reveladora se perca.

(Uma observação divertida. Os adultos passam tanto tempo tomando notas sobre crianças que, por vezes, estas imitam-nos. Vi, por mais de uma vez, uma criança apanhar uma prancheta e começar a garatujar e a ticar numa folha de papel como se estivesse registrando o que outras crianças faziam. Que melhor demonstração pode haver da potência do aprendizado! E, é claro, sempre atentas, as professoras tentam fazer uso construtivo dos inexperientes esforços infantis de documentação — por exemplo, para indicar quando as crianças observaram algo especial.)

Não surpreenderá, pois, que a maioria dos programas em Reggio se concentre em experiências que resultam do mundo natural — plantas, animais, e outros objetos (como pedras) e eventos (como chuvas torrenciais) que facilmente estimulam as percepções das crianças e seus sentimentos. Mas essa preferência não é, em absoluto, uma necessidade. Programas surgem também com referência a artefatos humanos e, por vezes, alguns de origem muito recente.

Consideremos os esforços de crianças para explicar o funcionamento de um aparelho de fax. Esse programa foi notável em dois sentidos. Em primeiro lugar, as crianças na Itália mantinham um assíduo intercâmbio por fax com um jardim-de-infância "irmão" em Washington, D.C., pois ambos os grupos de pequenos escolares examinavam atentamente esse misterioso aparelho. As explicações iniciais oferecidas pelas crianças eram mágicas e fantásticas; mas as explicações eletrônicas, digitalizadas, que propuseram por último eram perfeitamente corretas — pelo menos tão corretas quanto a que eu teria apresentado! Trabalhando juntas, as crianças acabaram por alcançar um nível de entendimento que é notável, mesmo pelos padrões adultos.

O que justifica essa criação e registro de programas? A tentação ao formular essa pergunta é procurar respostas utilitárias: instruir outros (incluindo os representantes da *Newsweek*), mostrar aos pais o que as crianças estão aprendendo, treinar a habilidade dos observadores, encorajar discussões fecundas entre as professoras, inculcar lições sobre o arco-íris ou outros temas grupais. Cada uma dessas razões contém um grão de verdade. Mas como visitante, amigo de longa data e colaborador bissexto da equipe de Reggio, ofereço uma resposta diferente.

Em Reggio, como em outras instituições notáveis, o meio é a mensagem. Ou seja, a equipe de Reggio trabalhou durante décadas para formar o tipo de comunidade escolar que é ótima para os nela envolvidos: professoras, pais, o ambiente físico, a região circundante e, sobretudo, as crianças em processo de crescimento. As primeiras lições vêm de um meio ambiente que é saboreado por sua beleza. Uma segunda lição é proporcionada pela comunidade: as crianças são parte integrante de uma ampla família que é sustentadora, está em constante comunicação e combina prazer, responsabilidade e aprendizagem.

Dentro desse estimulante meio, ricas experiências são saboreadas e preservadas, não primordialmente em função de motivos ulteriores mas, antes, porque existe um valor inerente em explorar experiências cotidianas, em torná-las próprias de cada um e em aprender com elas. Como os documentaristas de Reggio poderiam dizer, seu objetivo é captar e tornar públicas centenas de linguagens — algumas orais, algumas corporais, algumas artísticas — que as crianças naturalmente usam, produzem e compartilham entre si.

Em meu próprio jargão, Reggio encoraja o cultivo e a elaboração de múltiplas representações, múltiplas inteligências — e, assim fazendo, fornece um poderoso conjunto de pontos de entrada para as verdades diletas, sentido de beleza e padrões éticos da comunidade. A abordagem de Reggio convida as crianças a explorarem — em múltiplos e satisfatórios modos — o mundo físico, o mundo biológico e o mundo social; fornece-lhes materiais evocativos com os quais possam captar suas impressões; compartilha os *insights* com o resto da comunidade; e modela um conjunto de respeitosas relações humanas que devem estender-se a todo o ciclo vital.

A equipe de Reggio é sólida em seus modos de operação — seus métodos fornecem-lhe sua própria recompensa. Assim, a equipe não se ocupa necessariamente das questões postuladas por visitantes e, em especial, por americanos orientados para a pesquisa. Os reggionistas (se me permitem criar uma palavra) mostraram pouco interesse em documentar o que as crianças estão aprendendo de uma maneira mais formal ou padronizada; em elaborar um currículo permanente; em criar modos de avaliação que se propaguem. Foram ambivalentes no tocante à "divulgação" ou "escalada" da mensagem de Reggio por toda a Itália ou pelo resto do mundo. É agradável ser notado e homenageado, sem dúvida, mas não fica claro o que é alvo de uma boa divulgação nem que fazer prosélitos represente um uso ótimo das energias da consciencios e, por vezes, assediada equipe de Reggio. Houve pouco esforço no sentido de fazer ascender o modelo de educação de Reggio, levando-o para a escola primária e secundária. (Nestes últimos anos, o governo central italiano, presidido por um natural de Reggio, manifestou um interesse sem precedentes nas escolas de Reggio; é muito cedo para dizer se esse interesse é transitório ou provará ser duradouro.)

Talvez o que mais surpreenda os educadores politicamente orientados é o fato de a equipe de Reggio ter mostrado pouca inclinação para "acompanhar" os jovens graduados a fim de saber o que lhes aconteceu depois na vida. Se pressionada, é bem provável que a professora ou diretora de uma escola de Reggio responda: "Veja como a nossa comunidade funciona. Ela ilustra o que acontece quando as crianças recebem uma educação como esta."

É claro, amigos e curiosos de outros lugares procuram respostas para essas indagações. Eles gostariam, em especial, de transportar as idéias e práticas fundamentais de Reggio para suas terras. Esforços estão atualmente em curso para recriar Reggio em numerosas localidades dos Estados Unidos, Escandinávia e outras partes do mundo; como pode ser imaginado, há um constante afluxo de visitantes (carregados de equipamentos de gravação) a Reggio. E graças ao estabelecimento de uma organização de pais, "Filhos de Reggio", há muitos *workshops* e institutos com cursos de verão, em Reggio e em outros lugares do mundo, onde está sendo exposta a "abordagem de Reggio".

Tais transplantes, entretanto, não serão fáceis. Reggio está situada num incomum recanto do mundo, com ricos recursos materiais e humanos, e quase um milênio de espírito cívico. As escolas têm sua própria história de muitas décadas, inspirada por um gênio carismático (Malaguzzi, falecido em 1994), com um dedicado quadro de pessoal que, em muitos casos, viveu plenamente (na verdade, fez) essa história. Talvez, o mais sério desafio para os aspirantes a imitadores esteja em que os membros do corpo docente de Reggio viveram sua obra — passando muitas e muitas horas extras nas escolas, e trabalhando entusiasticamente durante inúmeros fins de semana e nas férias de verão também. Talvez não estejam todos "casados" com sua obra, mas os consideráveis sacrifícios pessoais feitos por tais educadores nunca cessam.

Embora alguns aspectos da abordagem de Reggio possam viajar, a educação que descrevi está intimamente vinculada a aspectos específicos da parte do mundo onde ela se desenvolveu inicialmente e ao especial elenco de personalidades que têm estado envolvidas nela durante décadas. Não é possível avaliar exatamente quanto, ou especificamente o que, é devido às práticas democráticas da região; ao seu espírito cívico; à sua administração socialista; à sua riqueza de recursos; à sua formação religiosa (e anticlerical); às idéias e práticas de Malaguzzi (e às de outros admirados pela equipe de Reggio, como Piaget, Montessori, Vygotsky e Dewey); a química da equipe vital que ela reuniu; e as experiências específicas de membros da equipe em Reggio, observações de visitantes, e residências em outras partes do mundo. Sem dúvida, a resposta geral é que Reggio constitui hoje um amálgama desses e muitos outros fatores, e não seria possível obter uma réplica exata desses fatores. As aspirações americanas de que se pode visitar Reggio por uma semana e depois reproduzir suas principais características em um ou dois anos de experimentação "em casa" são tidas como ilusórias pelos membros da equipe de Reggio; e acredito que eles estão certos nesse cepticismo.

Não obstante, não quero sugerir que Reggio não pode ser recriado — pelo menos em parte — em algum outro lugar. Sérios esforços foram empreendidos num certo número de comunidades norte-americanas, incluindo St. Louis, Missouri, Columbus, Ohio, Amherst, Massachusetts, Los Angeles e o Distrito de Columbia.[2] Os cenários abrangeram toda gama de condições econômicas e sociais. Numa escola que serve a algumas das mais ricas famílias do país, as crianças chegam à escola em limusines e os pais espremem suas "horas de escola" entre as prazerosas atividades típicas do *jet set* e os bailes de caridade. Numa escola financiada pela municipalidade, numa das mais pobres áreas urbanas do país, as crianças são freqüentemente levadas à escola por parentes afastados ou vizinhos, e esses indivíduos sacrificam seus próprios prazeres para dispor de recursos que permitam vestir decentemente as crianças para ir à escola. Seria desnecessário dizer que cada uma dessas "Reggios americanas" adota a coloração de seu cenário e clientela.

Permitam-me chamar a atenção para o que *não* foi dito na minha descrição das escolas de Reggio e inspiradas em Reggio. Não fiz referência aos genes ou aos cérebros, e raras vezes me referi às mentes das crianças e das professoras em Reggio. Nem mesmo tive que me esforçar para efetuar essas omissões. É muito natural e apropriado falar de instituições educacionais em função da cultura que lhes deu origem e das normas e valores expressos em suas práticas cotidianas.

Centralizar o interesse na cultura não é negar a psicologia ou a biologia; é necessário cada um desses pontos de vista. As escolas em geral — e, não menos, as escolas dignas de emulação — são o produto da sociedade e da cultura onde se desenvolveram: suas metas, seus valores, seus modos de fazer e de interpretar significações. Talvez de um modo menos espetacular mas igualmente decisivo, esses ambientes, com suas histórias e valores singulares, determinem o que é provável, o que é possível e o que não vai acontecer na educação de suas crianças.

A Virada Cultural

Recentemente, quando visitava Cingapura, posei para uma foto com um menino de oito meses a quem acabara de conhecer. Esperando evitar o choro que freqüentemente acompanha o encontro de um bebê com um adulto estranho, empreguei duas técnicas consagradas. Em primeiro lugar, não fixei o olhar nos olhos do menino mas, pelo contrário, permiti que ele me inspecionasse segundo o seu próprio ritmo. Em segundo lugar, dei-lhe os meus óculos para ele brincar.

Embora sejam quase sempre eficazes com bebês nos Estados Unidos, as minhas iniciativas não funcionaram com essa criança. Por mais que eu tentasse, não conseguia dissuadi-la a brincar com os meus óculos, ou mesmo a tocar-lhes. Quando interroguei seus pais a respeito, soube que a criança tinha sido ensinada a nunca tocar nos óculos de quem quer que fosse. E quando falei com outros pais cingapurianos, foi-me dito que

— com exceção dos brinquedos designados — não era permitido às crianças pequenas brincarem em casa com os objetos ao seu alcance. Duas razões eram apontadas: os objetos são muito caros e a criança poderia ferir-se. (Pensei numa terceira: as crianças devem aprender a restringir seus impulsos.)

Essa proibição abalou a minha consciência americana. Em minha própria experiência, a crianças de um ou dois anos é consentido que brinquem com os objetos da casa, e os adultos simplesmente retiram ou fazem desaparecer da vista aqueles cujo manuseio poderia ser prejudicial. De um modo geral, os americanos vêem a exploração como uma virtude; ficam radiantes quando crianças tentam imitar atos executados por adultos perto delas. Com certas reservas, diria a mesma coisa a respeito dos educadores em Reggio. Ficam felizes da vida, por certo, quando uma criança de quatro anos apanha uma prancheta e finge tomar notas a respeito de uma engenhoca armada por um de seus iguais; e podem tentar converter essa inocente imitação num "momento ensinável".

Minha experiência de Cingapura recordou-me um incidente que ocorreu na China uma década antes. Minha mulher e eu estávamos visitando Nanjing com nosso filho de 18 meses, a quem tínhamos adotado em Taiwan quando era um bebê.[3] Consentíamos que Benjamin inserisse todos os dias a chave na fechadura da nossa caixa-forte no Hotel Jenling. Ele divertia-se tentando realizar essa manobra, com ou sem sucesso. Comecei a notar que chineses mais idosos que acidentalmente passavam no local ajudavam o meu filho a enfiar a chave na ranhura e olhavam com ar de reprovação para os pais, como se nos repreendessem: "Vocês, pais incultos, não sabem como criar o vosso filho? Em vez de permitirem que ele fique esforçando-se debalde e acabe, talvez, por sentir-se frustrado, por que não lhe mostram a maneira correta de fazer as coisas?".

Refleti muito sobre esses incidentes em Cingapura e Nanjing porque ambos parecem ilustrar fundamentalmente diferentes pressupostos acerca da criação dos filhos. Nos Estados Unidos, e no Ocidente de um modo geral, encorajamos as crianças a tentar solucionar problemas e a improvisar objetos por conta própria. Consideramos um desenvolvimento positivo quando uma criança se exibe com um par de óculos adultos precariamente equilibrados em seu narizinho ou se atarefa experimentando em tudo quanto é fechadura uma chave que se destina a um único armário. Os ocidentais ganharam certa hegemonia no mundo contemporâneo explorando, ensaiando, experimentando e corrigindo — seja em ciência, tecnologia, ou nas explorações do oceano e do espaço exterior. Vemos o mundo como repleto de desafios que os jovens terão um dia que enfrentar e resolver; e acreditamos em dar-lhes uma vantagem sobre quaisquer competidores quando os fazemos enfrentar desde cedo o desconhecido.

Sem dúvida, os influenciados pela tradição confuciana também querem preparar a criança para o mundo que irá encontrar. Tradicionalmente, esse mundo caracterizou-se pelo domínio de práticas há muito consolidadas e pelo desempenho de papéis adultos consagrados de longa data; e, assim, é mais provável que sejam significativos e úteis os modelos precisos exibidos pelos adultos. Além disso, como há tanta coisa herdada do passado que é imprescindível aprender a fundo e dominar (e, talvez, muito a temer de um futuro incerto), parece não haver grande vantagem em tomar o tempo das pessoas ou em confiar no acaso para as descobertas de práticas essenciais. Se já existe um modelo confiável ao alcance de todos, por que não transmiti-lo à criança, para que ela possa dar com desenvoltura o próximo passo... e logo o passo seguinte? Pois se a criança fica entregue aos seus próprios esquemas, pode atrasar-se no domínio das práticas mais valorizadas ou, pior ainda, afastar-se na sua própria e improdutiva direção.

Pais e professores terão diferentes reações a essas vinhetas. Alguns endossarão totalmente o sistema ocidental de "experimente você mesmo"; outros são adeptos do "aprenda com modelos competentes"; e ainda outros, como eu, enxergam valor em ambas as abordagens, sobretudo quando cada uma é realizada no seio de uma comunidade que nutre a mesma opinião. Temos amplas provas de que o modelo confuciano produz estudantes de alta qualidade; no Ocidente, os resultados são mais variados, porém as melhores escolas progressistas acabam por contar em seus elencos com estudantes que são competentes e inovadores.

Com efeito, em meus estudos sobre criatividade no Oriente e no Ocidente, concluí que a educação podia muito bem começar com uma abordagem "mimética" ou uma "construtiva" (Gardner, 1989).[4] O que é crucial é que cada jovem também disponha de ampla oportunidade para adotar a postura *contrastante*. Caso contrário, existem patentes riscos. O estudante que recebeu treinamento confuciano pode ser sumamente hábil e competente mas sentir-se-á embaraçado a respeito de mobilizar sua habilidade e competência em novas situações. O estudante progressista ocidental pode ver-se como um indivíduo muito criativo mas, com demasiada freqüência, faltar-lhe-á a habilidade para realizar um trabalho competente, quer se trate de uma tarefa familiar ou de uma nova.

São possíveis outras combinações. No Ocidente, conceituamos a criatividade como o resultado, em grande parte, da iniciativa individual e da solução "solo" de problemas: o Prêmio Nobel centrado no indivíduo sintetiza essa postura de "explorador solitário". As sociedades confucianas adotaram uma abordagem de colaboração com vistas à criação de novas tecnologias e, usando esse método, foram notavelmente bem-sucedidas em termos econômicos. O Ocidente também foi recentemente influenciado por modelos eficazes oriundos da sociedade do Leste Asiático. Muitas indústrias delegam agora a produção a pequenas e predominantemente autônomas equipes operacionais; e o trabalho científico também acarreta, cada vez mais, a colaboração entre dezenas ou mesmo centenas de trabalhadores.

Informalmente, durante séculos, e de um modo mais formal em tempos recentes, o Ocidente ampliou seu pendor exploratório numa nova direção: para o exame sistemático de outras culturas. Povos do mundo inteiro sempre manifestaram alguma curiosidade a respeito de grupos que são diferentes; e não pouparam esforços para distinguir-se de vizinhos e rivais — até mesmo quando contaram com esses grupos como aliados ou como fontes de parceiros conjugais. Entretanto, só no Ocidente desenvolvemos todo um ramo de conhecimento que envolve a documentação de crenças, práticas e atitudes de indivíduos que inicialmente nos parecem ser estranhos.

Tradicionalmente, os antropólogos eram uma raça à parte. Separados, com freqüência, de sua própria cultura (por uma ou outra razão), passavam anos vivendo numa cultura estranha, aprendendo sua língua e costumes até obterem seu completo domínio, desenvolvendo afinidades e/ou antipatias, e depois regressando para fazer conferências e escrever sobre o povo "deles". Essa prática continua, mas está sendo reformulada por causa de um certo número de fatores, incluindo dúvidas sobre a propriedade do que alguns consideram exploração; a perfeição dos métodos de pesquisa técnica (estudos concentrados em estruturas lingüísticas ou de parentesco) e o surgimento de modos confiáveis de documentação (filmes e *videotapes*); e o desaparecimento gradual de culturas que são tão exóticas quanto as encontradas pela primeira vez no século XIX.

Grande parte da antropologia é agora praticada mais perto de casa, em sociedades que são menos estranhas e em regiões de nossa própria sociedade que provam ser intelectualmente provocantes, de um modo ou de outro. (Pode-se estudar feiticeiras ou transexuais na aldeia vizinha — ou na própria!) E, em vez de permanecer desinteressado, o antropólogo procura, com freqüência, envolver-se com a população que está sendo estudada e sair em seu auxílio.

Quando a antropologia se tornou menos exótica como profissão, seus métodos e pressupostos foram absorvidos pela corrente principal da ciência social. No campo da psicologia, por exemplo, os investigadores passaram a preocupar-se cada vez mais com questões e métodos culturais.

Durante o seu período de "inveja da física", a psicologia tentou, tanto quanto possível, imitar os métodos da ciência física: estabeleceu condições puras de laboratório e eliminou do experimento quaisquer vestígios de familiaridade ou contexto. Essa abordagem, que remonta aos dias behavioristas, ainda é praticada em certas áreas da psicologia e da ciência cognitiva.

Muitos investigadores — e sobretudo os que se dedicam ao estudo do desenvolvimento humano — concluíram que tal pesquisa descontextualizada não pode ir além desse ponto. Na verdade, desde o momento da concepção, os pais e sua progenitura estão envolvidos nos pressupostos, tendências e visões de determinadas culturas; e esses preconceitos (no sentido de julgamentos prévios) emprestam necessariamente um colorido todo especial ao pensamento, emoções e modelos de desenvolvimento. Seria desnecessário dizer que as instituições educacionais também são significativamente afetadas pelos objetivos e os pressupostos das culturas em que estão situadas. Com efeito, as escolas não têm outra escolha senão exprimir — ou lutar contra — os valores daquela cultura em que estão situadas.

Influenciados pelas ferramentas de trabalho do antropólogo, muitos psicólogos deixam agora o laboratório e buscam, nos padrões de vida cotidiana, certas características que tinham antes ignorado.[5] Para citar apenas algumas, tais investigadores observam cuidadosamente o modo como pais se comunicam com os jovens (e vice-versa), em função do que é dito (e não dito) e da forma como as mensagens são transmitidas. Também observam grupos de crianças nas diversas faixas etárias, e notam o modo como brincam ou brigam umas com as outras, ou se instruem mutuamente. Voltando suas atenções para as escolas, os psicólogos vêem a sala de aula como uma comunidade, na qual valores específicos são transmitidos e várias interações são sancionadas ou proibidas; prestam especial atenção às relações de aconselhamento, na família e para além dela; investigam o papel da mídia na socialização dos jovens de diferentes idades; examinam certas práticas na sala de aula, como a aprendizagem cooperativa, ou os projetos em equipe, ou a comunicação via Internet, para determinar o modo como as crianças constroem e compartilham o conhecimento. Todas essas áreas de investigação colocam em mais nítido relevo práticas e pressuposições culturais específicas.

Com base nas escolas de Reggio Emilia, passo a apresentar alguns dos processos pelos quais os psicólogos elaboram seu trabalho.

A aprendizagem é agora vista como *situada,* como ocorrendo em contextos específicos, com suas características e finalidades identificadoras, e só se ampliando de uma forma lenta e hesitante a ambientes novos e desconhecidos.[6] Quando os jovens estão na sala de aula da Scuóla Diana em Reggio, estão predispostos a prestar atenção a eventos naturais, a registrá-los em palavras ou trabalhos, a discuti-los com outros. Entretanto, é possível que os jovens façam parceria nessas práticas com suas professoras e colegas de classe: por assim dizer, o "ambiente do programa" está "situado" entre as quatro paredes de uma escola. Resta determinar se os estudantes da Diana também manifestam tais interesses em casa, em viagens com a família ou quando brincam com jovens que freqüentam uma outra escola.

O conhecimento é agora visto como *distribuído*. Não reside exclusivamente dentro da cabeça de um indivíduo; pode-se dizer que resulta conjuntamente da própria perspectiva de um indivíduo, das de outros indivíduos e da informação derivada dos recursos humanos e técnicos disponíveis. Esta asserção prova ser particularmente pertinente no caso da experiência de Reggio. São notáveis muitas das realizações das crianças de um estabelecimento de ensino pré-escolar em Reggio; elas refletem entendimento e talento de um alto nível. Entretanto, é arriscado supor que tal entendimento e habilidade existem no interior da mente/cérebro de jovens específicos; com efeito, minha conjectura é que, de um modo geral, o conhecimento não se encontra tão localizado. As criações de Reggio são produções de grupo, as quais envolvem não só a colaboração de várias crianças da mesma idade mas a constante investigação e "sustentação" por adultos bem informados; e também dependem do que lhes é fornecido pelos meios de informação que tenham sido empregados. É uma questão em aberto quanto do entendimento permanece na consciência de uma criança isolada, escolhida ao acaso e privada do convívio de sua turma, de adultos, de criações tangíveis e de conversação de apoio.

Não avessos ao jargão, cientistas sociais culturalmente orientados identificaram processos de *participação periférica legítima*: os modos como jovens, no começo, observam adultos competentes trabalhando e depois são gradual, discreta e comodamente atraídos para a situação de trabalho. A aprendizagem começa com a observação, evolui para a participação periférica orientada e culmina no aprendizado pleno, freqüentemente com instrução verbal explícita. Por seu lado, os psicólogos culturalmente orientados enfatizam a importância do *meio ambiente*, do *habitus* — o valioso contexto, repleto de pessoas e de formas de apoio, onde as ocasiões de aprendizagem ocorrem com maior naturalidade. Esses *scholars* falam sobre a importância do "conhecimento pessoal" — aquele que a pessoa adquire freqüentando um meio onde predomine o conhecimento magistral. Este conhecimento é difícil de adquirir mediante proposições verbais; é crucial, porém, se a pessoa quer realmente trabalhar de maneira produtiva num determinado domínio, seja ele uma coleção de borboletas, tênis, matemática ou música (Lave, Polanyi).

Essas concepções são centrais a respeito das asserções em torno da experiência de Reggio. Os mais importantes aspectos de Reggio estão "no ar". Estão consubstanciados nos atraentes e confortáveis atributos físicos da escola, nas magníficas exposições de trabalhos estudantis e os comentários sobre os mesmos, o modo delicado como os adultos falam entre si e com as crianças, o ritmo da manhã, os almoços e lanches individualmente preparados e carinhosamente servidos, os tranqüilos mas flexíveis períodos vesperais de repouso, as atividades enérgicas mas não violentas nem tumultuadas no *playground*, a passagem das semanas e dos meses, até o caráter das estações e dos anos. Os adultos fixam o tom, as crianças são atraídas para o seu espírito e, por sua vez, transmitem seus conhecimentos e práticas às que são ainda mais jovens do que elas e cuja participação é tão periférica quanto a que foi outrora a delas próprias.

Nenhuma dessas lentes de coloração cultural transformou totalmente nossa compreensão do desenvolvimento cognitivo, social e emocional das crianças. Grande parte do desenvolvimento ainda ocorre na cabeça; e, em última instância, os estudantes não podem fazer uso de conhecimento situado, ou distribuído, ou periférico, ou pessoal, a menos que, de algum modo, o tenham convertido em conhecimento próprio. Entretanto, nós, psicólogos, adquirimos uma consciência muito maior dos aspectos sociais, contextuais e distribuídos do conhecimento. O conhecimento origina-se nas relações entre seres humanos; muito do que termina por ser "internalizado" provém de modelos e motivos de outros; e o conhecimento que adquirimos é por nós próprios elaborado e desenvolvido em contextos sociais, sejam eles a família, a escola ou a comunidade em geral.

Insights Resultantes de Estudos de Culturas

Considerados em seu todo, centenas de estudos de criação e educação infantil em diversas culturas sublinham duas posições extremas. A "posição universalista" — da qual psicólogos e biólogos são adeptos — sustenta que, no fundo, as pessoas são todas parecidas nos aspectos importantes; as diferenças evidentes são superficiais e triviais. Exemplificando essa posição, os lingüistas do MIT (Massachusetts Institute of Technology), de orientação universalista, costumavam distribuir lápis que tinham este dístico gravado: "O contexto suga." A mensagem: não se deixe induzir por superficiais diferenças culturais ou contextuais.

Essa posição retém sua validade quando se examinam capacidades que se encontram firmemente consolidadas — por exemplo, como percebemos objetos em três dimensões; ou comportamentos que são necessários à sobrevivência, como a reprodução sexual. Mas a posição prova ser inadequada quando focaliza mudanças nos modos como os indivíduos empregam a linguagem para realizar objetivos específicos numa comunidade — a pessoa pede diretamente, fala enigmaticamente ou "escuta carismaticamente"? Ou os modos como jogos, ou brinquedos, ou mídia são apresentados às crianças — dá-se-lhes simplesmente o brinquedo, expõe-se-lhes uma vez o modelo de jogo, mostra-se-lhes um *videotape*, brinca-se com elas durante muitas sessões ou evita-se o contato com o jovem ansioso? Nestes últimos casos, os pressupostos da cultura provam ser determinantes; levam ao exercício de práticas muito diferentes, por vezes até em grupos que poderiam parecer superficialmente afins.

O ponto de vista da "unicidade" — favorecido por antropólogos e um certo número de multiculturalistas — é também suspeito. Esta perspectiva argumenta que cada cultura é *sui generis* e só pode ser examinada em seus próprios termos. As culturas desenvolvem visões do mundo que são de tal forma idiossincrásicas que, à semelhança dos paradigmas científicos concorrentes de Thomas Kuhn, não podem ser traduzidas de umas para outras nem mutuamente comparadas.[7] O máximo a que se pode aspirar é entender parcialmente tais culturas e tentar comunicá-las a outras num meio alienígena, ainda que de maneira menos profunda, tipicamente através de uma obra artística ou de uma anedota sugestiva. Podem existir certos conceitos, como o japonês *amae*, ou o alemão *Gemütlichkeit*, ou o chinês *hao-xue-xin*, que são comprovadamente difíceis de captar em outros códigos simbólicos. (Se eu fornecesse diretamente aqui suas traduções, seria acusado de abalar a posição da "unicidade".) E qualquer tentativa para avaliar culturas diferentes em termos de critérios uniformes é estritamente tabu.

Em sua forma extrema, a posição de unicidade é igualmente insustentável. Uma vez que seres humanos no mundo inteiro devem lidar com muitas das mesmas pressões e necessidades, é improdutivo supor que eles não podem relacionar-se com — ou apreciar — as posições recíprocas. Uma tradução parcial é melhor do que recusar-se terminantemente a traduzir. Além disso, muitos indivíduos logram ser biculturais ou triculturais bem-sucedidos e movimentam-se com crescente facilidade e desenvoltura entre um certo número de culturas; um tão flexível trânsito seria impossível se as tradições alternativas fossem verdadeiramente impenetráveis. Em seus comentários sobre escolaridade entre os nativos das ilhas Pohnpei, no Pacífico, Oliver Sacks capta o modo como um regime educacional único pode apoiar-se comodamente em tradições culturais contrastantes.

> Mas entremeada com a mais recente astronomia e geologia, a história secular do mundo, igual força é dada a uma história mítica ou sagrada. Se os estudantes eram instruídos a respeito de luzes oscilatórias, placas tectônicas e vulcões submarinos, também mergulhavam nos mitos tradicionais de sua cultura — a história antiga, por exemplo, de como a ilha de Pohnpei tinha sido construída sob a direção de um polvo místico, Lidakika. (*The Island of the Colorblind*, Knopf, Nova Iorque, 1996, p. 68.)[8]

Existe um modo mais fecundo de abordar esta questão. Toda a cultura deve ter em vista certas necessidades universais. Dispõe de certos recursos e pode obter outros; encarna uma história e reflete o conjunto de práticas estabelecidas e proscritas; e, orquestrando esses fatores, deve de alguma forma consolidar um caminho viável de ser. Por razões históricas, ecológicas e acidentais, as culturas chegam a diferentes maneiras de transitar nesse terreno. Em certas regiões do mundo que têm sido relativamente estáveis por longos períodos de tempo, essas soluções estão bem consolidadas, enquanto que em outras as normas e práticas provam ser muito mais flexíveis ou caóticas.

Alguns esquemas e soluções revelam-se de fácil entendimento para uma outra cultura, outros mostrarão ser mais misteriosos. Mas com esforço, boa vontade e algumas ilustrações convincentes, é possível fazer progressos na apreciação da perspectiva de uma outra cultura e, talvez, em tornar nossa própria perspectiva mais clara para as pessoas de uma outra esfera de vida. Tais esforços são essenciais, sobretudo se quisermos desenvolver um sentimento de verdade, beleza e bondade que não seja irremediavelmente mesquinho.

A Perspectiva Cultural Aplicada à Educação

Permitam-me ser específico — e declaradamente antropomórfico. Toda e qualquer cultura deve assegurar-se de que os seus indivíduos mais jovens dominam certas áreas do conhecimento, adquirem certos valores, possuem certas competências. É importante que os jovens se desenvolvam intelectual, moral, social, emocional e civicamente. Dispõe-se para tanto de determinadas entidades e instituições educativas, incluindo os pais, escolas, colegas de escola (os da mesma faixa etária e os "veteranos"), professores, parentes, a mídia e várias formas de tecnologia. Há também certas recompensas, prêmios, punições e instituições que podem ser citadas como modelos, motivadores ou ameaças.

Dado esse espaço problemático, as culturas promovem escolhas. Não de um modo consciente, é claro, mas inevitável. Essas escolhas são moldadas, de forma freqüentemente invisível, por fatores cambiantes dentro e fora da cultura, e combinam-se para produzir o sabor, caráter ou "configuração" especial da cultura.

Veja-se, por exemplo, a questão das "entidades e instituições educativas". Nas culturas mais tradicionais, os pais, os estudantes mais velhos e as instituições religiosas atuam como agentes educacionais. Em sociedades seculares, as escolas assumem numerosas funções pedagógicas; e numa sociedade eminentemente secular como os Estados Unidos, "a turma" e a mídia assumem boa parte do papel educativo que fora desempenhado em épocas pretéritas pela Igreja e a escola rudimentar. No futuro, é provável que os materiais e modelos fornecidos por poderosas tecnologias se encontrem entre os principais agentes educativos.

Consideremos agora a questão das diferentes dimensões do desenvolvimento. Nas sociedades religiosamente orientadas e relativamente homogêneas, pressupunha-se que o desenvolvimento moral e emocional seria responsabilidade das escolas. As sociedades seculares retiraram em grande parte essa responsabilidade da escola, e esperam que tal desenvolvimento fique sob a égide da família e da Igreja. Isso é magnífico, desde que exista um lar com pais e/ou uma Igreja que seja apreciada pela comunidade. Entretanto, quando essas opções estão ausentes, apresenta-se um quadro mais perturbador. Ou nenhum agente se encarrega do desenvolvimento moral e emocional; ou a educação moral ocorre de maneira rudimentar nas ruas, ou em quadrilhas, ou cortesia dos mais convincentes modelos de papel que porventura tenham sido apresentados nesse ano na mídia.

Consideremos, finalmente, o conteúdo real da escolaridade. Em muitas sociedades, as decisões sobre currículo são tomadas por autoridades centrais, e há pouco debate público a respeito do conjunto de conhecimentos a serem ministrados. Com freqüência, os pais e, quando necessário, preceptores ajudam os estudantes a dominar a fundo esse currículo essencial. Sociedades menos centralizadas oferecerão currículos distintos; e a forma de apresentação é freqüentemente confiada aos professores. Acaba-se amiúde por contar com uma distribuição muito mais ampla de desempenhos, insistindo algumas escolas em padrões muito elevados, enquanto que outras se contentam com um reduzido número de padrões. Até na mesma escola, é também possível encontrar uma variedade mais ampla de desempenhos, uma vez que o nível de realização é uma função conjunta e ainda sofrivelmente entendida de esforços estudantis, padrões familiares, estilos de ensino, competências e demandas.

Para Além de Reggio: Outras Escolas Eficazes

Como os historiadores David Tyack e Elizabeth Hansot assinalaram em tom irônico, "o melhor sistema" é coisa que não existe.[9] Em todos os níveis educacionais, a educação de qualidade pode ser implementada de várias maneiras. Mesmo aquelas escolas que tentam recriar o modelo de Reggio devem entender que ele receberá inevitavelmente a coloração própria de seu novo ambiente, com seu mosaico idiossincrático de pais, corpo docente e comunidade.

Sempre me chamou a atenção, em minhas viagens e leituras, a variedade de visões educacionais que funcionam para diferentes grupos etários, em diferentes partes do mundo. Circula uma piada entre os profissionais do meu ramo que diz que se devia ir para a creche na França, para o jardim-de-infância na Itália, para a escola secundária na Alemanha e para a universidade nos Estados Unidos. Sem pretender testar a veracidade desse chiste, quero mencionar, no entanto, algumas das irresistíveis abordagens e promissoras práticas que podem ser observadas hoje em escolas e outros cenários educacionais. Este breve exame chama a atenção para os muitos métodos pelos quais se pode receber uma boa educação, assim como para as maneiras como diferentes culturas conferem às escolas uma ênfase distinta, característica de cada cultura.

Jardins-de-infância

Na Japão, e em outras sociedades influenciadas pelo método Suzuki de educação do talento, crianças de quatro ou cinco anos eram capazes de executar peças para violino solo ou em conjuntos de cordas. Elas atingiram essa proficiência graças a um brilhante método de pedagogia criado pelo pedagogo japonês Shinichi Suzuki (cf. S. Suzuki e H. Gardner). Nos primeiros anos após o nascimento, os bebês ouvem um repertório de violino em fitas cassete. Também observam a mãe tocando violino numa base diária e é-lhes dada a oportunidade de manusear um violino de dimensões infantis por curtos períodos de tempo.* Depois, são mergulhadas num banho musical, quando passam por um programa cuidadosamente ordenado de peças que se presume serem de seu agrado; essa seqüência foi preparada para tirar proveito da disposição das cordas no violino, dos movimentos que as crianças mais pequenas podem executar facilmente com seus próprios dedos, e das melodias que mais apreciam.

* No Japão, o parente envolvido é quase sempre a mãe. Se ela não sabe tocar violino, é encorajada a aprendê-lo e a se manter sempre uma aula à frente do filho.

Também participam amiúde em espetáculos com colegas, incluindo alguns que estão um pouco mais adiantados, ou um pouco mais atrasados, em relação ao nível de competência delas próprias. Através desse regime cuidadosamente controlado e afetuoso, os pequenos estudantes tornam-se artistas competentes quando atingem a idade escolar; mas pouca atenção é prestada aos potenciais inventivos de composição musical.

O método Suzuki consubstancia um certo número de características da cultura japonesa.[10] Há o profundo respeito pela arte e a cultura, e um reconhecimento de que a prática e a competência artesanal são necessárias a um indivíduo que pretende ingressar e finalmente exercer com mestria uma determinada tradição. (Que o repertório Suzuki apresente música ocidental não constitui um aspecto essencial; Suzuki sempre sustentou que poderia igualmente ensinar arranjos florais ou tocar num instrumento asiático tradicional.) Também é importante o papel de outros indivíduos no treinamento do jovem. A mãe é a educadora inicial; com efeito, uma das razões por que, tradicionalmente, as mães não trabalham no Japão, é para que possam concentrar seus esforços na formação de seus filhos pequenos. Mas outros jovens também desempenham um papel crucial. Espera-se que as crianças se inspirem e apóiem mutuamente; e uma considerável parcela da educação, em seus primeiros tempos, é dedicada à criação de um harmonioso grupo de colegas — como aquele que se espera existir, algumas décadas depois, no local de trabalho.

Nos Estados Unidos, alguns jovens são matriculados numa classe Spectrum — uma abordagem influenciada pela minha teoria de inteligências múltiplas.[11] As classes Spectrum são generosamente dotadas de materiais concebidos para estimular as várias inteligências. É como se um museu para crianças — com suas exposições científicas, animais vivos, materiais artísticos e musicais, jogos e quebra-cabeças — tivesse sido transportado para uma creche ou jardim-de-infância. Durante um ano, as crianças são encorajadas a interagir com toda a série de materiais à sua disposição, para que tenham a oportunidade de exercitar sua gama de inteligências. Se parecerem relutantes em trabalhar com certos materiais, as professoras tentarão criar uma "ponte" — isto é, os materiais de que a criança tinha previamente gostado são colocados em primeiro plano a fim de facilitar a transição para os objetos que a intimidavam. No final do ano, as famílias recebem um perfil Spectrum. Esse documento descreve as áreas de força e fraqueza de uma criança, e formula sugestões concretas sobre as atividades que poderiam ser empreendidas em casa ou na própria comunidade onde ela vive, a fim de estimular o seu desenvolvimento pessoal em várias direções.

Embora isso possa ser menos transparente para os americanos, o Spectrum é tão revelador de sua herança quanto o método Suzuki ou a abordagem Reggio. Para começar, existe a crença na importância dos materiais e da tecnologia; devem ser propiciadas às crianças grandes quantidades de objetos com que possam brincar, e quanto maior for a variedade melhor. Em segundo lugar, há um compromisso com a significação de diferenças individuais. Toda e qualquer criança é importante, e cumpre tentar desenvolver, tanto quanto possível, as forças idiossincrásicas de cada uma. É atribuído grande valor à aceitação de novos desafios; assim, esforços especiais são dedicados a ajudar as crianças a mudar de áreas onde se sentem cômodas para outras que são inicialmente ameaçadoras mas acabarão por ser enfrentadas e conquistadas. Enfim, embora o Spectrum encoraje o trabalho de grupo, prevalece a noção da criança como aprendiz individual — uma mente individual trabalhando com materiais específicos.

Seria certamente possível ter uma educação que fizesse honras a ambos os ambientes — o Suzuki e o Spectrum. Entretanto, isso só seria viável se fossem reconhecidas as influências muito diferentes das tradições culturais das quais esses métodos inicialmente surgiram. O respeito pela arte e os misteres artesanais é maior no ambiente do Leste Asiático, mesmo quando o atrativo de uma variedade de materiais inicialmente sedutores reflete uma perspectiva ocidental contemporânea. O intensivo papel de apoio desempenhado pelas mães no Leste Asiático teria que ser assumido por algum adulto (ou adultos) no Ocidente para que o método Suzuki fosse eficiente. Na mesma ordem de idéias, os japoneses adultos teriam que passar a estar muito mais orientados para metas e necessidades individuais — para os modos como cada criança difere de seus pares e requer a formação de sua própria "ponte" — se o espírito que preside o método

Spectrum fosse importado por uma cultura que tem sido predominantemente orientada para as relações harmoniosas dentro do grupo.

Escolas Primárias

Nas escolas primárias japonesas, a prioridade básica é garantir que as crianças se sintam confortáveis na escola e possam interagir de forma cortês e produtiva com as outras.[12] Grande esforço é dedicado a encorajar as apropriadas condutas e práticas interpessoais. Em contraste com o estereótipo da "decoreba" — a sala de aula baseada num modelo autoritário, onde a aprendizagem é um processo maquinal e sem assimilação dos ensinamentos transmitidos — são propostas às crianças questões estimulantes, desafiadoras, que as encorajam a trabalhar em equipes durante um considerável período de tempo a fim de chegarem a soluções, incluindo as originais. Nesses grupos, as crianças não só recebem idéias umas das outras mas também aprendem que o grupo é, com freqüência, um agente mais eficaz do que o indivíduo solitário. A professora vê-se, primariamente, como uma nutriz. Não existem pistas que lhe sirvam de orientação. Presume-se que as crianças progredirão na medida em que trabalharem com afinco e receberem adequado apoio parental no lar. (Se os jovens não prosperam, o mais provável é que os pais procurem ajuda particular extra-escolar, em vez de tentarem influir no modelo operacional da escola habitualmente freqüentada.) (Cf. Kristof.)

Embora o saber seja importante, o principal objetivo neste estágio da educação é produzir crianças que sejam boas, responsáveis e disciplinadas. E, assim, as crianças passam muito tempo criando um meio ambiente limpo e atraente, servindo como líderes conscienciosos ou dedicados seguidores, assumindo a responsabilidade por seus erros e ajudando outros que se defrontaram com dificuldades. No momento oportuno, são permitidos, até encorajados, os jogos impetuosos e turbulentos. Uma vez mais, a escola é vista como um (talvez idealizado) microcosmo da sociedade em que as crianças um dia ingressarão.

Nas escolas primárias chinesas, as crianças produzem pinturas com tinta e pincel de impressionante beleza e delicadeza (cf. H. Gardner,

1989).[13] Essas obras parecem tão misteriosas quanto os concertos dos violinistas de Suzuki até o instante em que observamos os métodos de ensino. Tal como no caso do aprendizado de caracteres chineses, o professor explica e ilustra repetidas vezes cada pincelada, da maneira precisa como deve ser articulada. Em casa, as crianças também dispõem de livros que explicam as pinceladas prescritas na ordem recomendada. Após ter sido exposta a modelos "vivos" e "textuais", a criança pratica repetidamente cada pincelada. Os professores observam essas sessões práticas e, com freqüência, ajudam seus alunos "conduzindo-lhes a mão". No final de uma tão cuidadosamente orquestrada sessão, não há um só dos 40-50 estudantes de uma classe que não possa desenhar habilmente um peixinho dourado, um broto de bambu ou um urso panda.

Poderia parecer que esse método servil somente produz cópias. Entretanto, muitos estudantes assim treinados também são capazes de fazer razoáveis interpretações de novos objetos, que não poderiam ter desenhado antes. É evidente que, nessa cuidadosa atenção a modelos e prática de pinceladas, desenvolvem-se algumas habilidades suscetíveis de serem transferidas com surpreendente perfeição.

Esses dois exemplos revelam acentos claramente diferentes dentro da tradição confuciana. Ambas as variantes respeitam o talento artesanal, a importância da prática, a execução de belos objetos e as *performances* impecáveis. Nos exemplos japoneses, porém, muito mais do processo educacional é confiado aos jovens, que aprendem a trabalhar juntos e que, de fato, dependem uns dos outros. No exemplo chinês, o professor permanece como indispensável figura central. Dadas essas práticas, a criatividade tem maiores probabilidades de emergir do trabalho de grupo numa escola japonesa. Na medida em que o trabalho criativo se apresenta sob o modelo chinês, é mais provável que se trate de obra individual. Merece ser observado que o gênio japonês é inerente em equipes de tecnólogos, enquanto que o gênio chinês surgiu mais freqüentemente na ciência e em formas de arte individualmente orientadas.

Na Key School (agora o Key Learning Center), em Indianapolis, Indiana, e em outras escolas que foram influenciadas pelo *Key School Model*, as crianças têm experiências regulares que são elaboradas em torno das inteligências múltiplas.[14] Elas participam diariamente em classes (incluindo música, língua estrangeira e sessões somato-cinestésicas) que estimulam determinada inteligência. Além disso, elas inscrevem-se em pequenos grupos e visitam uma "sala de fluxo" (*flow room*) onde podem concentrar-se em atividades que destacam as inteligências favorecidas e as combinações de inteligências. O currículo da escola apresenta temas periódicos (tais como México, a "Renascença de Indianapolis", padrões, pássaros); indivíduos ou pequenos grupos criam seus próprios projetos que são inspirados pelo tema escolhido. Os projetos, uma vez concluídos, são apresentados aos colegas de classe, descritos e criticados, e toda essa atividade é gravada em *videotape*. Os projetos servem como excelente mostruário para os interesses, temas e configurações escolhidas de inteligências de uma criança.

Além disso, a Key School revela suas raízes americanas. Existe uma ênfase inegável nas matérias facultativas e escolhas, com os estudantes inscrevendo-se naquelas atividades da "sala do fluxo" e escolhendo aqueles grupos com os quais mostravam maior afinidade. Tal escolha — tal confiança no saber e iniciativa individuais — poderia ser comprovadamente destoante num ambiente confuciano. Grande parte da educação gravita em torno de projetos; e, como em Reggio, os projetos refletem os interesses dos estudantes. No entanto, em contraste, os projetos nos Estados Unidos são mais raramente empreendidos pelo grupo; eles são, essencialmente, declarações de uma única criança ou, com menos freqüência, de um par de jovens. Os professores, a maior parte do tempo, permanecem em segundo plano. E, coerente com as pressões por transparência na sociedade norte-americana, há muita preocupação com o que os estudantes aprenderam em conseqüência dos projetos e com o modo como essa aprendizagem pode ser persuasivamente documentada para as autoridades educacionais autorizadas (e muitas vezes cépticas) que controlam as concessões de verbas.

Entretanto, as diferenças dentro dos Estados Unidos provam ser tão vastas quanto as existentes entre os exemplos chinês e japonês. Em outras escolas, com freqüência no mesmo bairro, os estudantes trabalham com um currículo básico — talvez um inspirado por E. D. Hirsch ou pelo privadamente financiado Projeto Edison.[15] Para cada nível de idade e série escolar, existem listas prescritas de conceitos, palavras e esferas do conhecimento que as crianças devem possuir ou adquirir. Os jovens são regularmente testados sobre esses conhecimentos, premiados quando o conhecimento foi adquirido e encorajados a estudar com maior empenho quando seu conhecimento prova ser desigual. O currículo em cada idade é ajustado para aqueles que estão mais avançados e para os que vêm mais atrás, evitando assim a desnecessária repetição ou as quebras de continuidade. Especialmente para aquelas crianças desfavorecidas que não adquirem conhecimento da cultura dominante em casa, tal currículo prescrito ajuda a fornecer um patamar uniforme e a assegurar que futuros cidadãos compartilhem uma base de conhecimentos comuns.

Com efeito, a seu modo, o currículo básico reflete valores americanos duradouros, tanto quanto a Key School. Sobretudo numa sociedade que é diversa em sua população, o objetivo de produzir um único plano de ação educacional — *et pluribus unum* — constitui um valor profundo e duradouro que remonta à escola comum de Horace Mann da década de 1840. Além disso, os currículos básicos refletem valores americanos de um outro modo. As instituições educacionais norte-americanas julgam freqüentemente sua eficácia pela quantidade de fatos aprendidos, conceitos apresentados, objetivos comportamentais específicos realizados. Os americanos adoram fazer contas e acompanhar de perto quantas coisas foram aprendidas; tanto os jornais quanto as juntas escolares focalizam aqueles comportamentos considerados desejáveis e que podem ser medidos. E, de um modo menos feliz, segundo o meu ponto de vista reconhecidamente parcial, essas instituições aceitam muitas vezes provas superficiais como evidência de saber. A nossa intoxicação com jogos-concursos na televisão tem afinidades com uma opinião proeminente sobre o que deveria ser a educação pública.

Escolas Secundárias

Na Alemanha, numerosos estudantes no nível secundário recebem preparação para uma profissão específica. Muitos dias de cada semana são passados trabalhando em uma das esferas da sociedade alemã (por exemplo, medicina, operações bancárias, mecânica) — aprendendo sobre o conteúdo desse domínio, adquirindo a competência que é requisito prévio para trabalhar nessa esfera, e travando também um conhecimento mais genérico com o universo do trabalho. Grande parte dessa educação obedece a um modelo de aprendizado: os estudantes trabalham *in loco,* sob a orientação de mestres e oficiais que podem apresentar problemas e guiar os estudantes para uma solução; ou que podem modelar aptidões e estruturar o desenvolvimento dessas aptidões.[16] Aos estudantes que têm um bom desempenho na carreira profissional é assegurada uma posição, após a graduação, na companhia onde estiveram trabalhando; os que prosseguem seus estudos para obter uma educação universitária tiveram uma útil exposição ao mundo do trabalho (Hamilton, Hansen, Shanker).

As escolas alemãs, cujas práticas também predominam em grande parte da Europa setentrional e na Escandinávia, encarnam dois valores de longa data na região. Existe a crença na importância do mundo do trabalho e a relação simbiótica entre as práticas do estudo e as normas do local de trabalho. E há a fé de que é sumamente provável a realização de trabalho de alto nível de qualidade se os jovens mantiverem um relacionamento prolongado com mentores adultos. Com efeito, em algumas escolas alemãs, os jovens permanecem com os mesmos professores durante toda a sua educação, assegurando uma espécie de conhecimento e apoio íntimos que usualmente só ocorrem com os membros da própria família.

Quarenta anos atrás, os cingapurianos eram tão pobres que muitas crianças iam para a cama famintas todas as noites. Cingapura não tem virtualmente recursos naturais, apenas as mentes e a energia de seus três milhões de cidadãos. Hoje, Cingapura situa-se entre as principais nações do mundo em produtividade e renda, e os estudantes aparecem regularmente ocupando o primeiro lugar em comparações internacionais.

Os estudantes cingapurianos seguem um currículo cuidadosamente prescrito em matemática, ciência e tecnologia. O ensino é ministrado em inglês, refletindo não só a história colonial da região mas também o fato de o inglês ter-se tornado hoje a língua de uso comum no comércio mundial. Tal como na Alemanha, a educação é "encarreirada", tendo aqueles que seguem carreiras acadêmicas que dominar currículos mais estimulantes e desafiadores, e também mais línguas. Os estudantes trabalham assiduamente, em média quatro a cinco horas de deveres de casa por noite. Os pais trabalham com os filhos, assim como os preceptores e professores especiais; e há pouca tolerância para a indolência nessa sociedade autoritária. Parte-se do pressuposto de que os graduados trabalharão para o êxito da sociedade, subordinando em geral as metas individuais ao bem comum.

Pelo menos tão bem-sucedidos quanto os japoneses, os cingapurianos lograram casar práticas confucianas com o conhecimento de como ter êxito num ambiente internacional competitivo. Outros "pequenos tigres" (Hong Kong, Taiwan, Coréia) também forjaram uma eficaz mistura de tradições outrora rivais — embora a recente crise econômica revele limitações no sistema. Há uma forte crença na eficácia do estudo, na dedicação ao saber, na prática do aperfeiçoamento cotidiano; em vez de serem dirigidas para o sucesso individual (como no caso da versão protestante descrita de forma tão memorável pelo sociólogo alemão Max Weber em *A Ética Protestante e o Espírito do Capitalismo*), essas virtudes estão vinculadas ao sucesso da sociedade como um todo.[17]

Na Central Park East Secondary School (CPESS), no East Harlem, Nova Iorque, e em outras escolas secundárias que pertencem à Coalizão de Escolas Essenciais, a prioridade não recai sobre um currículo fixo mas em incentivar os estudantes a pensar em profundidade e a usar bem suas mentes.[18] As escolas tomam o compromisso de aderir a nove princípios essenciais — por exemplo, o estudante como trabalhador, o professor como preceptor, nenhum professor tendo responsabilidade por mais de 80 alunos no total, o tratamento em profundidade de matérias cuidadosamente selecionadas suplantando a cobertura de numerosos tópicos — como diz o *slogan*, "menos é mais". As escolas comprometem-se a desenvolver estruturas institucionais e pedagógicas que permitam a realização desses elevados princípios.

De um modo geral, em escolas como a CPESS, os períodos letivos são extensos e o tamanho das classes relativamente pequeno; os limites e escolhas de matérias de estudo são minimizados, com história/literatura/arte e ciência/matemática ensinadas freqüentemente por equipes interdisciplinares. Os estudantes são encorajados a formular perguntas da "linha básica": por que é que isso é importante, quais são as provas, que diferença isso faz? A graduação não ocorre porque foi concluído um certo número de cadeiras ou se receberam boas notas mas, antes, através da montagem de um número estabelecido de exposições. Os estudantes devem executar e expor seus trabalhos publicamente; tais trabalhos são julgados não só por professores mas também por cidadãos da comunidade, que fazem valer sua própria competência.

Criadas a partir do nada, "escolas alternativas" como a Central Park East Secondary School elaboraram localmente seus próprios procedimentos ao longo de algumas décadas. Conhecedores de outros modelos, insistiram em desenvolver suas próprias estruturas e práticas; e entregaram-se a intermináveis reflexões sobre aquilo em que tinham sido bem-sucedidos e aquilo em que tinham ficado aquém das expectativas. Atribuem especial valor à solução de conflitos entre estudantes e também, nesse particular, à discussão regular e resolução civilizada das disputas entre membros do corpo docente. Nesses aspectos, vemos funcionando valores democráticos nitidamente americanos: uma desconfiança disseminada de que os modelos são impostos de cima para baixo; uma predileção por iniciar novas instituições, em vez de tentar reformar aquelas já estabelecidas; um foco sobre o desenvolvimento de mentes que podem triunfar em ambientes inesperados; o envolvimento de pessoas e instituições da comunidade mais ampla; e a noção de que a escola deve ser um microcosmo idealizado da sociedade em geral, completo com seus conflitos e meios de resolução.

É claro, algumas escolas norte-americanas não sentem a necessidade de constante reinvenção. Na Nova Inglaterra, escolas independentes freqüentadas pela elite, como a Phillips Andover School, a Phillips Exeter School e a Roxbury Latin School, sempre favoreceram os currículos tradicionais e os padrões rigorosos, assim como um esplêndido regime de atividades extracurriculares nos desportos, nas artes e em empreendimentos semi-eruditos como um jornal. Os professores são altamente educados e dedicam longas horas ao convívio com os estudantes; estes são vistos (e vêem-se a si mesmos) como futuros líderes da sociedade. Essas escolas podem ser consideradas um misto do rigor cingapuriano, por um lado, e da ênfase de Central Park East sobre o trabalho analítico e as práticas democráticas, por outro. Muitos americanos aspiram a uma educação em instituições como essas; lamentavelmente, porque são caras e altamente seletivas, tais escolas estão necessariamente restritas a uma parcela muito pequena da população.

Seguindo diretrizes semelhantes, o International Baccalaureate Program, iniciado na Inglaterra, é hoje oferecido em escolas secundárias públicas e independentes do mundo inteiro.[19] O International Baccalaureate (IB) também apresenta um currículo prescrito, a par de exames cujas notas são dadas por examinadores externos. Incluídas estão não só as previsíveis "matérias básicas" mas também uma série de formas de arte, culminando com um curso interdisciplinar sobre a "teoria do conhecimento". O IB reveste-se de um especial atrativo para famílias que se transferem de uma região do mundo para uma outra e procuram, entretanto, manter a continuidade no currículo e nos padrões educacionais. Não surpreende que o IB esteja agora ampliando sua esfera de atividade para nela inserir os outros níveis de ensino: é significativo o fato de o modelo de Reggio estar influenciando o plano de estudos dos primeiros anos.

Na altamente seletiva Academia de Artes e Ciências israelense, em Jerusalém, estudantes excepcionalmente dotados cumprem um rigoroso currículo, que engloba tanto as artes como as ciências. Também se exige dos estudantes seu engajamento em serviços comunitários. Há uma perene preocupação curricular com questões éticas; os estudantes dialogam com profissionais sobre os dilemas morais que surgem no trabalho científico e profissional.

Embora a maioria dos estudantes ingresse no nível secundário, os estudantes promissores da comunidade árabe-israelense são identificados mais cedo: esses ambiciosos escolares recebem uma educação suplementar especial (o chamado Discovery Program), para que possam competir com êxito com a mais privilegiada população majoritária. (Há poucos anos, uma jovem árabe recebeu a mais alta pontuação em matemática atribuída no país inteiro.) Os graduados da escola, freqüentemente bem-sucedidos ainda jovens, são encorajados para voltar à escola e ajudar na instrução da geração seguinte de estudantes talentosos.

Das escolas que descrevi, nenhuma é mais ambiciosa do que a Academia israelense, com seu desafiador currículo multidisciplinar e suas preocupações tanto éticas quanto acadêmicas. Além disso, em vez de servir como um refúgio dos conflitos da sociedade em geral, a escola está assente numa mistura de populações judaicas e árabes, e num confronto cooperativo das questões mais incômodas e controvertidas enfrentadas pela sociedade. Na lendária Sala 36, estudantes árabes, judeus liberais e ortodoxos discutem até uma hora da manhã e acordam como amigos algumas horas depois. A Academia adota, claramente, um conjunto de valores proclamados pelos fundadores da nação israelense — aqueles valores que Raphi Amram, o visionário fundador da Academia, assumiu. No plano estratégico, a Academia já deu origem a instituições-irmãs em outras nações (incluindo a Jordânia) e promoveu ligações com academias congêneres de alto nível de erudição nos Estados Unidos e em outros países. Em Israel, como nos recorda o adágio, o possível é feito hoje; o impossível amanhã. A Academia fornece um modelo — elitista *e* engajado — de como as energias positivas poderiam ser mobilizadas no sempre conturbado Oriente Médio.

Uma Visão de Escola

A partir do exemplo de Reggio Emilia, procurei mostrar como escolas de qualidade — ora em diferentes partes do mundo, ora em regiões vizinhas da mesma comunidade — podem brotar do terreno de suas respectivas culturas. As visões de escola apresentarão enormes diferenças, dependendo da história, local, necessidades e desejos curriculares, recursos disponíveis, metas culturais e individuais. E, embora menos visíveis, as crenças e atitudes expressas diariamente por pais e professores terão, no mínimo, uma influência igualmente forte sobre a textura da escola e os tipos de jovens que surgem.

A educação eficiente pode assumir muitas formas diferentes, mas certas características devem estar presentes. A escola — ou rede escolar — deve possuir uma visão clara do que quer realizar. As declarações de missão podem ajudar, mas constituem essencialmente sintomas, não agentes causais. Os que financiam a escola — ou a rede escolar — devem saber como suas classes têm que funcionar, o que devem ser os que nela se diplomarem, e que "correção de rumo" se recomenda no caso desses objetivos não se concretizarem.

Expostos com tão enfadonha simplicidade, esses pontos podem parecer por demais evidentes a qualquer um. Por que razão *não* se iria querer desejar um tal acordo e consenso? Com efeito, em contextos mais autoritários, ou em lugares com grande homogeneidade, não será muito difícil assegurar o consenso sobre como as escolas devem funcionar.

Entretanto, três fatores complicam muito a tarefa de obter uma visão coerente de escolas. Em primeiro lugar, as comunidades são freqüentemente compostas de grupos que diferem muito profundamente quanto à espécie de escola e à espécie de pessoas que admiram. É muitas vezes mais fácil discorrer por escrito sobre essas diferenças, ou encontrar uma solução que agrade superficialmente a todo o mundo, do que encarar de frente a dura realidade e produzir uma visão genuinamente consensual.

Em segundo lugar, mesmo quando a visão é suficientemente clara, não é tão evidente o modo de obtê-la; o que fazer quando a visão parece esquiva ou recua para um obscuro segundo plano é ainda mais difícil de determinar. Os educadores não são cientistas experimentais; não podem conduzir os experimentos cruciais com sujeitos de controle e, mesmo que pudessem, não seria esse o seu modo preferido de operação.

Em terceiro lugar, as condições — e até as culturas — mudam no mundo. Uma visão que funcionou bem há 100 ou mesmo 20 anos atrás pode não fazer o menor sentido num contexto moderno. Isto é especialmente verdadeiro se focalizarmos os anos diretamente anteriores ao ingresso no mundo profissional. É possível que o domínio de latim e grego há cem anos, ou do cálculo matemático há vinte anos, fosse o sinal de que o indivíduo estava pronto para entrar nesse mundo; mas hoje, a solução de problemas, ou a metacognição, ou a familiaridade com variáveis locais de trabalho, ou o domínio de inteligências específicas podem constituir um atributo muito mais valioso.

Seria compatível com o tema deste livro se as missões de escolas pudessem ser claramente enunciadas em termos de papéis, valores, competência notacional, conhecimento disciplinar e um entendimento do verdadeiro, do belo e do bom. Entretanto, deixamos freqüentemente de declarar o que para nós é intuitivo e evidente por si mesmo. Além disso, muito do que é de suma importância no currículo de escolas está escondido — ou seja, raramente se fala a seu respeito, preferindo-se mencioná-lo através das condutas e atitudes dos indivíduos mais velhos no meio. Encontra-se, por assim dizer, na cultura e não pode ser magicamente transformado ou transportado alhures. É sumamente provável que a escola continue a prosperar se todos os participantes estiverem cônscios da extensão em que o seu êxito depende da durabilidade de um sistema de apoio cultural.

* * *

Ao dar forma à nossa visão para escolas eficientes, um discernimento essencial surge da boa posição em que se encontra o cientista social ou comportamental. Em termos sucintos: não devemos procurar determinar se são mais importantes os eventos do lado de dentro da pele (a mente/cérebro) ou os eventos exteriores à pele (a cultura e seus valores); não devemos ver a neurociência ou a ciência cognitiva como tendo propósitos diferentes da antropologia cultural, ou como se estivessem envolvidas numa luta de soma-zero contra ela. *Pelo contrário, ambas as perspectivas são igualmente importantes, indispensáveis e cumulativas.* O que é realizado (ou não realizado) em Reggio, Cingapura ou na Alemanha provém, em parte, das características inconfundíveis de cada região e, em parte, da exploração judiciosa das representações mentais, inclinações e inteligências de seres humanos jovens. Se queremos pensar estrategicamente sobre a melhor educação para todos os seres humanos, devemos assentar nosso pensamento nos mais recentes dados obtidos através da psicologia, neurologia, biologia *e* antropologia; e devemos sintetizar essas descobertas científicas com as tradições que o tempo consagrou, de um modo que seja útil aos indivíduos de cuja educação estamos incumbidos.

Capítulo 6

Planejando a Educação Para o Entendimento

Uma Perspectiva de Sala de Aula

Nos últimos 20 anos, surgiu nos Estados Unidos uma nova espécie de instituição educacional. Essa instituição destina-se primordialmente a jovens adultos que desejam adquirir determinadas qualificações que os habilitem a progredir no mundo. Embora ostente o nome de universidade, sob muitos aspectos contradiz a visão tradicional do que uma universidade é... ou deveria ser.

Talvez o exemplo prototípico dessa nova instituição seja a Universidade de Phoenix.[1] Na segunda metade da década de 1990, essa universidade, uma organização com fins lucrativos operando em regime de franquia, expandiu-se para 47 localidades numa dúzia de estados e, com 40 mil estudantes, tornou-se a maior universidade particular dos Estados Unidos. Seus estudantes podem obter diplomas numa variedade de campos, incluindo enfermagem, educação, tecnologia da informação e administração de empresas. Ao contrário da maioria das universidades norte-americanas, a Universidade de Phoenix não conta com um *campus*, ou uma biblioteca, ou um corpo docente permanente. Em vez de ser constituído por professores universitários, o corpo docente conta com a participação de indivíduos que são profissionais com prática em um dos campos acima mencionados.

Cumpre dizer que não existe vida intelectual na universidade, em qualquer acepção significativa desse termo; as idéias só têm valor se podem ser postas em imediato uso comercial. Pode-se dizer que a universidade oferece a oportunidade de adquirir, das mais eficientes maneiras possíveis, as qualificações e competências desejadas. As aulas têm lugar no final da tarde e começo da noite. Os estudantes (que devem ter 23 anos de idade ou mais) podem conduzir seus carros até perto do edifício da sala de aula, assistir à aula e voltar para casa. Boa parte do trabalho tem lugar na própria residência do estudante, sentado diante do seu computador. A comodidade de fornecimento é a sua marca. William Gibbs, presidente da companhia, declara: "As pessoas que são nossos estudantes não querem realmente a educação. Querem o que a educação lhes proporciona — melhores empregos, ascensão em suas carreiras, a capacidade para, em reuniões, dizer o que pensam em alto e bom som, esse gênero de coisas. Querem *fazer* alguma coisa por si mesmos."[2] E, à semelhança dos clientes das mais bem-sucedidas cadeias de lanchonetes, os estudantes parecem satisfeitos com o que a universidade lhes fornece.

No capítulo precedente, descrevi um certo número de modelos educacionais pré-universitários que admiro e assinalei como cada um deles emergiu do seu ambiente cultural. Seria fácil fazer a mesma coisa com a Universidade de Phoenix — mostrar como instituições como essa satisfazem as necessidades de jovens e atarefados trabalhadores americanos adultos que querem adquirir novas qualificações e competências. E eu poderia até indicar como a universidade avalia a capacidade do aluno para fazer uso do que aprendeu — em minha terminologia, a capacidade de demonstrar seu entendimento.

O meu propósito, entretanto, não é sepultar nem louvar o experimento que ocorreu em Phoenix e em muitos lugares dos Estados Unidos, em grandes companhias e em instituições educacionais com fins lucrativos. Prefiro, em vez disso, estipular simplesmente, do modo mais claro possível, um conjunto de metas educacionais que são o *oposto* daquelas a que sou favorável. A missão Phoenix é completamente utilitária; não existe o menor interesse em verdade, beleza, bondade — ou, quanto a isso, em falsidade, fealdade ou imoralidade. Tampouco há interesse em saber como essas virtudes poderiam relacionar-se mutuamente ou como recorrer a elas para ajudar a criar uma melhor comunidade. Como se quisesse confirmar essa caracterização, a empresa eliminou recentemente seu requisito de que os estudantes tenham alguma formação em artes liberais.

A título de contraste, é tudo o que pode ser dito sobre o caso de Phoenix. Permitam-me que volte, pois, as atenções para o tipo de educação a que sou pessoalmente favorável.

Falsos Começos

Um modo razoável e prático de pensar sobre educação é "planejar às avessas":[3] determinar o tipo de pessoa que se deseja ter no final de um regime educacional — por exemplo, ao terminar o curso secundário. O desafio passa a ser, por conseguinte, criar um modelo educacional que tenha a maior probabilidade de realizar essa visão.

É fácil ver por que tantos sistemas educacionais fracassaram. Os planejadores procedem a um levantamento das aptidões e conhecimentos que parecem ser importantes e decidem cobri-los todos. Mas o tempo é curto e há coisas demais a cobrir. Aí está a irremediável fraqueza de uma abordagem que se esforça por abarcar toda a frente de conhecimentos em permanente expansão.

Uma outra abordagem defeituosa consiste em listar todas as diferenças no seio de uma comunidade e tentar agradar a todos os grupos de interesses: um pouco disto, um pouco daquilo. Esta solução é particularmente atraente nos casos em que várias culturas, ou campos antagônicos, clamam por reconhecimento. Como ninguém quer atingir os outros com excessiva dureza, a solução evidente — embora acabe por ser, na melhor das hipóteses, um trabalho de remendo — é assegurar-se de que todos os grupos de interesses estão representados, igualmente ou proporcionalmente.

Está provado que esse estudado ecumenismo tem efeitos devastadores na área curricular. Devemos ensinar ciências, e são tantas as ciências (biologia, física, química, astronomia, geologia, para não mencionar as ciências sociais, as ciências da informação etc.), que temos de nos assegurar de que tratamos de todas elas, ainda que o façamos superficialmente. Devemos ensinar as artes, e como existem tantos grupos de interesse artístico, temos que estar certos de incluir as artes visuais, as artes dramáticas, a música instrumental, a música vocal, o balé clássico, a dança moderna e, é claro, ser sensíveis às diferentes materializações culturais dessas várias formas de arte.

Uma outra solução, adotada com excessiva freqüência nos Estados Unidos, é reconhecer apenas da boca para fora os méritos do currículo formal e dos exames padronizados mas, depois, uma vez fechada a porta da sala de aula, agir como se bem entenda. Por vezes, o "se bem entenda" dos professores é meritório — apesar de tudo, existe um considerável número de grandes professores; mas é lamentável a falta de coordenação entre classes e a ausência de prestação de contas aos que estão "do lado de fora da porta". É por essa razão que os estudantes norte-americanos estudam os Peregrinos no Dia de Ação de Graças quase todos os anos, com injustificável redundância; ou que, num caso que observei recentemente, os índios wampanoag são inúmeras vezes focalizados não-cumulativamente num currículo elementar de Massachusetts, enquanto que grandes partes da história mundial e americana não recebem a menor menção. Esses fatores resultam regularmente em casos em que estudantes mudam de uma escola para uma outra e descobrem não haver quase correspondência nenhuma entre o que as duas instituições oferecem.

Ensinando a Entender: Uma Introdução Formal

Eu reclamo uma educação que inculque nos estudantes um entendimento dos principais processos disciplinares de pensamento.[4] As disciplinas que destaquei são a ciência, as matemáticas,* as artes e a história.

* As matemáticas deveriam fazer parte de todo o currículo pré-colegial. Menciono-as aqui, como parte da minha discussão genérica do currículo, mas só lhes faço referência tangencialmente no meu tratamento da evolução, da música de Mozart e do Holocausto.

Dentro dessas famílias de disciplinas, é importante que os estudantes estudem temas e assuntos substanciais em profundidade. Entretanto, não é importante *quais* as disciplinas ou matérias apresentadas. E assim, no nível da ciência, não considero essencial que os estudantes investiguem e estudem em detalhe toda a gama de ciências acima indicadas; nas matemáticas, não é essencial que dominem todas as provas de Euclides ou todas as fórmulas algébricas ou trigonométricas; não precisam estudar todas as formas de arte nem debruçar-se sobre todos os eventos históricos.

Em vez disso, os estudantes devem explorar com suficiente profundidade um *conjunto manuseável de exemplos*, de modo que possam chegar a ver como se pensa e se age à maneira de um cientista, um geômetra, um artista, um historiador. Esse objetivo pode ser realizado mesmo se cada estudante investigar apenas uma arte, ciência ou era histórica. A finalidade de tal imersão *não* é — devo sublinhar — converter os estudantes em senhores miniaturais no domínio desta ou daquela disciplina; o que se almeja, acima de tudo, é que eles possam recorrer a esses "modos de pensar" para que venham a entender o seu mundo. Mais tarde, se quiserem explorar mais amplamente essas disciplinas ou se quiserem seguir uma carreira nessas disciplinas, irão dispor do tempo e das ferramentas necessários para fazê-lo.

Não é fácil enfrentar a penosa tarefa de descartar muitas disciplinas, para não mencionar os numerosos exemplos que clamam por atenção no âmbito de uma dada disciplina. E é por isso que tão poucos educadores o fazem no mundo inteiro. A instrução cultural — com sua promessa de cinco minutos em cada tema — parece mais convidativa do que o conhecimento profundo de um conjunto de temas necessariamente idiossincrásicos. ("Bem, estudantes, isso é o bastante sobre o Holocausto. Passemos agora aos hologramas.") Entretanto, na ausência de modos disciplinares de pensamento, falta à instrução cultural uma base epistemológica; isso equivale a uma miscelânea de conceitos e fatos (as datas de guerras, os pesos atômicos de elementos) que esperam ser usados algum dia, de algum modo, em algum lugar. Além disso, ausente essa contextura e coesão disciplinar, o mais provável é que esses fatos não tardem em ser esquecidos. Quem duvidar desse estado de coisas que experimente examinar os estudantes, alguns anos mais tarde, sobre a matéria factual de qualquer "assunto" que eles tivessem tido outrora como seu objeto de estudo, e ver como eles se saem na prova; ou, se quiser ser especialmente diabólico, teste aqueles responsáveis pela política educacional que insistem na inclusão de um vasto número de fatos e conceitos isolados no currículo... e publique os escores obtidos por esses funcionários!

Apresentarei agora minha visão educacional alternativa, a qual está firmemente centrada no entendimento. Um indivíduo entende um conceito, uma técnica, uma teoria ou um domínio do conhecimento na medida em que pode aplicar apropriadamente esse entendimento numa nova situação. Um indivíduo com excelente memória pode entender muito bem um determinado tema; contudo, também é plausível que ele ou ela somente recorde a informação e não tenha uma pista ou um indício de como usar adequadamente essa informação numa nova situação.

Esta formulação envolve um teste para provar a qualidade ou o valor do entendimento. Consiste esse teste em apresentar aos estudantes um assunto ou um tema ou uma demonstração que nunca tenham encontrado antes, e determinar que sentido eles podem atribuir a esses fenômenos. O indivíduo que possui um entendimento apropriado será capaz de recorrer a conceitos pertinentes, ao mesmo tempo em que não ativará os irrelevantes para a questão em curso. O indivíduo com um entendimento emergente estará apto, pelo menos, a recorrer a conceitos que possuem alguma importância para o assunto em debate; ou indicará de que informações ou recursos necessita a fim de elucidar o fenômeno. Em contrapartida, um indivíduo com pouco ou nenhum entendimento sentir-se-á como que bloqueado, ou citará informações que têm uma relação apenas superficial ou tangencial com o tema sob consideração.

Consideremos, por exemplo, um indivíduo que entende a justificação subjacente no programa de Reggio Emilia. (Advertência: a minha discussão no capítulo precedente é, no máximo, uma cartilha elementar para se entender essa notável instituição.) Poderemos visitar uma nova escola "inspirada em Reggio" que recebe jovens de oito a dez anos e propõe-se determinar se os projetos dos alunos são sistemáticos e coerentes, se levam a um maior entendimento dos fenômenos que estão sendo investigados e se a documentação dessas atividades é exata e útil. Se a escola envolvesse os próprios alunos na documentação, talvez como fase final do projeto, essa inovação poderia ser considerada uma adaptação apropriada da abordagem de Reggio com crianças mais velhas.

Em contrapartida, será mais provável que um indivíduo dotado de parcial mas defeituoso entendimento faça uma lista de características desejadas e verifique simplesmente quantas estão presentes no novo local. A participação de estudantes como documentaristas plenamente habilitados talvez seja considerada imprópria e resultará numa "cotação" inferior para a escola. Um indivíduo desprovido de entendimento ou dá-se por vencido ou tentará ver se o novo local implementou um projeto arco-íris da mesma forma precisa como foi originalmente criado na escola de Reggio.

Note-se que a Universidade de Phoenix pode ser bem-sucedida em proporcionar aos seus estudantes o domínio de certas disciplinas práticas. O que está faltando é qualquer preocupação com (ou entendimento de) os temas essenciais da vida — encontrar, efetivamente, resposta para interrogações como "Por que o mundo é como é?" e "Como pode e deve a vida ser vivida?".

Dificuldades de Entendimento

O meu desejo é de que esse entendimento seja fácil! No meu livro *The Unschooled Mind,* passo em revista uma vasta soma de pesquisas que documentam, de um modo geral, que mesmo os melhores estudantes em nossas melhores escolas não entendem muita coisa do conteúdo curricular.[5] A contradição entre o desempenho eficiente e o entendimento precário é encontrada entre os estudantes de física de excelentes universidades como o MIT ou a Johns Hopkins.[6] Esses estudantes mostram grande competência nos exercícios em sala de aula e nos exames finais de cada ano letivo. Mas atente-se para o que acontece fora da sala de aula, quando se lhes pede que expliquem fenômenos relativamente simples — como as forças que atuam sobre uma moeda que é jogada para o alto, ou a trajetória de uma bolinha de papel depois de ser arremessada através de um tubo arqueado. Não só uma significativa proporção de estudantes (freqüentemente mais da metade) não consegue dar a explicação apropriada mas, o que ainda é pior, eles tendem a dar a mesma espécie de resposta que dariam colegas da sua idade e mais jovens que nunca estudaram mecânica. Apesar de anos de escolaridade, a mente desses universitários permanece fundamentalmente ignorante, inalterada pela educação formal.

Talvez, poder-se-ia concluir, o problema ocorra somente na física. Mas, lamentavelmente, não é esse o caso. Dificuldades semelhantes surgem em todas as ciências. Alunos que estudaram a evolução continuam a nutrir uma concepção do processo como se este fosse guiado por uma mão invisível — embora a evolução consista, de fato, num processo aleatório de mutações genéticas, algumas das quais conseguem sobreviver por um período de tempo suficientemente extenso para serem transmitidas a sucessivas gerações. Alunos que estudaram astronomia insistem em que a Terra é mais quente no verão do que no inverno porque está mais perto do Sol no verão — e se isso fosse verdade, é claro, as terras do hemisfério sul, como a Austrália e a Argentina, também seriam mais quentes em julho.

Quando se examinam outras partes do currículo, surgem limitações semelhantes. Nas matemáticas, o problema com que os estudantes se deparam pode ser descrito como "algoritmos rigidamente aplicados". Os estudantes decoram fórmulas e podem depois encaixar apropriadamente números nessas formas. Mas na ausência de algum "gatilho" que diga ser necessária determinada fórmula, eles provam ser incapazes de mobilizar a fórmula que é realmente apropriada. E se esquecem a fórmula, e têm que deduzi-la a partir do zero, há muito poucas chances de que o consigam fazer, porque a fórmula, na realidade, nunca foi entendida. Era apenas um elemento sintático que tinha de ser confiado à memória.

Finalmente, nas tradicionais partes humanistas do currículo — história, literatura e as artes — os estudantes são sustentados por roteiros ou estereótipos. Todos os seres humanos destilam experiência a fim de chegar a regularidades típicas; quase todo jovem em nossa sociedade construiu roteiros sobre festas de aniversário, idas a um restaurante de *fast food,* uma visita a um *shopping center.* Tendo elaborado tais roteiros, nós — de qualquer idade — interpretamos então e recordamos novos eventos, com referência àqueles padrões já conhecidos. Esse método prova ser adequado quando o novo evento segue os roteiros internalizados em importantes detalhes. Entretanto, não se pode contar sempre com um estado de coisas que nos é familiar.

Darei um exemplo. A maioria das crianças de cinco anos desenvolveu um roteiro de "Guerra nas Estrelas". A vida consiste numa luta entre forças do Bem e do Mal, com as forças do Bem triunfando, de um modo geral. Muitos programas na mídia, e uns poucos acontecimentos na vida real, podem ser adequadamente descritos em termos de tal roteiro. A maior parte dos eventos históricos ou das obras de literatura, entretanto, prova ser muito mais complexa; para entender as causas da Primeira Guerra Mundial, ou apreender o significado essencial de um romance de Hawthorne ou Austen, múltiplos fatores e nuanças devem ser ponderados e integrados. Os estudantes aprendem na sala de aula a dar explicações mais complexas para tais eventos históricos ou literários. Entretanto, quando se deparam com matérias novas e desconhecidas — digamos, uma história proveniente de uma outra cultura, ou uma guerra numa região pouco conhecida do mundo — até os bons estudantes caem numa forma elementar de pensamento. Recorre-se freqüentemente ao roteiro "Guerra nas Estrelas" em tais situações, mesmo quando essa perspectiva é manifestamente imprópria ou simplista.

Obstáculos ao Entendimento

Um importante obstáculo ao entendimento provém das teorias desenvolvidas por crianças em seus primeiros anos de vida. Conforme foi assinalado, as crianças não requerem educação formal para desenvolver representações ou teorias sobre objetos inanimados, objetos animados, suas próprias mentes ou as mentes dos outros. Essas teorias desenvolvem-se de um modo muito natural e aparentemente automático, dado o fluxo de experiências na maioria dos ambientes.

O problema, hoje bem documentado, consiste em que algumas dessas teorias são concepções errôneas que provam ser muito robustas.

Podem ser concebidas como poderosas gravações impressas na mente-cérebro da criança em seus primeiros anos de vida. Pode parecer que os fatos aprendidos na escola obscurecem tais gravações; com efeito, é possível que um observador fique impressionado com a imensa quantidade de informação que a criança parece estar aprendendo, se ele se limitar simplesmente a contar ou ponderar o domínio de números, fatos e definições individuais. Entretanto, a inicial gravação errônea permanece o tempo todo predominantemente imune a quaisquer interferências. E então acontece um lamentável evento. A escolaridade formal termina, os fatos dissipam-se gradualmente e as mesmas concepções errôneas — as mesmas gravações defeituosas — permanecem inalteradas.

Consideremos algumas ilustrações. No caso da biologia, por exemplo, a crença equivocada em que a evolução é um processo teleológico, levando inevitavelmente à realização culminante do *homo sapiens sapiens,* sobrevive a despeito de anos de ensino formal — à semelhança da crença lamarckiana em que importantes adaptações numa geração serão transmitidas às sucessivas gerações seguintes. Na história, apesar de numerosos exemplos contrários, muitos estudantes continuam acreditando que o mundo está dividido em "mocinhos" e "bandidos", com a luta entre essas forças maniqueístas constituindo uma das bases da vida. E sofrem também os pecados opostos do "presentismo" — todas as épocas são exatamente como a nossa — e da "atemporalidade" — a incapacidade para diferençar acontecimentos de uma geração atrás daqueles de um milênio anterior. Por tais razões, os estudantes têm dificuldade em apreciar aspectos importantes do Holocausto; que este ocorreu realmente em vida de seus pais ou avós; que envolveu seres humanos como nós próprios, a maioria parcialmente defeituosa, alguns inesperadamente compassivos, e que, de fato, as tentativas de genocídio continuam até os dias de hoje, por exemplo, na Bósnia e em Ruanda.

Inadvertidamente, os professores são cúmplices na sobrevivência de antigas e inadequadas representações e concepções errôneas. Os vilões incluem um contexto de texto-teste, onde o estudante é simplesmente examinado sobre o conteúdo dos textos ou lições, sem ser desafiado para usar a informação de novas maneiras; testes de resposta curta, onde são dadas ao indivíduo as opções, em vez de ter ele próprio que criar e selecionar entre as opções; um compromisso constrangedor mas predominante, em que os professores concordam tacitamente em não pressionar demais os estudantes, desde que os estudantes retribuam o favor concordando em não pressionar demais os professores. E há, sobretudo, aquela velha conhecida *cobertura*. Enquanto o indivíduo estiver determinado a ir até o fim do livro, aconteça o que acontecer, está virtualmente garantido que a maioria dos estudantes não avançará para um entendimento genuíno do assunto em curso.

Esse estado de coisas constitui o mais forte conjunto de argumentos a favor de um currículo que examine em profundidade um limitado número de matérias. Pois somente através de uma investigação fecunda, penetrante e multifacetada de temas significativos é possível pôr a claro a inadequação de antigas concepções errôneas; e somente através da exploração adicional desses temas, sob a orientação de indivíduos capazes de pensamento disciplinar, há uma razoável probabilidade de que surjam entendimentos mais refinados. Retomando a nossa analogia: em primeiro lugar, deve-se fazer desaparecer a inicial e enganadora gravação; e depois, de preferência com judiciosa instrução, deve-se construir uma nova e mais adequada gravação.

A consideração dos obstáculos ao entendimento fornece uma excelente ilustração dos motivos pelos quais — como argumentei antes — a educação deve levar em conta os fatores cognitivos e culturais. Para entender o poder das idéias falsas e infantis, é preciso adotar as lentes do psicólogo e do biólogo — isto é, cumpre avaliar como tais idéias falsas surgem nos primeiros anos de vida e por que (ausentes as intervenções agressivas) provam ser tão resistentes a mudanças. Ao mesmo tempo, é necessário ver os modos como certas intervenções culturais — o teste, o compêndio, as interações convencionalmente superficiais entre professor e estudante — servem todas para reforçar os mal-entendidos.

Para avançar no rumo de um maior entendimento, cumpre adotar ambas as perspectivas. Deve-se identificar aquelas representações internas que necessitam ser alteradas; deve-se construir práticas culturais que enfrentem, em vez de ignorar, os obstáculos a um mais profundo entendimento; e deve-se conceber medidas para determinar se a "cirurgia cognitiva corretiva" foi eficaz.

Competência Disciplinar

Em contraste com o estudante ignaro ou o adulto bem abastecido mas ainda ignorante, um especialista é uma pessoa competente que realmente pensa de modo diferente acerca de vários assuntos e temas. O especialista realizou com êxito o desejado conjunto de gravações. Tal como no aprendizado tradicional, a especialização ocorre geralmente como conseqüência de muitos anos de trabalho ininterrupto num determinado domínio, disciplina ou ofício. Parte do treinamento envolve a eliminação de hábitos e conceitos que, por mais persuasivos que sejam para o principiante, são na realidade inimigos da prática competente, dentro de uma disciplina ou ofício. E a parte restante do treinamento envolve a construção de hábitos e conceitos que refletem o melhor pensamento a respeito de determinado domínio — e as práticas vigentes no interior deste — num certo momento histórico.

Vejamos um exemplo. Um entendimento crucial na área da ciência é que correlação não significa causação. O fato de dois eventos co-ocorrerem não significa que um causa o outro, ainda que, numa base de senso comum, possa parecer que essa cadeia causal está certa. Descobrimos, por exemplo, que indivíduos que fumam durante muitos anos têm maiores probabilidades de contrair câncer do pulmão, e somos tentados (talvez corretamente!) a supor que o fumo causa câncer.

Entretanto, pode revelar-se também que indivíduos mal alimentados são mais suscetíveis ao câncer pulmonar; esta nova correlação sugere que a má nutrição causa câncer. Mas como esta vinculação parece intuitivamente menos plausível, somos convidados a considerar a possibilidade de diversas variáveis intervenientes. Talvez os indivíduos que fumam sejam menos instruídos; os indivíduos sem instrução têm maiores probabilidades de serem pobres; os indivíduos indigentes têm menos acesso a uma dieta balanceada e a um bom tratamento médico. Por conseguinte, faz mais sentido ver a má nutrição como um correlato de pobreza do que como uma causa primária de câncer.

Ocorre uma outra cadeia de possibilidades. Talvez a causa subjacente do tabagismo e do câncer seja o estresse. Os indivíduos estressados têm maior propensão a fumar; e indivíduos estressados têm maiores probabilidades de contrair câncer. Com efeito, talvez o estresse aumente a probabilidade de que a pessoa fume e diminua a probabilidade de que ela seja capaz de parar de fumar; reunidos esses dois fatores, recrudesce a probabilidade de que a pessoa adquira câncer. Identificamos agora uma variável primária que pode ser o gatilho subjacente do câncer — pelo menos no sentido de que sua eliminação poderia reduzir de forma significativa a incidência da doença.

Finalmente, poder-se-ia constatar que indivíduos cujos nomes começam com letras da primeira metade do alfabeto são mais suscetíveis de sofrer de câncer do que aqueles cujos nomes começam com letras da segunda metade do alfabeto. Talvez exista aí um vínculo causal, mas parece mais provável que seja mera coincidência.

O meu propósito aqui não é destrinçar as causas do câncer de pulmão ou outros tipos de câncer, mas demonstrar uma certa espécie de pensamento sistemático e céptico que reside no âmago do empreendimento científico. Superficialmente, é claro, a lógica de "fumar causa câncer" e "a ortografia do sobrenome de uma pessoa causa câncer" é idêntica. Somente o nosso senso comum nos leva a favorecer a primeira hipótese em detrimento da segunda. Mas alguém que tenha aprendido a pensar como um cientista dar-se-á conta de que tanto uma proposição quanto a outra não podem ser corroboradas por si mesmas. É necessário iniciar um programa de pesquisa, com os adequados grupos de controle, para descobrir se ambas essas hipotéticas cadeias causais, só uma delas ou nenhuma das duas resiste em face da investigação científica. Proponho que os indivíduos serão mais propensos a pensar desse modo se explorarem profundamente uma área (como as causas de câncer, ou a pobreza, ou o estresse) do que se despejarem uma centena de exemplos diferentes, extraídos de uma dúzia de ciências.

A título de contraste, consideremos as armadilhas que podem ameaçar o pensamento histórico. Suponhamos, por exemplo, ter sido descoberto um documento que pretende fornecer novas informações acerca do rei bíblico Salomão. Um indivíduo não instruído em pensamento histórico é propenso a supor que o documento é autêntico e que descreve uma pessoa muito parecida com qualquer de nós. Um outro indivíduo nas mesmas condições de instrução poderia concluir o oposto: que o documento deve ser uma fraude, porquanto muito poucos documentos escritos dessa época sobreviveram; e que Salomão, sendo mundialmente famoso e de uma remota era histórica, representa uma espécie inteiramente diferente de ser humano.

Nenhum desses conjuntos de inferências se justifica, é claro; e o indivíduo historicamente informado pensaria sobre essas questões de um modo muito diferente. Em primeiro lugar, tentaria descobrir as condições em que esse documento foi localizado; e usaria, talvez, métodos de datação por carbono radiativo para determinar a época do documento. Se existir alguma prova que evidencie a autenticidade do documento, o pesquisador tratará então de apurar se a imagem de Salomão era compatível com as noções históricas e contemporâneas do governante hebreu ou se as contradizia. Essa investigação poderia incluir o reexame de outros textos da mesma era, assim como comentários de séculos subseqüentes. Finalmente, acreditando que Salomão viveu numa certa época mas representou uma civilização que, em múltiplos aspectos, era muito diferente da nossa, tentaria caracterizar o novo Salomão de um modo que não sofresse de presentismo ("Todas as pessoas são como nós") nem de exotismo ("Qualquer pessoa que tenha vivido antes dos meus avós é tão remota quanto um alienígena vindo de um outro planeta").

Não se chega facilmente, repetimos, a tais hábitos mentais, nem é provável que resultem de um curso-relâmpago que, em 35 semanas de tirar o fôlego, vá de Platão à Otan, ou de Cleópatra a Clinton. Mas os modos de pensar é que são cruciais aqui: somente armado com algumas noções de como os historiadores trabalham será o estudante capaz de encontrar uma lógica nas várias afirmações que leu sobre, digamos, as causas da Guerra do Vietnã ou o caráter de Martin Luther King Jr.

Somente armado com algum entendimento de como os cientistas procedem será o estudante capaz de avaliar as teses propostas sobre as causas da Aids, ou a conveniência de tomar certos hormônios para aumentar a fertilidade ou impedir a calvície ou a osteoporose.

Deveria então ficar claro por que um enfoque "baseado em fatos" fará ainda menos sentido no futuro. Não podemos conseguir uma mente disciplinada apenas por dominar os fatos — é preciso se aprofundar nos detalhes de cada caso, para se desenvolver os músculos disciplinares. Além disso, no futuro, os fatos, definições, listas e detalhes desejados estarão literalmente na ponta de nossos dedos. Poderemos digitar um breve comando num computador de bolso ou, simplesmente, falar em voz alta "Qual é a capital da Estônia?" ou "Qual é a localização exata do Equador?". A memorização pura será anacrônica; será apenas preciso ensinar aos alunos o modo de usar a versão mais atualizada da enciclopédia em CD-rom. Cada vez mais, ajudar os alunos a dominar os macetes e *insights* das principais áreas disciplinares fará parte inerente da arte de ensinar.

Quatro Abordagens do Entendimento

Não há, lamentavelmente, um meio fácil de se chegar ao entendimento; ou, em termos positivos, muitas pistas sugerem qual é a melhor forma de aumentar o entendimento. Mencionarei quatro que me pareceram, e aos meus colegas do Harvard Project Zero, especialmente promissoras.

1. *Aprendizagem a partir de instituições sugestivas.* Algumas instituições antigas, como o aprendizado, contêm pistas instrutivas para o entendimento. Num aprendizado, o principiante passa uma grande parte do tempo na companhia de um mestre. Este ataca novos problemas à medida que vão surgindo, e depois envolve o aprendiz na solução do problema (e eliminação de discrepâncias), num nível apropriado ao que ele considera ser nessa altura a competência e o entendimento do candidato a oficial em seu mister. Este recebe assim muita e saudável exposição a exemplos de entendimento, assim como inúmeras oportunidades para expor seu incipiente entendimento e receber apropriado *feedback*.

Pistas podem ser também proporcionadas por novas instituições. Os meus exemplos favoritos neste caso são os museus de ciência — assim como outros museus que promovem a participação ativa das crianças, as quais são encorajadas a explorar as peças em exposição num ritmo adequado. É claro, tal oportunidade não constitui em si mesma entendimento. O que é convincente a respeito de exposições em museus é que elas incentivam os jovens a pôr à prova suas próprias teorias e a ver por si mesmos o que funciona e o que não funciona. Por exemplo, os estudantes podem impulsionar bolas através de várias espécies de tubos e fazer previsões sobre como e onde os objetos cairão após a saída de um tubo. As bolas podem ser equipadas com luzes, de modo que suas trajetórias possam ser mais facilmente observadas. Também pode haver simulações ou realidades virtuais, em que o curso da bola também será observado, as previsões checadas e as teorias (e suas gravações subjacentes) revistas à luz de novos "dados" muitas vezes surpreendentes.

Tais experiências práticas revelam com freqüência os modos como o pensamento corrente de crianças é inadequado. E, se houver uma conversação animada, orientação e apoio apropriados, ou uma criança engenhosa e dotada de capacidade de reflexão, pode surgir uma teoria mais apropriada. Essa "gravação recém-cunhada" pode, por sua vez, ser checada e revista à luz de novas observações.

2. *Confrontos diretos de concepções errôneas.* Dando um passo adiante, pode-se, de fato, colocar os estudantes diante de processos em que suas concepções correntes são provadamente inadequadas. Consideremos, por exemplo, o caso da criança que acredita ficar quente quando veste um suéter, porque o suéter contém calor em si mesmo. Uma vez dada essa explicação, os pais ou um professor pode sugerir que o suéter seja deixado fora de casa todas as noites. Se o suéter é em si um gerador de calor, então ele tem que estar quente na manhã seguinte (ou, pelo menos, mais quente do que as pedras vizinhas ou outros artigos de vestuário deixados fora no frio). Porém, se a temperatura do suéter prova ser idêntica à das entidades circundantes, foi contestada a teoria da criança de que o próprio suéter gera calor.

Quando se trata dos "algoritmos rígidos" ativados por muitos estudantes de matemática, faz sentido criar uma situação em que os estudantes devem pensar de acordo com aqueles que criaram a fórmula, e ver se eles próprios podem avançar no sentido de uma fórmula apropriada. Consideremos, por exemplo, a soma de tempo que leva um veículo para cobrir uma certa distância. Os estudantes podem ser equipados com toda uma série de veículos, um cronômetro, e um recinto com várias pistas de corrida e barreiras. Podem ser então solicitados a predizer com que rapidez os vários veículos cobrirão distâncias específicas, e o que poderia ser feito para alterar a velocidade ou o sucesso de um determinado veículo.

Envolvidos em tal atividade, muitos estudantes descobrirão as variáveis irrelevantes — por exemplo, o tamanho, formato e cor do veículo, as barreiras, as dimensões do recinto — assim como as importantes — a velocidade média do veículo. Alguns encaminhar-se-ão para uma fórmula que se aproxima da proposta na sala de aula: distância coberta = velocidade x tempo. E mesmo aqueles que não chegam por iniciativa própria a essa fórmula terão, pelo menos, maiores probabilidades de entendê-la, uma vez apresentada. Eles possuem agora considerável experiência na manipulação de variáveis que são (ou não são) importantes para o problema em discussão.

Finalmente, no caso de roteiros e estereótipos, o antídoto apropriado é "a suposição regular de múltiplas perspectivas". Roteiros e estereótipos refletem uma certa perspectiva num certo momento do tempo. Se, entretanto, os estudantes acumularam muita experiência em pensar sobre uma situação ou acontecimento desde um certo número de pontos de vista, eles são menos suscetíveis de aderir a uma explicação simplista, unidimensional. E assim, por exemplo, os estudantes passam a ter uma visão muito mais rica da Guerra de Independência Americana se estudarem a luta sob diversos ângulos: o ponto de vista dos britânicos, que estavam enfrentando colônias rebeldes; a perspectiva dos franceses, que tinham pouco interesse nas colônias *per se* mas muito interesse em azucrinar seus rivais britânicos; e o ponto de vista dos *tories* coloniais, que queriam permanecer leais à sua pátria-mãe.

Como sublinhou a psicóloga educacional Lauren Resnick, as experiências discordantes nem sempre são suficientes para dissolver concepções defeituosas e aumentar o entendimento.[7] As falsas idéias podem ser muito robustas e, por vezes, mostram ser tão insensíveis à refutação quanto o sistema de crença de um fundamentalista religioso em face de provas científicas incontestáveis. Entretanto, para a maioria dos indivíduos, o desafio de uma crença profundamente sustentada obriga-os, pelo menos, a prestar-lhe atenção; e os esforços para defender essa crença, ou para descobrir uma crença melhor, alinham-se ao longo dos caminhos mais promissores para chegar a um elevado entendimento.

3. *Uma estrutura que facilita o entendimento.* Com os meus colegas de Harvard, David Perkins, Vito Perrone, Rebecca Simmons e Stone Wiske, desenvolvi uma abordagem que coloca o entendimento em primeiro plano.[8] A idéia básica é que o entendimento é uma representação, uma exibição pública do que uma pessoa sabe e é capaz de fazer. Os estudantes devem ser expostos desde o começo a exemplos de entendimento; e deviam ser-lhes dadas amplas oportunidades para exercitar e pôr em prática seus próprios entendimentos. Com efeito, somente se tiverem múltiplas oportunidades para aplicar seus conhecimentos de novas e diferentes maneiras terão a possibilidade de adquirir um melhor entendimento de seu trabalho escolar e de sua vida para além das paredes da escola.

Falar de uma "representação do entendimento" pode parecer um tanto contraditório, já que é usual pensar no entendimento como um acontecimento interno, o qual ocorre nas representações mentais entre as duas orelhas. E não temos razão para duvidar que muita coisa está acontecendo entre as orelhas, dado que representações inadequadas estão sendo contestadas e — caso o ensino e a aprendizagem tenham êxito — outras mais adequadas serão construídas. De qualquer modo, o foco sobre o entendimento como representação é comprovadamente salutar.

Uma útil analogia pode ser extraída das artes e do atletismo. Indivíduos sorririam ironicamente, com toda a razão, se os conhecimentos de um jovem estudante de arte, músico, ou atleta, fossem avaliados numa sala de exame, num sábado de manhã, mediante uma prova padronizada de papel-e-lápis ou adaptada ao computador. O que tipicamente acontece nessas áreas é bem mais esclarecedor. Desde o começo, os jovens observam indivíduos mais proficientes (usualmente mais velhos) no desempenho das requeridas ações e entendimentos: executando novas peças musicais, praticando passos de dança, envolvidos em escaramuças ou em jogos contra fortes e ardilosos adversários. Os jovens podem ver os "lances" que devem ser aprendidos a fundo; podem ensaiá-los; podem monitorar seu progresso e compará-lo com o de seus iguais; e podem beneficiar-se da "orientação", uma técnica pedagógica que indica (com freqüência de um modo individualizado) como seus próprios desempenhos podem ser aperfeiçoados.

Numa classe ou escola de "entendimento", é criado um ambiente semelhante. Os principiantes vêem indivíduos mais velhos ocupados nos desempenhos que eles devem finalmente realizar: escrevendo ensaios, organizando argumentos orais, debatendo uns com os outros, explicando fenômenos científicos, executando experimentos, criando e criticando obras de arte. Tomam nota dos tipos de desempenhos que são valorizados e por quê; dos critérios de avaliação que são impostos e por quê; dos métodos que melhoram os desempenhos e dos que não contribuem para aperfeiçoá-los; as conseqüências intelectuais e sociais de entendimentos valorizados. Alguns dos desempenhos obrigatórios serão representações de modelos já observados; mas uma saudável proporção deles exigirá que os estudantes os "ampliem" em novas direções. "O meio é tudo" em educação; os estudantes são criados em ambientes onde as "representações do entendimento" tornaram-se a moeda corrente.

Nosso trabalho não apresenta simplesmente uma visão. Também destaca uma abordagem pedagógica que pode ser aplicada a todo o currículo e usada com estudantes de diferentes idades e modos de enfocar a aprendizagem. Essa abordagem do entendimento não é meramente realizada *in camera* por um grupo de professores de universidades tradicionais. Pelo contrário, resultou de um programa de sete anos que envolveu a colaboração de dúzias de professores na Nova Inglaterra. No decorrer desse período, o programa foi posto à prova em muitas escolas de todos os Estados Unidos, assim como na América Latina.

A abordagem começa com um esboço das "metas do entendimento". São simples enunciados sobre os entendimentos que um indivíduo deseja realizar no decorrer de uma unidade. Não deve haver uma quantidade excessiva de metas do entendimento; é suficiente um pequeno número. Recorrerei aos exemplos elaborados ao longo deste livro:

- Uma meta do entendimento para uma unidade de biologia poderia ser assim expressa: um estudante entenderá o modo como as forças da evolução afetam indivíduos, grupos e espécies inteiras.
- Uma meta do entendimento para um curso de música poderia ser formulada nos seguintes termos: os estudantes entenderão como Mozart e seu libretista Lorenzo Da Ponte colaboraram para criar uma poderosa e encantadora partitura que captou os conflitos sociais da era.
- Uma meta do entendimento para um curso de história moderna poderia dizer: os estudantes entenderão de que forma o Holocausto nazista se assemelhou e diferiu de outros genocídios cometidos neste século.

Outros exemplos colhidos numa série de disciplinas poderiam incluir o que significa estar vivo, o papel da Guerra Civil na história americana, como descobrir os temas filosóficos na poesia de Keats, por que temos números negativos e como eles diferem dos positivos.

Em seguida, identificam-se as "idéias geratrizes" ou "questões essenciais". São as lições ou provocações iniciais que satisfazem dois principais critérios. Primeiro que tudo, devem ser centrais para o tema, com suas metas do entendimento claramente enunciadas. A vida escolar é curta e não sobra muito tempo para lições ou exemplos meramente periféricos. Em segundo lugar, devem prender a atenção dos estudantes. Caso se prove ser difícil demais transmitir aos estudantes o interesse e importância de um tema, então o mais provável é que se tenha de procurar um outro ponto de ingresso. É claro, quanto melhor for o professor e mais confiantes os alunos, maiores as possibilidades de que quase todo e qualquer tema possa suscitar e manter a curiosidade de toda a classe.

Para as nossas três áreas de investigação — a teoria da evolução, a música de Mozart e o Holocausto — não há escassez de temas gerativos. Os estudantes numa classe de biologia poderiam ser solicitados a explicar por que existem tantas espécies diferentes na floresta úmida; os estudantes numa aula de arte poderiam ser desafiados a imaginar o que está acontecendo numa cena onde três indivíduos estão cantando, cada um deles, uma frase diferente numa língua estrangeira; os estudantes de um curso de história poderiam ser convidados a ponderar por que os governantes do que muitos consideravam ser o país mais civilizado do mundo tinham decidido erradicar da face da Terra uma população inteira.

Em terceiro e fundamental lugar, temos a identificação e promulgação das "representações do entendimento". Em poucas palavras, os estudantes devem saber o que têm que fazer: devem estar familiarizados com os modos como serão solicitados a representar seus entendimentos; e devem levar em conta os critérios pelos quais seus desempenhos serão julgados. Longe de serem misteriosos (nenhum teste fechado a sete chaves), os estudantes devem ser expostos desde o começo a desempenhos que reflitam vários graus de competência; deve ser-lhes assegurado que terão inúmeras oportunidades para praticar os desempenhos requeridos e garantir um útil *feedback*; devem estar confiantes em que os desempenhos culminantes serão, tipicamente, ocasiões para orgulho e não para apreensão ou vergonha.

Permanecendo com os exemplos acima, os desempenhos poderiam incluir uma previsão do que acontecerá a uma espécie em face de uma radical mudança na ecologia local; a criação de uma canção com uma letra que capta o conflito de gerações na sociedade americana contemporânea; e a análise de uma virulenta luta em curso entre dois grupos étnicos, em função de suas semelhanças e diferenças com o Holocausto.

O quarto e último componente de nossa "abordagem do entendimento" confere destaque a uma "avaliação permanente". A maioria das avaliações, na maioria das escolas, resume-se a um único teste "indevassável" no final de uma unidade; o mais freqüente é os estudantes não conhecerem ou não estarem interessados em conhecer seu desempenho no teste, só lhes interessando saber que nota final obtiveram. Em contraste, num meio de entendimento, os estudantes recebem contínuo *feedback* dos professores e de outras pessoas sobre a qualidade de seus desempenhos, a par de sugestões concretas acerca de como esses desempenhos poderiam ser melhorados. Os critérios para avaliação são públicos, e é desejável que os estudantes discutam ou contestem esses critérios. Eles têm tempo para refletir sobre seus desempenhos, para praticar e receber ajuda.

Otimamente, ao longo do tempo, a avaliação deixa de estar nas mãos (ou sujeita ao capricho) de outros indivíduos. São, antes, os estudantes quem, como profissionais ou especialistas amadurecidos, internalizam gradualmente os critérios de avaliação: tornam-se capazes de julgar por si mesmos seu nível de desempenho em confronto com um padrão ideal e com referência ao desempenho de seus colegas (de maior ou menor competência). É por isso, diga-se de passagem, que os desempenhos culminantes devem ser ocasiões de prazer. Se (como artistas ou atletas experientes) os estudantes chegaram a um bom entendimento, então essas exibições públicas devem produzir um "fluxo" para os estudantes.

À primeira vista, nossa abordagem pode parecer behaviorista. Tal como na psicologia behaviorista, nosso enfoque incide primordialmente sobre a qualidade dos comportamentos estudantis. E, de acordo com a terminologia behaviorista clássica, nosso fornecimento de materiais desconhecidos como teste de entendimento pode assemelhar-se a uma medida do grau de "transferência" de uma habilidade ou competência.

Mas essa abordagem só é behaviorista na acepção de que todas as avaliações devem, em última análise, examinar comportamentos — não se pode examinar diretamente representações mentais. Vista em detalhe, esta abordagem revela seus pressupostos e afinidades inteiramente cognitivistas. Para começar, os meus colegas e eu fomos estimulados a atacar o problema do entendimento precisamente por causa da descoberta de que as primeiras representações mentais eram robustas e enganadoras; somente um reexame a fundo era suscetível de desfazer concepções errôneas e construir outras mais adequadas.

A seguir, as técnicas de "orientação" que favorecemos são aquelas que apontam as concepções inadequadas e encorajam os estudantes a enfrentar e, quando necessário, rever concepções que se apresentam no caminho de entendimentos adequados. Falar sobre suposições é muito explícito; como os estudantes pensam sobre sua própria aprendizagem ajusta-se perfeitamente à nossa estrutura do entendimento.

Por fim, é improvável que os estudantes consigam regularmente obter êxito em face de novos e desconhecidos desafios se não alterarem efetivamente suas representações iniciais e defeituosas das noções essenciais numa determinada esfera. A prova decisiva do entendimento, desde o ponto de vista do desempenho, é o desenvolvimento de representações mais adequadas e mais flexíveis; e essa prova não poderia ser concebida em termos behavioristas.

Como qualquer outra nova abordagem, o "ensino para o entendimento" não pode ser implementado de imediato com absoluta perfeição; de fato, essa idéia de entendimento é ilusoriamente simples e precisa de tempo para ser dominada. No começo, todos os elementos são tratados em separado; tanto os estudantes quanto os professores não estão precisamente seguros dos motivos por que estão fazendo o que fazem quando procuram implementar a estrutura. Em contraste, a implementação por especialistas dá destaque a uma dialética fluente entre as quatro partes componentes, de modo que uma lição ou unidade engloba as metas, desempenhos e avaliações como partes de um todo inconsútil. O melhor de tudo é que os professores, em vários níveis, consideram útil a estrutura e estão motivados para continuar a usá-la. O que é também a posição dos criadores da estrutura, entre os quais me incluo.

4. *Múltiplos pontos de acesso ao entendimento.* A minha quarta e última abordagem do entendimento aproveita o fato de os indivíduos possuírem diferentes espécies de mentes, apresentando diferentes combinações de representações mentais e, por conseguinte, vindo a abordar e dominar as matérias curriculares de modos inteiramente idiossincrásicos. Enunciada à maneira de uma fórmula, a quarta abordagem combina a "teoria das múltiplas inteligências" com o objetivo de valorizar as "representações do entendimento". Aqui reside, creio eu, a melhor maneira de que dispomos para obter um elevado entendimento em toda a gama de estudantes. E, em conseqüência, as "múltiplas abordagens do entendimento" constituem o foco primário dos capítulos que se seguem.

Outros Jogadores

As metas devem vir primeiro; e devem ser conservadas em mente. Mas também são importantes "outros jogadores". Dados os regimes que descrevi aqui em suas linhas gerais, permitam-me apresentar agora outros membros do "elenco ideal".

Professores entusiastas e bem treinados. Para dar lições de entendimento, é crucial contar com professores que se sintam à vontade com a matéria e a entendam. Os professores precisam sentir-se especialistas e precisam encarnar a especialização aos olhos de seus estudantes. Também devem acreditar que o entendimento é importante e estar preparados para expressar esse entendimento em suas próprias vidas. Nada impressiona mais os estudantes do que a oportunidade de presenciar adultos esclarecidos fazendo uso eficiente da matéria que está sendo apresentada. É por isso que jovens músicos gostam de ver seus professores tocar, e alunos de tênis querem jogar com seus instrutores. E é por isso que os estudantes não tardam em ficar desapontados com os professores que "não praticam o que apregoam".

Como o educador Lee Shulman insistiu em afirmar, o conhecimento da matéria que ensinamos é necessário, mas não suficiente.[9] Dois indivíduos podem conhecer igualmente bem a matéria que lecionam mas só um deles saberá como apresentá-la a alunos principiantes de um modo que os prenda, que dissolva as falsas idéias mais correntes e construa um entendimento mais firme e mais flexível. Os metodólogos, ou professores de professores, devem ajudar seus alunos (que são, é claro, futuros professores) a adquirir esse conhecimento pedagógico e a recorrer regularmente a esse conhecimento na preparação de suas aulas. Os professores devem estar sempre atentos para os programas, lições, perguntas e formas de avaliação mais apropriados — aqueles que se coadunam com um currículo voltado para o entendimento e que ajudam a monitorar a evolução do entendimento dos estudantes.

Além disso, não é suficiente para os professores repousar à sombra dos louros de sua própria formação. Todas as disciplinas evoluem e algumas, como as ciências naturais, mudam com impressionante rapidez. As fronteiras das disciplinas mudam e, de um modo previsível ou imprevisível, surgem oportunidades para o trabalho interdisciplinar. Os professores precisam "estar sempre por dentro" — o ótimo é que o façam com entusiasmo. Os estudantes, não é demais repetir, tomam nota de quando os seus professores continuam estudando e aprendendo, e de quando parecem ficar excitados por novas descobertas.

É claro que falta a muitos professores um profundo entendimento das matérias que lecionam, e alguns não são motivados para aumentá-lo. A educação para o entendimento é difícil de se exercer na ausência de um grupo de professores que esteja comprometido com o entendimento para si próprios, tanto quanto para seus alunos. A "boa notícia" é que existem muitas maneiras de explorar mais a fundo a disciplina que lecionam e de pôr em prática seu entendimento. Mas a motivação para fazer isso só pode partir do professor.

Estudantes preparados e motivados para aprender. O trabalho dos professores tem meio caminho andado quando os estudantes chegam às escolas saudáveis, confiantes e ávidos por aprender. Dificilmente precisaria ser dito que muitos estudantes no mundo inteiro, incluindo aí os Estados Unidos com toda a sua opulência, não chegam assim equipados aos bancos escolares. É mais difícil reconhecer que mesmo estudantes que são saudáveis e confiantes manifestam com freqüência pouco interesse pelo que a escola tem a lhes oferecer.

Em face de estudantes que não estão "ligados" na escola, é fácil e tentador recriminar os pais, os próprios estudantes ou os professores "do ano passado". E, com efeito, está provado que a tarefa de manter os estudantes saudáveis, confiantes e motivados é sumamente difícil de realizar para qualquer professor ou equipe de professores. Mas essa é uma conclusão a que só se pode chegar depois do fato consumado. Os professores devem procurar, desde o primeiro dia, motivar seus estudantes, mesmo diante de probabilidades adversas. E sua crença pessoal na importância e "correção" do que estão fazendo pode ser um motivador essencial.

A diretora de escola Deborah Meier recorda como ela e seu irmão costumavam ir ao Yankee Stadium, nos anos 40, para ver o grande Joe DiMaggio jogar beisebol.[10] Meier admirava sua beleza e elegância, ao passo que seu irmão queria jogar como o Joltin' Joe. Meier relembra com nostalgia a maneira como tanta gente de sua geração estava encantada com DiMaggio e ansiosa por segui-lo. Depois, ela acrescenta de maneira significativa, com referência aos nossos estudantes de hoje: "Temos que ser os Joe DiMaggios deles."

Com os conhecimentos mudando tão rapidamente, os estudantes devem estar capacitados para assumir a responsabilidade por sua instrução — e ansiosos por assumi-la. Na medida em que os estudantes podem elaborar suas próprias metas, acompanhar de perto suas próprias realizações, refletir sobre seu próprio pensamento e aprendizado — onde melhorou, onde continua deficiente — eles tornam-se parceiros em sua própria educação. De um modo ainda mais crucial, uma vez concluída a escolaridade formal, deve tornar-se para eles uma "segunda natureza" dar prosseguimento à sua própria educação — ora sozinhos, ora num ambiente de grupo — por todo o tempo que escolherem; na verdade, espera-se que pelo resto de suas vidas.

A tecnologia como auxiliar. Em si mesma, a tecnologia não ajuda nem prejudica — é simplesmente uma ferramenta. Pode-se estar equipado com os mais avançados e velozes computadores do mundo. Mas, se o *software* é descuidado e incapaz de mobilizar o entendimento, para pouca coisa serve em nossa missão. Inversamente, munidos apenas com suas mentes, alguns livros, giz e lápis, professores bem informados e motivados podem conduzir seus estudantes triunfalmente pela estrada que leva ao entendimento. Com efeito, sem muito mais do que um quadro negro, Sócrates estimulou o entendimento simplesmente pelas perguntas argutas que fazia, a ordem por que as apresentava, e por suas reações freqüentemente mordazes às respostas daqueles a quem ele servia de elemento instigador.

No entanto, seria imprudente ignorar as oportunidades oferecidas pela sofisticada tecnologia de hoje. Videodiscos podem atrair vivamente os estudantes para o universo da solução de problemas matemáticos ou para os tesouros artísticos do passado. Bancos de dados permitem-lhes coletar e manipular toda espécie de informações sobre o seu mundo, sua comunidade e suas próprias vidas. *Links* eletrônicos permitem-lhes compartilhar seus interesses e preocupações com outros no mundo inteiro. Computadores e *scanners* pessoais em rede permitem-lhes criar obras de literatura, diagramas, desenhos, peças musicais, revê-los tantas vezes quantas desejem, compartilhá-los com seus colegas, e torná-los acessíveis a "especialistas" em seus escritórios ou em suas residências — ou, de fato, à subseqüente recapitulação e crítica dos próprios estudantes.

Note-se que a tecnologia não dita esses usos benéficos. Educadores competentes devem, antes, examinar as metas e determinar, caso por caso, que tecnologias e que utilizações das mesmas podem ajudá-los a satisfazer suas necessidades e quais as que não podem. A pesquisa deve desenrolar-se de maneira empírica. Talvez não demore muito para que "sistemas inteligentes" possam eles próprios determinar as modalidades em que foram bem-sucedidos com estudantes, onde falharam e de que modo poderiam ser reconfigurados.

Uma comunidade sustentadora. Mesmo quando todos os componentes necessários estão alinhados dentro da sala de aula e da escola, a educação efetiva não está garantida. Outros interesses têm uma voz poderosa no que nela acontece, no que é apoiado ou rejeitado.

As identidades desses grupos de interesses diferem muito de um contexto educacional para outro. Pais, membros de juntas escolares, cidadãos eminentes da comunidade, as administrações locais, regionais ou estaduais, os ministérios nacionais da educação e o "grande público", todos eles são fatores na equação que produz um currículo, um meio de avaliação e um grupo de graduados que encarna, ou não logrou possuir, significativos entendimentos.

Seria desnecessário dizer que a educação não pode ser bem-sucedida se esses grupos de interesses ignoram o que se passa na sala de aula, se discordam clamorosamente uns dos outros, ou se porventura se encontram coletivamente em conflito com um objetivo — seja este a aquisição de conhecimentos fundamentais ou a realização de um profundo entendimento. Além disso, mesmo uma política bem-intencionada pode destroçar um programa educacional. Por exemplo: qual é o provável destino de um programa que educa para o entendimento, se os exames de admissão a uma universidade ou faculdade preferem ser uma amostragem da extensão em que são cobertos múltiplos conhecimentos, em vez de constituírem uma sondagem do poder intelectual do currículo e/ou da profundidade do entendimento dos estudantes?

A aprendizagem não precisa ocorrer simplesmente entre as quatro paredes da sala de aula. A tecnologia, é claro, pode levar-nos ao mundo inteiro e de volta a casa. O apoio da família é crucial. Os cidadãos e instituições de uma comunidade podem dar contribuições palpáveis para a educação de suas crianças. Essas contribuições podem começar com excursões ao campo mas não podem nem devem terminar aí. Os estudantes devem ter as oportunidades necessárias para assumir posições de aconselhamento, aprendizado e trabalho-estudo em instituições comunitárias; e os especialistas dessas instituições devem visitar escolas, na realidade ou virtualmente. Os locais de trabalho estão rapidamente mudando, e boa parte do trabalho tem agora lugar em casa, muitas vezes através da participação em redes eletrônicas e escritórios "virtuais". A educação pré-universitária necessita adotar o molde multifacetado, a constelação e o colorido do novo mundo emergente.

* * *

Na verdade, apresentei um projeto para a educação: uma meta ou missão central — neste caso, a educação para o entendimento disciplinar; quatro procedimentos principais para progredir nessa missão e corrigir o rumo, quando necessário; e um complexo de fatores de apoio que podem facilitar o caminho, rumo à realização dessa ambiciosa meta.

Existem, evidentemente, muitas missões e metas razoáveis: recorde-se a diversidade de boas escolas apresentadas no começo do Capítulo 5. É possível até justificar missões como as da Universidade de Phoenix — embora reconhecendo que são a antítese das nossas próprias. Além disso, até uma única meta ou missão, como a descrita aqui, pode — e talvez deva — ser empreendida numa variedade de maneiras.

Mas para o nosso estudo, os dados foram lançados. Descrevi agora, em termos gerais, a espécie de educação que desejo para os meus filhos, os filhos dos outros e, na verdade, para as crianças do mundo. É tempo de tornar-me específico sobre o modo como o entendimento poderia ser adquirido em três áreas disciplinares: ciência, arte e história.

CAPÍTULO 7

Abordagens Disciplinadas

Três Enigmas

Durante a década de 1830, enquanto Charles Darwin navegava ao redor do mundo a bordo do *Beagle,* a maioria dos biólogos, incluindo o próprio Darwin, acreditava na imutabilidade das espécies de plantas e animais. As espécies eram criadas, presumivelmente por Deus, e mantinham-se para sempre na mesma forma primitiva, a menos que perecessem (como os antigos mastodontes).[1]

Darwin começou a questionar suas convicções depois que visitou as ilhas Galápagos, ao largo da costa do Equador. Impressionou-o a profusão e variedade de flora e fauna que encontrou em apenas algumas ilhas, não distantes umas das outras. Em especial, ficou intrigado pela incidência de tentilhões — resultou existirem 13 variedades diferentes de tentilhões vivendo em estreita proximidade. Darwin ponderou as razões pelas quais os tentilhões tinham diferentes cores, assim como bicos de diversos formatos e tamanhos. E refletiu sobre as distribuições de outros pássaros, animais terrestres e plantas dessas ilhas, e nos muitos outros lugares exóticos que visitara.

Darwin dedicou as décadas seguintes a questões afins. Por que existem tantas espécies no mundo inteiro? Por que uma tal variedade em apenas algumas ilhas? Por que raras vezes vemos as mesmas variedades em ambientes que diferem ecologicamente entre si? O que causa a extinção de certas espécies e o surgimento de outras? Como vêm a ocorrer novas espécies? Por que é que os filhotes são sempre ligeiramente diferentes de seus pais? Espécies que se assemelham muito entre si provêm necessariamente de uma mesma linhagem parental? O que acontece onde existe um número exagerado de organismos para um determinado espaço e nem todos podem sobreviver?

Ao suscitar estas interrogações, Darwin estava tocando no hipersensível tema da evolução das espécies. Esse tema tinha ocupado pensadores mais antigos, incluindo seu próprio avô, Erasmus Darwin. Mas Charles Darwin propôs um conjunto de respostas que mudariam para sempre o modo como indivíduos informados descrevem as origens das espécies e, a mais controvertida das proposições, o nicho que os seres humanos ocupam dentro da família de organismos.[2]

* * *

Em fins de 1785 e começos de 1786, Wolfgang Amadeus Mozart e seu libretista Lorenzo Da Ponte compuseram uma ópera baseada na peça de Pierre Beaumarchais, *Le mariage de Figaro* [As Bodas de Fígaro]. Essa peça francesa acerca da aristocracia espanhola, um grande sucesso de público na parte final do século XVIII, também deu margem a viva controvérsia. Antes, a maior parte dos teatrólogos retratara uma nobreza confortavelmente instalada no topo de uma hierarquia social; Beaumarchais criou um mais complexo (e realista) conjunto de relações sociais, com uma classe de servidores que era empreendedora, e uma aristocracia que era não só indolente mas arruinada por seus próprios defeitos.[3]

O enredo de *As Bodas de Fígaro* é um reconhecível, ainda que tipicamente complicado membro do gênero ópera-bufa, embora o tratamento que lhe foi dado envolvesse aspectos temerários para a época. Fígaro, um astuto e ambicioso barbeiro, está noivo da atraente Susanna. Entretanto, o autoritário conde Almaviva, patrão de Fígaro, tem suas intenções particulares a respeito de Susanna, que é uma criada a serviço da condessa Rosina; e, por tradição, o conde tem "direitos" senhoriais sobre Susanna, pelo menos até que ela case com Fígaro. Almaviva corteja-a, chegando ao extremo de criar obstáculos aos planos maritais do jovem casal. Para frustrar o conde, Fígaro trama um plano em que Almaviva seria induzido a acreditar que lhe foi facilitado um encontro com Susanna e que a condessa Rosina, sua mulher, se encontrará com um amante. Essa trama não se concretiza inteiramente porque o conde provoca a sua interrupção quando o plano ainda estava sendo traçado. Mais tarde, porém, Susanna finge aceder aos desejos de Almaviva de um *rendezvous* amoroso, mas ela e a condessa decidem trocar suas identidades. O próprio Fígaro ignora essa troca (e crê assim que Susanna o está traindo), ao passo que o conde acaba por fazer a corte à própria esposa e por acreditar, ao mesmo tempo, que ela lhe está sendo infiel.

No final da obra, tudo é "consertado" no mundo operístico. Fígaro e Susanna casam; os pais de Fígaro (cuja identidade ele ignorava) reconciliamse; o pajem Cherubino e Barbarina, um jovem casal que foi ardilosamente envolvido no imbróglio, também se casam; e o conde e a condessa aceitam seus destinos como os autorizados protetores do reino. Nessa história, o amor verdadeiro é celebrado; e, numa rara (se bem que premonitória) inversão da ordem social, a classe servidora triunfa sobre a aristocracia.

A ópera consiste em quatro atos, organizados em 47 cenas.* Nenhuma cena condensa a peça inteira. Assim como uso os tentilhões de Darwin para representar os temas da evolução, também uso a cena VII do Ato I para transmitir a atmosfera da ópera. Batizei essa poderosa cena, que apresenta o conde Almaviva, a criada Susanna e o professor de música Basílio, como o "Trio de Programas Conflitantes". Os três protagonistas entregam-se a uma interação sumamente complexa e a espirituosas réplicas que são não só divertidas em si mesmas como também imprimem ao enredo seu vivo andamento. O trio é descrito em detalhes no próximo capítulo; sua partitura é reimpressa no final deste capítulo.

---

* O número de cenas varia ligeiramente em diversas partituras da obra. Algumas organizam os quatro atos em 46 cenas.

A ópera criada por Mozart e Da Ponte não teve um bom acolhimento em sua estréia em Viena, em 1786, mas não tardou em ser reconhecida como uma obra-prima em muitas partes do mundo. *As Bodas de Fígaro* destaca-se em virtude de sua bela partitura, suas trepidantes ações dramáticas através de numerosos enredos secundários, e sua pungente combinação de romance, farsa, intriga e patético.

Para o ouvido musicalmente ingênuo, a ópera pode soar como um magote de pessoas falando aos gritos umas com as outras — ora sozinhas, ora em conjunto. Na verdade, como criança que apreciava a música instrumental clássica, recordo minha franca antipatia pela maioria das óperas transmitidas na rádio nacional durante as tardes de sábado. Mas assim que se tem a oportunidade de ver uma representação, entender um enredo freqüentemente complicado e apreciar o modo como os cantores realizam ações através de palavras e melodias, a ópera pode tornar-se fascinante. Peças como o trio no Ato I de *Fígaro* comunicam acontecimentos passados e antevêem eventos futuros, uma vasta gama de sentimentos, uma coleção de personalidades, seus pensamentos mais íntimos e suas sutis (e não tão sutis) interações. Além disso, no caso de uma representação convincente, também se contemplam soberbos artistas — os intérpretes, assim como os criadores — no uso de seu veículo preferido de expressão para transmitir sentimentos e conduzir ações com refinamento, elegância e força. Finalmente, embora não seja o tipo de coisa que pode ser provada para um público sem ouvido, as melodias, harmonias e orquestração nas obras de Mozart têm impressionado milhões de pessoas como belas.

* * *

Em 20 de janeiro de 1942, líderes do III Reich nazista reuniram-se num palacete às margens do Wannsee, em Berlim — número 56-58 Am Grossen Wannsee, para ser preciso. Nos anos precedentes, o exército alemão conquistara grande parte da Europa Ocidental e efetuara também incursões no Leste com o objetivo de conquistar a União Soviética. Nesse meio tempo, a liderança alemã estivera ensaiando várias abordagens, num esforço para solucionar o que eles denominavam o "Problema Judeu".[4]

Desde que o líder nazista Adolf Hitler iniciara sua ascensão ao poder no começo da década de 1920, nunca fizera segredo de sua antipatia pelo povo judeu e seu desejo de livrar-se dele. Durante os primeiros anos de seu regime (1933-1939), Hitler e seus discípulos tinham pressionado os judeus para deixarem a Alemanha e recorrido a inúmeras maneiras de maltratá-los. Uma vez iniciada a Segunda Guerra Mundial, em setembro de 1939, medidas mais severas foram tomadas contra os judeus. Muitos deles tinham sido enviados para campos de concentração, muitos outros tinham sido simplesmente fuzilados ou deixados para morrer de fome.

Mas Hitler e seus asseclas continuaram a busca do que chamavam a "Solução Final" para o "Problema Judaico na Europa". Foram ponderadas numerosas medidas radicais, incluindo a deportação em massa de judeus para a ilha de Madagascar, ao largo da costa oriental africana, e a criação de gigantescos guetos ou "reservas", por exemplo, na cidade de Lublin, no sudeste da Polônia.

Mas com a invasão da Rússia e a captura de terras que alojavam milhões de judeus adicionais, nenhuma das soluções de "meio termo" pareceu suficiente. Por uma série de medidas que ainda não são totalmente entendidas pelos historiadores, a liderança nazista chegou à fatídica solução de iniciar a eliminação sistemática de todos os judeus europeus, em contraste com o homicídio aleatório. A reunião em Wannsee foi planejada com o objetivo de compartilhar essa decisão com aqueles funcionários cuja sinistra tarefa seria traduzir em ação um plano para a execução de milhões de judeus. Entretanto, os documentos da reunião nunca mencionaram, de fato, o genocídio.

Posições Vantajosas: De Enigmas a Conceitos

Cada um dos meus exemplos de abertura pode ser apresentado como uma série de enigmas:

— Por que os tentilhões das ilhas Galápagos têm o aspecto que têm? E o que é que isso nos diz sobre as origens e variedades das espécies desde o início dos tempos?

— Como conseguiram Mozart e Da Ponte comunicar uma gigantesca soma de motivação e ação dramática dos protagonistas durante um trio de quatro minutos? Que recursos existem para artistas criadores e intérpretes? E por que essa música de dois séculos atrás é tão apreciada hoje como um verdadeiro tesouro?

— Quando e como chegaram os nazistas à decisão de iniciar a Solução Final — a eliminação dos judeus europeus? Como transmitiram essa informação delicada àqueles que tinham de implementar essa política? E por que tantos cidadãos alemães participaram — de boa vontade e até com entusiasmo — no homicídio em massa?

Cada um desses intrigantes "pontos de acesso" está concebido de modo a exercer seu próprio fascínio — o suficiente para que estudantes (ou leitores) fiquem curiosos a respeito de possíveis soluções. Estudantes perguntam-se, por exemplo, se a mesma variedade de tentilhões poderia ser encontrada numa só e indivisa massa terrestre, abrangendo uma idêntica extensão geográfica; se alguém poderia apreciar os traços de personalidade dos personagens de *As Bodas de Fígaro,* apesar de não entender a língua em que eles cantam ou não estar familiarizado com as escalas musicais ocidentais; até que ponto Hitler e/ou seus colaboradores mais íntimos foram específicos na orquestração dos eventos em Wannsee? Embora os interesses dos estudantes possam ser mobilizados de muitas maneiras, a apresentação de dilemas — ou seus primos, as questões essenciais e as idéias geratrizes — provou ser um meio sobremaneira eficaz para chamar a atenção.

Usei esses chamarizes a fim de apresentar o nosso "trio" de exemplos centrais. Os "Tentilhões das Galápagos" (hoje correntemente chamados os "Tentilhões de Darwin") constituem um modo concreto de suscitar questões sobre a *evolução das espécies* e, em última instância, de apresentar as idéias de Darwin acerca de variação e seleção natural. Essas idéias, inevitavelmente modificadas nos 150 anos decorridos desde que elas foram enunciadas, representam um importante conjunto de verdades acerca do mundo.

O estudo de *As Bodas de Fígaro,* apresentando o seu "Trio de Problemas Conflitantes", serve para apresentar a música de Mozart e o gênero chamado ópera. A maioria dos estudantes ouviu falar de Mozart e muitos deles têm uma idéia — quase sempre muito preconceituosa — sobre o que é música clássica. Através da análise de como funciona uma composição musical, espero desvendar alguns dos mistérios da música clássica e gerar a apreciação de um belo artefato em nosso mundo — uma *obra de Mozart.*

Embora o morticínio organizado seja um prato comum na história humana, o Holocausto destaca-se em termos de clareza de seus propósitos, assim como da meticulosidade de sua execução. Os nazistas visavam eliminar um povo inteiro — incluindo mulheres e crianças — e estiveram perto de cumprir esse objetivo. Empreenderam o genocídio não porque os judeus constituíssem qualquer tipo concebível de ameaça militar, mas porque os judeus eram vistos como uma "espécie" que mal se podia considerar humana e cuja permanente existência criava uma ameaça para a visão de uma raça ariana pura.

Sobretudo porque existem alguns que negam a existência da Solução Final, e muitos que contestam suas terríveis dimensões, é importante determinar exatamente o que aconteceu e por quê. As *decisões e acontecimentos do Holocausto* precisam ser entendidos sem depender de outras circunstâncias; o discernimento proporcionado pelo Holocausto podia ser útil para evitar a repetição das horríveis ações cometidas por um grupo de seres humanos contra outros. De um modo mais geral, as ações dos alemães e as reações do resto do mundo suscitam as mais profundas questões éticas.

Ao procurar entender esses três fenômenos, somos atraídos para as abordagens adotadas por diferentes disciplinas. Esboçarei primeiro algumas condições gerais e depois abordarei as características específicas das três disciplinas de que estamos aqui tratando: ciência, arte e história.

As Disciplinas... e Mais Além

Até onde podemos determinar, os seres humanos sempre estiveram interessados nas questões em torno do verdadeiro, do belo e do bom.* Essas questões são abordadas nos mitos da pré-história; podem ser discernidas nos comportamentos de luto ritual dos neanderthalenses e

* É constrangedor o uso do termo "bom" em relação ao Holocausto. Mais precisamente, eu deveria usar sempre a expressão "bom/mau".

nos primeiros artefatos bem trabalhados do *homo sapiens*; e também são produzidas nas brincadeiras e palavras de crianças pequenas.

Ao longo dos anos, as culturas desenvolveram formas sistemáticas de pensar sobre essas questões. A ciência popular e a sabedoria popular são tentativas de discernimento do que é verdadeiro; e, é claro, as religiões impuseram suas próprias concepções de verdade. Códigos explícitos, punições sistemáticas e normas implícitas cristalizam o que é aceitável e inaceitável no plano moral. Artistas e artesãos (e, quanto a isso, os matemáticos) criam objetos tangíveis ou simbólicos de beleza, e outras pessoas bem-informadas na comunidade utilizam critérios de julgamento sobre os méritos estéticos relativos de determinadas criações.

Não existe uma simples relação entre questões e suas correspondentes disciplinas. Com efeito, a maioria das questões pode ser abordada desde uma variedade de disciplinas, mesmo no caso de uma disciplina específica poder ser usada em várias questões e interesses. De qualquer modo, o conjunto de questões fundamentais, como um todo, ajuda a circunscrever e a imprimir um rumo à família de disciplinas.

Desde, pelo menos, o tempo dos gregos no Ocidente e da escola de Confúcio no Oriente, as disciplinas organizadas cresceram em torno das questões do verdadeiro, do belo e do bom. Essas disciplinas abrigam pressupostos e determinam certas práticas. E assim, por exemplo, num contexto grego, Sócrates apresentou um modelo de como praticar a filosofia; depois Platão e Aristóteles expuseram os meios pelos quais outros poderiam tornar-se filósofos em busca da verdade. Sófocles e Aristófanes elaboraram procedimentos para escrever tragédias e comédias; Aristóteles descreveu essas regras explicitamente para todos os futuros dramaturgos e comediógrafos — propondo assim um conjunto de padrões de beleza artística. Da mesma forma, nas sociedades confucianas, regras deliberadas foram expostas sobre como tornar-se um consumado arqueiro, um hábil calígrafo, um intérprete de música, um cavalheiro. Tomadas em conjunto, essas regras constituíram uma definição de pessoa boa e de vida boa.

As disciplinas mantiveram-se através dos tempos, mesmo quando suas identidades e fronteiras mudaram. Em qualquer momento dado, as disciplinas representam os mais acurados esforços de seres humanos para abordar questões e preocupações importantes de um modo sistemático e confiável.

Hoje em dia, quando se trata de questões de verdade, a maioria dos praticantes — sejam eles orientais ou ocidentais — volta-se para as ciências. Métodos que remontam ao tempo dos gregos, romanos e babilônios, levados a um novo nível de precisão na Europa durante os séculos XVII e XVIII, representam os nossos métodos mais idôneos para determinar o que é verdadeiro no mundo físico (física e química); no biológico (biologia, botânica, zoologia); nos mundos de espaço e tempo remotos (astronomia, cosmologia); e no mundo dos seres humanos (ciências sociais e do comportamento). Os métodos refinaram-se e teorias e proposições específicas são freqüentemente substituídas por outras ainda mais requintadas.

Quando se passam às questões de beleza, dá-se uma bifurcação. Recorremos aos criadores e intérpretes artísticos para adquirir consciência do que é belo e — por implicação — do que não é. Suas obras e realizações constituem as fontes reabastecíveis de exemplos de beleza; e, em contraste com as ciências, as noções de beleza não são regularmente suplantadas. Pensamos sobre a ciência grega como algo bizarro e obsoleto; continuamos a admirar os vasos e esculturas gregas.

Além disso, os modos de análise ajudam-nos a entender como tais objetos são criados e por que impressionam a tantos de nós da maneira como o fazem. A estética ajuda-nos a descobrir as propriedades comuns, assim como as características diferenciadoras, da literatura e das artes plásticas antigas e daquelas produzidas em épocas mais recentes: vasos gregos, rolos chineses, *jazz* e arte interpretativa contemporâneos. Durante períodos como o nosso, quando os padrões estéticos da elite se distanciam dos conceitos tradicionais de "belo", a estética ajuda-nos a entender o que está acontecendo nas diversas artes.

A disciplina da matemática prova ser instrutiva nesse contexto. À primeira vista, a matemática representa uma busca da verdade — de fato, uma busca da identificação das supremas verdades permanentes que os seres humanos podem conhecer. Entretanto, a simplicidade e a elegância da verdade, e a forma concreta como a verdade é apresentada, têm grande importância para os matemáticos. Nesse sentido, a matemática assemelha-se à música, contendo em si seu próprio sentimento do belo... e do insubmisso.

Passando finalmente para a área da moralidade, cada cultura proclama seus próprios padrões de comportamento, sendo alguns muito semelhantes aos de outras culturas. Até os nazistas possuíam sua própria moralidade, embora deformada, como se apresenta hoje a nossos olhos. (O historiador Daniel J. Goldhagen conta a incrível história do oficial alemão que dirigira a deportação e matança de dezenas de milhares de judeus. O oficial Hoffmann recusou-se a assinar uma ordem concordando em não roubar ou saquear os judeus que viessem a estar sob sua jurisdição.[5] Ele sentiu-se insultado por semelhante pedido, pois *sabia* que tanto ele quanto os seus homens jamais se rebaixariam a cometer atos tão covardes.) Várias disciplinas, da filosofia à literatura, abordam questões de moralidade, cada uma de sua maneira característica.

Os historiadores desempenham um importante papel, visto que podem ajudar-nos a entender as fontes de moralidade num determinado lugar e tempo, por que certas escolhas foram feitas e que conseqüências decorreram dessas escolhas.

Houve uma estreita associação entre o desenvolvimento das disciplinas e o surgimento de civilizações. Tal vínculo não é intrínseco, em absoluto: afinal os nazistas praticaram muitas disciplinas em alto nível, mas sua competência não os impediu de instaurarem um novo barbarismo. Não obstante, as disciplinas são civilizadoras na medida em que oferecem métodos práticos para enfrentar questões e interrogações. Privados das disciplinas, somos empurrados de volta para o senso comum — e seu inevitável antípoda, a tolice comum.

Hoje em dia, numa era pós-moderna, incorre-se em riscos ao louvar as disciplinas. Alguns questionam a necessidade de existirem disciplinas, enquanto outros se mobilizam contra o poder indevido desses bastiões da reação, as disciplinas acadêmicas. Como assinalei antes, não comungo dessa crítica; entretanto, não quero envolver-me aqui num debate em grande escala sobre onde as disciplinas ficaram aquém do que se esperava delas e onde continuam possuindo valor. Basta dizer que, como introdução ao pensamento sistemático acerca de perenes enigmas, virtudes e vícios humanos, não tenho conhecimento de nenhuma alternativa razoável para as numerosas disciplinas.

A frase "enigmas humanos" contém um valioso jogo de palavras, pois as disciplinas respondem a desafios humanos em dois sentidos. Em primeiro lugar, as questões a que se dedicam são aquelas que sempre foram importantes para os seres humanos. Em segundo lugar, também focaliza questões sobre o que significa ser humano. Minhas três áreas de investigação revelam prontamente suas dimensões humanas: o lugar do homem no panteão evolutivo, as fraquezas dos aristocratas (e não-aristocratas), o cheiro do preconceito atrelado ao poder absoluto. No entanto, mesmo aquelas disciplinas que parecem menos diretamente interessadas na experiência humana — digamos, as ciências físicas e as matemáticas — projetam luz esclarecedora sobre os seres humanos. No fim das contas, nós, humanos, também somos entidades no mundo físico; e a descoberta de verdades matemáticas sublinha, de alguma forma, o poder da mente humana para sondar as mais profundas regularidades no universo.

Seja qual for o poder — até a necessidade — das disciplinas, no fim as questões nunca se detêm na fronteira de uma disciplina. Os esforços para fornecer respostas decisivas e pessoais ao verdadeiro, ao belo e ao bom levam-nos necessariamente para além de disciplinas específicas e convidam à síntese. Os cientistas que investigam a teoria de Darwin, os historiadores do Holocausto, os analistas da música de Mozart estão, todos eles, tentando responder a interrogações sobre verdades, embora existam verdades de diferentes *status* epistemológicos. E sem querer forçar demais um ponto de vista, é também possível observar que esses adeptos das disciplinas se esforçam por abordar outros interesses fundamentais: os darwinistas buscam provas que evidenciem as origens da beleza e da moralidade nos princípios da evolução (como a seleção natural); os analistas de *As Bodas de Fígaro* (e da sociedade aí retratada) suscitam questões sobre os padrões de moralidade, verdade política e verdade artística; e os estudiosos do Holocausto meditam sobre as questões de verdade e beleza no regime nazista.

Os Modelos de Ciência... e o Matemático

Os cientistas procuram explicar as regularidades periódicas do mundo. Nesse empreendimento, são ajudados por suas próprias observações, as quais podem depender de instrumentos de medição sumamente complexos, e pelos esforços antecedentes de pensadores de orientação empírica para formular interrogações e obter respostas sistemáticas.

Essa perspectiva dual — a dialética entre dados observacionais e estruturas teóricas — é crucial para o cientista ativo na área operacional. Se o cientista se dedica apenas a fazer observações, pode ser um naturalista ou um observador perspicaz mas não terá ingressado plenamente na prática científica. Isso é porque as observações podem concentrar-se numa quantidade infinita de detalhes para uma variedade de fins não-específicos. Com efeito, todos nós fazemos observações o tempo todo e, no entanto, poucos dentre nós somos cientistas praticantes.

O outro elemento requerido para o pensamento científico é a preocupação em situar as observações dentro de uma estrutura sistemática — na mais desenvolvida forma, numa teoria científica. Muitos indivíduos estavam tão impressionados quanto Darwin com a variedade de plantas e animais; e não foram poucos os que tentaram agrupá-los e reagrupá-los. Darwin apoiou-se substancialmente nas observações feitas acerca dos tentilhões por dois de seus companheiros de viagem; mas foi ele o único que colocou essas observações numa estrutura explicativa, assim cruzando o limiar para a teorização científica.

Do ponto de vista oposto, os indivíduos interessados unicamente em questões teóricas tampouco são cientistas. Podem muito bem ser teóricos ou filósofos, mas às suas afirmações faltará o embasamento na realidade concreta. De fato, foi corretamente afirmado que a maioria das ciências começa na filosofia — na formulação de questões provocadoras e no esboço de possíveis respostas por um pensador que não sai de sua cadeira de braços em seu próprio gabinete de trabalho. A filosofia converte-se em ciência quando observações importantes se ajustam à estrutura teórica corrente ou a uma que essas observações contribuem para aperfeiçoar. Como podemos agora apreciar, a ciência atribui especial valor àquelas observações que abalam os alicerces de uma teoria corrente. O progresso não se fez com o estabelecimento de verdades permanentes mas, antes, pelo questionamento de uma verdade provisória e sua substituição por outra verdade que, pelo menos temporariamente, está mais firmemente baseada em provas concretas.

A matemática desempenha um papel importante nas ciências mais requintadas. Inicialmente, a ciência resulta da observação sistemática e apresenta teorias que são expressas em linguagem leiga. Entretanto, essas abordagens engendram uma ciência bloqueada num nível de descrição que é, quando muito, aproximativo. Para a ciência ser precisa, para que todos os que a exercem concordem sobre os fatos de determinada matéria, é importante que declarações e previsões sejam enunciadas com o mínimo possível de ambigüidade. Esse foi o *insight* obtido por Galileu quando fez a famosa declaração de que o livro do universo estava escrito em matemática e de que o seu alfabeto consistia em triângulos, círculos e formas geométricas.[6]

Mas a matemática não é um mero auxiliar para o trabalho do cientista. De um modo totalmente independente, representa os esforços de seres humanos para descobrir (ou, caso prefiram uma metáfora mais ativa, para construir) e expor com precisão as relações abstratas entre quantidades e formas idealizadas no mundo. Os matemáticos buscam pertinazmente modelos no domínio do número e da forma; procuram demonstrar, preservar e explicar as razões para esses modelos a todos os que os consideram de interesse. Aos matemáticos fascina tanto a beleza desses modelos quanto o seu valor de verdade.

E no entanto, paradoxalmente, enquanto as verdades científicas estão fadadas a ser temporárias, as matemáticas, uma vez verificadas, permanecem verdadeiras. Foi por isso que o matemático G. H. Hardy declarou que a experiência mais maravilhosa que um ser humano pode ter é descobrir uma verdade matemática, porque ela permanecerá para sempre.[7] É possível tergiversar sobre este ponto, porque novas descobertas ou novos sistemas matemáticos podem reconfigurar verdades anteriores; afinal, as linhas paralelas *encontram-se* num universo não-euclidiano. Mas, dentro dos limites iniciais de um sistema, as verdades matemáticas são permanentes: o quadrado da hipotenusa de um triângulo retângulo será sempre igual à soma dos quadrados dos outros dois lados do triângulo.

Os estudantes, em sua maioria, não se tornarão cientistas e muitos necessitarão apenas da aritmética elementar em suas vidas diárias e no trabalho. Mas privar os estudantes desses modos científicos e matemáticos de pensar é consigná-los à ignorância sobre o mundo em que vivem. Só com a exposição adequada a esses modos disciplinares de pensar terão os estudantes alguma idéia sobre as forças que governam o mundo físico e natural (em oposição, digamos, a explicações astrológicas); as espécies de pensamento que levaram às atuais imagens do mundo (em contraste, digamos, com o pensamento místico) e que levarão a válidas revisões das mesmas; e o papel da linguagem matemática na fixação dessas verdades, de modo que tudo possa confirmá-las por si mesmas (em oposição a argumentos baseados em linguagem dúbia, imagens ambíguas ou pura autoridade).

A Beleza do Artista

O artista cria obras num gênero. Usualmente, o gênero existe antes do artista: tal como os seus predecessores, os escritores de hoje continuam a escrever romances ou poemas, os artistas plásticos criam pinturas ou peças de escultura. Entretanto, ocasionalmente, os artistas criarão novos gêneros ou reconfigurarão os antigos. Na esteira das insuperáveis realizações de Mozart, Beethoven alterou as regras da música erudita; e um século depois, Arnold Schoenberg criou um novo sistema de música atonal ou dodecafônica.

Tal como o cientista, o artista movimenta-se entre dois mundos, mas as realidades desses mundos são muito diferentes. Por um lado, há os pensamentos, sentimentos, crenças, visões e imaginação do artista; o conteúdo de suas experiências conscientes (e inconscientes). Por outro, estão os meios materiais ao alcance dos artistas, as técnicas com que eles e outros trabalham a fim de moldar uma obra de arte.

Nenhuma dessas bases é suficiente sem a outra. Se um artista está cheio de idéias ou inspirações mas falta-lhe o domínio de um meio material, não será capaz de expressar-se (ou de expressar os significados pretendidos) de um modo acessível. Ou estará dirigindo-se unicamente a si mesmo, ou usará um meio material de uma forma que confunde os outros. Se, por outro lado, o artista tem o completo domínio de um meio de expressão mas carece de idéias ou inspiração, então sua obra pode, no máximo, ser derivativa; não sustentará os interesses de outros.

Mozart ilustra bem os domínios de trabalho do artista. Na colaboração em *As Bodas de Fígaro*, o objetivo de Mozart (com Da Ponte) foi criar uma obra musical que captasse o espírito e as intenções da peça de Beaumarchais; além disso, Mozart tinha muitas idéias, sentimentos e observações — algumas pessoais, outras extraídas da linguagem geral da ópera cômica — que ele esperava captar no *seu Fígaro.*

Vejamos o que ocorre quando se domina a técnica. Para realizar uma obra, Mozart baseou-se nos princípios gerais da composição clássica, tal como se desenvolveram na Europa durante os séculos XVII e XVIII. Começando com a criação da partitura musical, havia procedimentos para desenvolver temas num tom, para transpô-los de um tom para um outro, para usar instrumentos solo ou em combinação, para alterar o ritmo e a dinâmica a fim de obter surpresa, irregularidade ou contraste. Cantores solistas e em coro, a escolha e o arranjo de letras, um palco com seus cenários, guarda-roupas, acústica e iluminação, cada um destes componentes introduziu novos elementos a que a composição podia recorrer; em cada caso, era necessário o domínio técnico do meio apropriado para que o resultado fosse uma obra coesa e capaz de obter o efeito desejado.

Os conhecimentos técnicos de Mozart podem ter sido explícitos, mas essa explicitação, em si mesma, não faz parte da essência. O que era mais importante era que Mozart possuía competência bastante para recorrer às técnicas apropriadas, sempre que necessário. Em contrapartida, o crítico ou o esteta precisa ter um conhecimento explícito do jogo de ferramentas do artista e de como as empregou, num determinado caso, a fim de criar certos efeitos. E, por conseguinte, se pretendemos entender a lógica do impacto do "Trio de Programas Conflitantes", temos de recorrer à linguagem, termos, conceitos e estruturas explícitos — aos "sistemas simbólicos", de um modo mais amplo — que foram propostos pelos teóricos da estética musical.

Embora o exemplo objetivo seja, neste caso, extraído da música, a mesma linha de análise prevalece para outras formas de arte. Citem-se, como exemplo, as telas de Picasso, os romances de Virginia Woolf ou as danças de Martha Graham. Em cada caso, estamos diante de um artista com uma visão distinta do mundo; e adiciona-se-lhe um conjunto de técnicas — gráficas no caso de Picasso, lingüísticas no caso de Woolf, coreográficas no caso de Graham — que permitem ao artista transpor essa visão para a realidade. Além disso, nos casos citados, a visão era suficientemente original para transformar, de fato, as práticas de sucessivas gerações de artistas.

Note-se, uma vez mais, que tanto os artistas quanto os seus seguidores não precisaram de uma "linguagem" ou "metalinguagem" explícita para caracterizar suas atividades; bastou que fizessem bem seu trabalho. Mas se pretendemos comunicar os efeitos que esses artistas obtiveram, e os recursos em que para tanto se apoiaram, nós (e este plural inclui, em definitivo, os professores) devemos recorrer à linguagem do crítico ou filósofo da forma de arte pertinente.

Seria maravilhoso se cada indivíduo, durante o seu processo de crescimento, tivesse alguma oportunidade para criar numa das formas de arte. Não existe substituto para pintar um retrato ou uma natureza-morta, compor uma canção ou um soneto, coreografar e interpretar uma dança. A educação, no início da vida, devia fornecer tais oportunidades para "pensar e executar usando um meio de expressão artística".

À medida que, passada a adolescência, vão ficando mais maduros, é igualmente importante para os futuros cidadãos terem acesso às mais notáveis obras criadas por artistas. Essas "obras-mestras" transmitem as idéias e sentimentos de diferentes épocas e lugares, expressam uma gama de emoções e consubstanciam um sentimento de beleza e harmonia que enriquece as experiências de todos quantos podem apreciá-las. Com efeito, nosso sentimento de beleza e bom gosto provém principalmente daquelas obras de arte de que nós (como uma cultura através dos séculos) nos apropriamos. E os vocabulários e conceitos criados por estudiosos das artes permitem que estudantes e professores participem de seus entendimentos — e de suas por vezes idiossincrásicas preferências — de um modo explícito. Nesse sentido, essas "linguagens da arte" desempenham um papel que é mais ou menos análogo ao da matemática no domínio das ciências.

Devo sublinhar que as obras de arte são quintessencialmente individuais — cada uma delas é diferente de todas as outras. Não se pode esperar penetrar numa obra, muito menos entendê-la, se não forem envolvidos os materiais usados nessa obra. E assim, para sermos concretos, não podemos começar a apreciar o trio de Mozart a menos que levemos em conta os personagens, acontecimentos, melodias, harmonias e orquestração dessa invenção de Mozart-Da Ponte. É também no concreto que a ciência começa; entretanto, no caso das ciências, temos sempre a visão voltada para o padrão geral, para o conjunto de regras que se aplicam a todos os tentilhões, a todos os animais, a toda a matéria viva. Essa distinção entre obra individual, por um lado, e princípio científico, por outro, constitui o mais profundo abismo que reside entre ciência e matemática, por um lado, e humanidades, por outro.

O Relato do Historiador

O historiador começa com um evento — um cenário e um certo número de participantes. Em raros casos, o historiador estava presente como observador ou escrivão; por vezes, o historiador tem acesso a depoimentos por testemunhas oculares; mas, na grande maioria das vezes, o historiador tem que lidar com documentos — fontes primárias (como no caso de cartas, diários, atas de reuniões) ou fontes secundárias (outros relatos escritos por participantes, jornalistas ou historiadores anteriores). Recentemente, o relato escrito foi também complementado — e valorizado — pelo filme e pelo vídeo; sem dúvida, será igualmente enriquecido por gravações eletrônicas e até pelos métodos de identificação através do DNA.

Baseado nessas fontes de dados, o historiador cria um relato do que aconteceu — e, na maioria dos casos, aventura-se para além de uma pura narrativa a fim de oferecer explicações dos motivos por que acontecimentos ocorreram do modo que ocorreram. De fato, muitos diriam que, como o cientista, o *scholar* só penetra na disciplina da história quando ultrapassa o "puro registro dos dados" e converte-se num intérprete de eventos.

As decisões que criaram o Holocausto colocam essas questões em vivo destaque. Somente pessoas ingênuas ou malévolas que ignoram os fatos evidentes põem em dúvida se o Holocausto existiu; os relatos e depoimentos dos que sobreviveram aos campos de extermínio, os arquivos mantidos pelos próprios nazistas, o testemunho no pós-guerra de certos líderes nazistas, as sombrias e chocantes fotos dos campos, com suas câmaras de gás e suas pilhas de dentes de ouro, óculos e sapatos enlameados tomados às vítimas, convencem todos os indivíduos racionais de que o extermínio em massa de milhões de judeus — assim como de outros grupos — teve lugar nos campos de morte.

Mas determinar quando e como se chegou à "Solução Final" continua sendo um dilema do historiador. De um modo análogo ao desafio enfrentado por outros *scholars*, o historiador deve recorrer a duas considerações contrastantes. Por um lado, há as provas documentais: que ordens foram dadas, por quem, o que foi dito em Wannsee e em outros locais, e como mensagens veladas eram claramente entendidas pelos executores de plantão.

Por outro lado, existem diferentes linhas de interpretação do comportamento humano. Os "intencionalistas" vêem o Holocausto como uma conseqüência direta da resolução de Hitler de livrar a Europa de judeus, de acordo com promessas feitas décadas atrás no *Mein Kampf* (1925). Para os intencionalistas, os nazistas estavam apenas ganhando tempo até surgir um momento auspicioso que lhes permitisse converter as ameaças em atos concretos.

Os "funcionalistas" vêem em ação um processo menos racional, mais caótico. Do ponto de vista desses estudiosos, a liderança nazista estava empenhada em encontrar um modo de remover os judeus da sociedade européia. O Plano Madagascar ou a Reserva de Lublin poderia ter funcionado, caso em que a frase "Solução Final" poderia ser agora aplicada a esses estratagemas. Porém, nenhuma dessas alternativas provou ser prática. Ao mesmo tempo, os nazistas viram que suas unidades de comando eram capazes de massacrar grande número de judeus sem indevidos efeitos secundários. Durante o exame das várias formas para tornar esse processo mais eficiente e distanciar os alemães da necessidade de apertar o gatilho e ocultar os cadáveres, foi gradualmente avolumando-se a idéia dos "campos de morte". Uma vez apresentada a idéia, ela ainda tinha que ser experimentada; se tivesse provado que era demasiado difícil de controlar, outras "soluções finais" seriam então consideradas.

Em alguns aspectos, os métodos usados por historiadores assemelham-se aos adotados por outros cientistas sociais, como psicólogos, economistas ou sociólogos. Em cada uma dessas atividades disciplinares, o analista começa com um intrigante exemplo de comportamento humano mas depois avança para uma explicação mais geral do fenômeno — por exemplo, em termos das intenções explícitas de uma certa classe de pessoas ou em função de princípios mais gerais de comportamento de grupo. Mas os historiadores também são humanistas e têm igualmente certas características em comum com o crítico de arte. O evento histórico é único e, assim, deve também ser explicado em seus próprios termos. Além disso, porque os eventos históricos são sem precedentes e não-replicáveis, as explicações propostas não podem ser testadas no laboratório científico. Os "modelos" discernidos por historiadores podem ser sugestivos, na melhor das hipóteses; as narrativas retêm sua singularidade.

Quase todos os seres humanos são curiosos a respeito de suas origens e de seu destino; e, nesse sentido, o estudo de "nossa história" requer pouca justificação. Contudo, uma apreciação da disciplina da história transcende a curiosidade pessoal. Só quando os estudantes adquirem uma nítida percepção das contribuições concorrentes de que a história se nutre e dos modos conflitantes de atribuir aos textos e outras formas de documentação uma certa lógica é que eles começam a entender que a história não é um dado: qualquer relato histórico deve ser construído e aqueles que realizam a construção ajudam a definir a nós mesmos, aos nossos aliados, aos nossos inimigos e às nossas opções (inclusive as nossas escolhas morais). O pensamento disciplinado do historiador é crucial se os indivíduos pretendem aduzir suas próprias inferências a respeito do que aconteceu num dado evento, decidir que analogias históricas são apropriadas e quais não o são, expressar opiniões e dar seu voto sobre questões importantes, em função de critérios racionais e não de puro capricho.

A iniciativa de investigar e escrever história elucida questões sobre verdade e bondade. Estabelecer com tanto rigor quanto possível o que aconteceu num dado lugar, num dado momento, representa um esforço para atingir a verdade; os historiadores nunca se cansam de citar a proclamação de Leopold von Ranke de que a responsabilidade do historiador consiste em descrever o passado "tal como realmente aconteceu". Ao mesmo tempo, entretanto, os relatos históricos oferecem perenes oportunidades para considerar opções morais e formular juízos morais: Colombo foi um herói ou um vilão? Os Estados Unidos deviam ter bombardeado Hiroxima? Que lado provocou realmente os "Canhões de Agosto" em 1914 e foram justificáveis suas ações? Julgar as ações dos nazistas na Segunda Guerra Mundial não é um ato histórico — é um ato de avaliação moral. E, no entanto, na ausência de dados históricos bem informados, tais julgamentos recebem merecidamente escassa atenção.

No "*Shopping*" das Disciplinas

Mesmo aqueles de nós que não são especialistas nas respectivas disciplinas podem apreciar os diferentes propósitos básicos do cientista, do matemático, do artista e do historiador. Contrastamos os dados coligidos sistematicamente pelo cientista; as regularidades de modelos abstratos que intrigam o matemático; os pensamentos e sentimentos imaginativos que inspiram o artista; a linguagem refletida do crítico; a luta do historiador para chegar a entender que documentos são importantes e como avaliar os motivos humanos e as forças "extra-humanas" que atuam num determinado conjunto de personagens num determinado momento histórico.

Os jovens enfrentam uma formidável tarefa. As questões que eles próprios se propõem, ou são propostas por um professor cativante, ou texto, ou vídeo, são genuínas. Entretanto, os estudantes nada sabem acerca das disciplinas, nem estão em posição de reconhecer a utilidade delas (embora possam sentir-se intimidados por seu rigor). Além disso, carecem os estudantes das intuições rudimentares desenvolvidas pela maioria dos adultos numa sociedade que rende suas homenagens às disciplinas eruditas e práticas.

É fácil para os estudantes (e professores e pais) mostrarem-se confusos a respeito das disciplinas. Com freqüência, elas são vistas simplesmente como "matérias" de cursos que têm de ser freqüentados, com textos e professores distintos, a fim de obter aprovação em certas exigências. Na medida em que as disciplinas são simplesmente apresentadas como conjuntos de fatos, conceitos ou mesmo teorias a serem confiadas à memória, os estudantes podem permanecer na ignorância dos poderes das disciplinas. No fim das contas, os fatos são intrinsecamente neutrais no tocante à disciplina; eles só adquirem suas cores disciplinares quando são reunidos de uma certa maneira e colocados a serviço de uma teoria, estrutura ou seqüência.

Com efeito, as disciplinas não são algo que esteja primordialmente inerente em seu conteúdo específico, nem nos fatos e conceitos que compõem os glossários e índices de manuais e compêndios de padrões nacionais, nem, com grande freqüência, no conteúdo de testes semanais. Pelo contrário, as disciplinas são inerentes nos modos de pensar, desenvolvidos pelos formadores de disciplinas, que permitem a um praticante atribuir um sentido e uma lógica ao mundo através de processos muito específicos e predominantemente não-intuitivos. De fato, uma vez dominadas e internalizadas, as disciplinas *tornam-se* as maneiras — em nossa imagem anterior, as gravuras — com que os especialistas analisam e explicam os fenômenos de seu mundo.

A título de exemplo, consideremos as posturas contrastantes adotadas por três partidários das disciplinas a respeito dos tentilhões de Darwin. O cientista biológico pergunta por que é que os tentilhões de algumas ilhas vizinhas diferem entre si na aparência. Ele pode gostar de tentilhões (ou detestá-los) mas está, na realidade, formulando perguntas de natureza mais genérica: por que variedades de espécies tão intimamente aparentadas (ou, na verdade, *quaisquer* espécies) conseguem sobreviver, e como sua sobrevivência se relaciona com o fato de estarem geograficamente segregadas? O seu objetivo é propor verdades: princípios gerais que regem a evolução das espécies. E embora a biologia evolucionista não seja, de um modo geral, considerada uma ciência de laboratório, ele podia comprovar empiricamente suas teses. Por exemplo, adotando as práticas de E. O. Wilson e Robert MacArthur, podia realmente despir um conjunto de ilhas de todas as espécies, colocar membros de uma dada espécie em cada ilha e apurar o que acontece a essa espécie em ecologias contrastantes no decorrer de muitas gerações.[8]

O artista, por seu lado, quer adquirir sua própria experiência na companhia de tentilhões. Observa os tentilhões tanto quanto possível e talvez examine outras fontes de dados sobre pássaros, ilhas, evolução, a história de Darwin. Seu objetivo, porém, nada tem a ver com explicação ou predição. Ele quer, mais precisamente, utilizar um determinado veículo — poderia ser música, ou dança, ou desenho — para captar certos aspectos do seu próprio encontro com o fenômeno, assim como suas reações imediatas e a longo prazo aos tentilhões. Depois, o público julgará a obra resultante em função de seus próprios critérios, entre os quais a beleza é suscetível de ser um dos mais significativos. Os críticos, por seu lado, indicarão como o artista obteve o seu efeito e que aspectos de sua representação tiveram maior probabilidade de impressionar (ou irritar) o público.

Por fim, o mais provável é que o historiador se concentre no que realmente ocorreu quando Darwin encontrou os tentilhões. E resulta que nesse encontro há mais coisas do que aquelas que os olhos podem enxergar. Para começar, Darwin não teve uma experiência do "ah!" quando viu pela primeira vez os pássaros. Pelo contrário, embora impressionado pela exuberância da espécie em geral, ele fez simplesmente algumas anotações sobre os tentilhões e seguiu em frente. Só meses depois começou a refletir sobre os diferentes tipos de bico em ilhas circunvizinhas; e, finalmente, o seu colega John Gould mostrou-lhe que havia, na realidade, quatro espécies distintas de tentilhões entre as 13 variedades que ele reunira.

Estabelecer "os fatos" acerca dos tentilhões de Darwin resulta ser um exercício não trivial para os historiadores, sobretudo à luz de várias lendas e plausíveis descrições rivais. Entretanto, desafios ainda mais difíceis são propostos pela pergunta: em que medida foi importante o papel desempenhado pelos tentilhões, de imediato e finalmente, no desenvolvimento por Darwin da teoria da evolução? Aliás, foram realmente necessários? Esta pergunta incita o historiador de ciência a considerar diferentes modelos de criação: inspirador, intencional, acidental, superdeterminado. E depois, o historiador deve organizar argumentos para justificar qual dos modelos potenciais se ajusta melhor ao que aconteceu no caso dos tentilhões de Darwin. Se a mesma explicação poderia aplicar-se a outros casos de descoberta científica é uma questão estritamente empírica. De toda a maneira, um modelo prognóstico de criação científica parece estar fora da alçada do historiador — a menos que ele tenha vontade de criar uma nova disciplina na área da ciência social.

Os tentilhões de Darwin podem parecer distantes das questões de moralidade — especialmente em contraste com as questões que gravitam em torno do Holocausto. Entretanto, Darwin não teria sentido tal distanciamento. Ele hesitou em revelar publicamente suas descobertas porque elas contrariavam frontalmente o sistema de valores religiosos de sua sociedade... e de sua própria família. Ainda hoje, poucas questões científicas geram tanto tumulto moral quanto a teoria da evolução. Embora o historiador possa não dispor de ferramentas especiais para produzir juízos morais, seus relatos são ingredientes indispensáveis em qualquer avaliação por moralistas profissionais ou amadores.

Em suma: todas as disciplinas lidam com impressões, observações, "fatos", teorias, modelos, tipos de modelos explicativos. Mas cada disciplina tem suas observações e inferências características; e ainda mais, cada disciplina desenvolveu seus próprios meios, seus próprios "lances", para incutir uma significação a esses "dados" iniciais. A tarefa dos professores das disciplinas é formidável. Como, de um modo que seja compreensível, pode alguém transmitir aos estudantes que o mundo, tal como eles o conhecem, é na realidade uma coleção de mundos? Assim como o sapateiro e o cirurgião percebem "o homem comum" sob luzes muito diferentes, também o cientista, o artista e o historiador trazem suas próprias lentes e instrumentação para as experiências quotidianas e para os fenômenos que alicerçam seu trabalho.

Talvez a educação não possa munir cada estudante com um jogo completo de lentes; com efeito, estamos condenados ao fracasso se pretendermos converter cada jovem num historiador, biólogo ou compositor de música erudita. O nosso objetivo não deve ser encaixar umas nas outras todas as disciplinas lecionadas ao longo do curso de graduação mas, antes, dar aos estudantes acesso ao "âmago intelectual" ou à "alma experiencial" de uma disciplina. A educação é bem-sucedida se fornece aos estudantes uma noção de como o mundo se apresenta a indivíduos que estão munidos com pares de óculos muito diferentes.

Das idéias que são formadas intuitivamente e que, com freqüência, são fruto de concepções errôneas, os estudantes precisam avançar para um conjunto mais refinado de conceitos e teorias. No lugar de gravações que não possuem muita lógica para observadores perspicazes, eles devem adquirir um conjunto de novas ferramentas — as das muitas disciplinas essenciais; e devem usar essas ferramentas para construir gravações que sejam mais adequadas. No final do dia, devem estar aptos a ombrear com alguns dos processos de pensamento do cientista, do artista e do historiador — não apenas porque é excitante observá-los mas porque constituem três das mais poderosas maneiras criadas por seres humanos para atribuir um nexo e uma lógica ao nosso mundo.

De igual importância, as disciplinas servem como pontos de ingresso para considerar as questões mais profundas acerca do mundo: questões sobre a verdade, a beleza e a bondade. A evolução diz-nos donde viemos e como chegamos ao ponto de ser o que somos; Mozart mostra-nos a que os seres humanos podem aspirar, como criadores e intérpretes; o Holocausto lembra-nos as ações malignas que membros da nossa espécie são, por vezes, capazes de cometer. Nunca existe um mapeamento unívoco entre as disciplinas, por um lado, e as questões de verdade-beleza-bondade, por outro. Tampouco a vida mental, ou a cartografia da experiência, está claramente definida. Mas as disciplinas servem como as melhores e indispensáveis serviçais quando os seres humanos procuram superar os obstáculos em seu caminho para alcançar esse trio de preciosas virtudes.

Ao formular esta tese, estou correndo riscos. Apresentei as disciplinas como mais consolidadas e mais esquemáticas do que realmente são. Historiadores e cientistas não concordam sobre a melhor forma de descrever o que estão fazendo; há historiadores da ciência, assim como cientistas (os geólogos, por exemplo), que concebem seu trabalho como histórico; e artistas e teóricos da estética vivem, na melhor das hipóteses, em incômoda proximidade mútua. Cada uma dessas disciplinas está evoluindo, e as descrições fornecidas hoje diferem daquelas que foram oferecidas há 50 anos ou serão daqui a 50 anos. No entanto, a menos que interditemos o acesso dos estudantes às disciplinas — uma terrível perspectiva, em meu entender — devemos começar com um modelo que retrate o que cada disciplina é — e foi isso o que procuramos fazer nestas páginas.

Fui altamente seletivo. Com efeito, estive perigosamente perto de sugerir um currículo tão concentrado que perseverasse em um conjunto de tentilhões, um trio de cantores e uma fatídica reunião celebrada há muitas décadas. Mesmo quando passei para conceitos mais gerais — como a evolução e o Holocausto — e para áreas disciplinares gerais — como história ou ciência — mantive sempre esse mesmo enfoque. O leitor poderia perguntar: "Mas por que não geologia ou astronomia, em vez de biologia evolucionista? Por que não dança ou música popular, em vez de forma arcaica de ópera e de uma obra com mais de 200 anos? Por que não uma outra ciência social ou disciplina humanista, e por que focalizar um evento especialmente horrível que afetou o grupo a que, por sinal, você — o autor — pertence?"

De fato. São tantos os temas, conceitos e disciplinas, que se poderia encher um livro das dimensões do presente volume sem fazer mais do que mencioná-los um por um. (É sobre isso que medito quando leio os livros do tipo Hirsch sobre formação cultural, ou vejo as listas de normas de saber desenvolvidas por certos órgãos políticos ou acadêmicos.) Nem que todos vivêssemos até a idade de Matusalém e tivéssemos uma memória caudalosa e um entendimento profundo de todos os tópicos!

Mas não teremos nem temos; e optei por fazer escolhas difíceis. Embora não insista em que as minhas três seleções são as únicas, sugiro que se trata de sérios candidatos. E continuo sugerindo que qualquer educação orientada para o entendimento deve acabar por fazer idênticas escolhas difíceis. Em todo caso, o dado está lançado de novo: e sigo adiante para uma discussão mais concentrada de como as tremendas diferenças entre indivíduos podem, na realidade, servir como aliadas na transmissão de um íngreme e resvaladiço conteúdo intelectual.

Capítulo 8

Um Olhar Mais de Perto

Explorando Três *Icebergs*

Ao explorar substanciosos fenômenos, cumpre enfrentar duas realidades. A primeira — a afortunada, em meu entender — é que esses fenômenos são inexauríveis. Pode-se passar uma vida estudando a evolução, a música de Mozart, o Holocausto, e deixar ainda inúmeras facetas por examinar. A segunda realidade: não existe um modo privilegiado de abordar esses conceitos. Selecionei um determinado trio — um bando de tentilhões, um terceto operístico e a Conferência de Wannsee — mas poderia ter escolhido qualquer número de caminhos alternativos.

Usando uma conhecida metáfora, poderíamos pensar no trio como as pontas de três gigantescos *icebergs*. Cada um deles oferece um método promissor de abordar assuntos de grande amplitude e profundidade. O *iceberg* como um todo engloba facetas díspares: um ponto de ingresso (como tentilhões ou um terceto); um tópico ou tema disciplinar (como a teoria da evolução ou os acontecimentos históricos denominados Holocausto); uma pergunta fundamental (donde vêm as espécies? como se comunica o patético em música?); aspectos de verdade, beleza, moralidade. Poderíamos, repito, dedicar uma vida inteira a temas como esses.

O meu programa é mais modesto. Revisito cada um dos três temas em profundidade colocando-o em contexto apropriado; indicando as questões que ele suscita; sugerindo alguns entendimentos que os estudantes poderiam adquirir quando são dissolvidas suas intuitivas concepções errôneas e idéias falsas. Faço isso tal como poderia trabalhar com um jovem adolescente motivado mas ignorante — e levando em conta o fato de que *todos* nós continuamos a ser, em muitos aspectos, adolescentes ignorantes. Mais adiante, mostro como se poderia instruir uma ampla gama de estudantes acerca desses temas, explorando suas inteligências múltiplas, suas maneiras múltiplas de representar o mundo.

Evolução

A partir do primeiro instante em que os indivíduos começaram a pensar sobre o mundo natural, eles foram impressionados pela grande variedade de plantas, animais e, por certo, seres humanos (incluindo os de diferentes raças). Como existem e proliferam todos esses diferentes grupos? Podem cruzar-se? Por que os animais domésticos são diferentes dos que vivem na natureza? As antigas espécies desaparecem e novas surgem? E se assim é, como acontece?

A mais famosa resposta — a resposta bíblica da "Criação em Seis Dias" — ainda é subscrita pelos fundamentalistas religiosos. Entre os indivíduos de mentalidade vazada em moldes predominantemente científicos, foram várias as teorias da evolução que granjearam popularidade nestes dois ou três últimos séculos. Uma forte pretendente foi a proposição lamarckiana de que os traços adquiridos numa geração, como resultado da experiência de um organismo no mundo, seriam transmitidos a sucessivas gerações. Por exemplo, se o pai era um nadador assíduo e desenvolveu poderosos músculos do dorso, braços e pernas, o mais provável é que seus filhos (e os filhos *destes*, por sua vez) fossem musculosos, o que não ocorreria se o pai tivesse tido uma vida sedentária.

Descendente de uma influente família há muito interessada em evolução, Charles Darwin duvidou de ambas as visões, a bíblica e a lamarckiana. Cresceu ele como criança privilegiada mas não imune a desafios significativos. Sua mãe faleceu quando Darwin era muito jovem; foi um estudante medíocre; sem pressa em ingressar nas profissões convencionais (medicina, o clero) para um homem de sua posição social, não sabia o que fazer de sua vida.

Um naturalista desde o berço, o jovem Darwin sempre estivera interessado em seres vivos e desenvolvera um extenso conhecimento sobre plantas e animais. Tinha paixão pela vida ao ar livre — cavalgar, caçar, colecionar insetos. Quando lhe foi dada, aos 22 anos de idade, a oportunidade de servir como naturalista num navio que se aprestava para dar a volta ao mundo, venceu a resistência de seu pai e apressou-se em aproveitar a ocasião.

Uma viagem programada de dois anos converteu-se numa de cinco, durante os quais Darwin visitou duas vezes a América Latina. Preocupou-se, durante toda a viagem, com a necessidade de coletar espécimes vivos, fósseis de criaturas há muito extintas e informações sobre a ecologia corrente na época e os antigos terrenos geológicos que visitava. Darwin ficou especialmente impressionado por suas experiências numa dúzia de ilhas que constituem o arquipélago Galápagos, 500 milhas ao largo da costa noroeste da América do Sul. Notou a vida luxuriante e variada num pequeno cordão de ilhas formadas por vulcões num passado não muito distante. No clima tropical, fascinaram-no os lagartos gigantes (iguanas), as três espécies de tartarugas, os cágados gigantes (*Testudo nigra*), e toda uma coleção de pingüins, focas e leões-marinhos.

Enquanto excursionava pelo interior das Galápagos, Darwin foi tomando nota de uma vasta gama de aves, incluindo palmípedes como os pelicanos e atobás, pombas e tentilhões. Os pássaros eram tão mansos que se podia virtualmente apanhá-los com a mão. Reuniu 26 espécies de pássaros terrestres, todos aparentemente característicos dessas ilhas.[1] A variedade de tentilhões pareceu-lhe digna de nota, pelo que coletou numerosos espécimes. Alguns alimentavam-se unicamente de sementes e permaneciam no solo; outros viviam em árvores e comiam insetos ou folhas. Os tentilhões tinham bicos compatíveis com sua alimentação — longos e pontudos ou grossos e compactos; essas distinções proporcionaram uma conveniente classificação inicial. Darwin também tomou nota das diferenças entre os tordos-dos-remedos que tinham seu hábitat em diferentes ilhas — "cada variedade é constante em sua própria ilha. Este é um fato paralelo ao que mencionei a respeito dos cágados".[2] No final de sua estada, Darwin começou a refletir sobre o fato de que algumas espécies presentes numa ilha não eram encontradas em nenhuma das outras. Depois, alguns meses mais tarde, em sua viagem de regresso à Inglaterra, ele pensou de um modo mais sistemático acerca da diversa fauna que observara em ilhas tão próximas umas das outras. Em seu caderno de notas, formulou as primeiras questões conjecturais a respeito da evolução: "Quando olho essas ilhas à vista umas das outras, detentoras de uma escassa reserva de animais e habitadas por esses pássaros, de estruturas só ligeiramente diferentes e preenchendo o mesmo espaço na Natureza, devo suspeitar que são apenas variedades... Se porventura existe o mais leve fundamento nessas observações, a zoologia dos Arquipélagos será digna de exame, porquanto semelhantes fatos abalariam a estabilidade das Espécies."[3]

De volta à Inglaterra, Darwin já tinha adquirido uma certa fama. Muitas pessoas souberam de sua viagem e estavam fascinadas com suas observações, as quais circulavam de modo informal e foram finalmente publicadas no *Journal of Researches* e em *The Zoology of the Voyage of HMS Beagle.* O ornitólogo John Gould sublinhou que Darwin e seus colegas a bordo do *Beagle* tinham observado, na realidade, uma coleção completa de tentilhões que jamais haviam sido vistos antes. Além disso, cada um de 13 pássaros representava uma espécie diferente, adaptada ao meio ambiente da ilha em que vivia (ver Figura 1). Gould dividiu os pássaros em quatro subgrupos, com base na estrutura das caudas, forma do corpo e plumagem; como disse Darwin, "o fato mais curioso é a perfeita gradação no tamanho do bico nas diferentes espécies de Geospiza, desde o grande e reforçado bico do pardal-de-bico-grosso (*Geospiza fortis*) até o bico curto e afilado do tentilhão de Darwin (*Camarhyncus parvulus*)".[4]

Como foi que isso aconteceu? Darwin tinha começado a questionar o dogma de seu tempo: que as espécies eram imutáveis, criadas de uma vez para todo o sempre. A evidência apontava precisamente na direção oposta. Em vez de serem fixas, havia intermináveis variedades em cada

Figura 1: Representação de artistas de várias espécies de tentilhões.[5]

espécie, cada uma delas adaptada, segundo parecia, ao nicho onde habitava. Talvez fossem todas oriundas, originalmente, de um ancestral comum, mas cada uma diversificara-se numa espécie diferente, de acordo com a ecologia específica de uma determinada ilha.

As ilhas serviram como uma espécie de laboratório. Cada ilha estava suficientemente isolada para que as espécies — e sobretudo as aves terrestres — pudessem permanecer confortavelmente nela. Era possível examinar a incidência de cada espécie de animal numa ilha, sua semelhança com as variedades (ou espécies estreitamente aparentadas) nas ilhas vizinhas, e também com espécies afins em regiões distantes do mundo.

Como pensador biológico, Darwin defrontou-se com essas várias pistas e indícios, conduzindo diversos tipos de experimentos que tinha em mente. Foi fortemente influenciado pela obra de seu mentor, Charles Lyell, que ponderara questões semelhantes com referência a mudanças geológicas ao longo de milênios. Darwin começou a manter uma nova coleção de cadernos de notas organizados e classificados por letras, nos quais tentou colocar suas observações numa estrutura teórica mais ampla. O mais importante para o seu projeto foi o caderno B, no qual se ocupa da evolução ou "transmutação" das espécies.

Como é sobejamente sabido, a mente de Darwin foi muito influenciada por sua releitura do clássico de Malthus, *Ensaio sobre o princípio de população.* Sublinhou Malthus que sempre que havia um excesso de seres humanos para uma dada porção de terra, alimento e outros recursos, ocorria uma luta com vistas à sobrevivência — cabendo a vitória aos mais aptos. Darwin considerou essa situação semelhante às variações que observava dentro de uma espécie e de uma espécie para outras. Os indivíduos mais fortes, aqueles que estavam mais bem adaptados ao meio ambiente onde se encontravam, sobreviveriam, prosperando e reproduzindo-se com abundância. Aqueles que fossem menos bem-sucedidos ao enfrentar o meio ambiente tinham como alternativas encontrar um novo lar, que lhes oferecesse menos competição ou melhor adaptação, ou perder na luta inexorável pela sobrevivência para aquelas variedades que eram mais aptas. Escreveu Darwin em seu caderno de notas:

Pode-se dizer que existe uma força como a de 100 mil cunhas para forçar a introdução nos vazios da economia da natureza de toda espécie de estruturas adaptadas ou, melhor dizendo, formando vazios a serem ocupados pelos mais aptos, em conseqüência da exclusão dos mais fracos. O resultado final de todas essas "operações de cunha" deve ser a escolha da estrutura adequada e sua adaptação à mudança.[6]

Em fins da década de 1830, Darwin já havia reunido os principais componentes de sua teoria da evolução em seus cadernos de notas e expusera-os, a título de balão de ensaio, a um grupo de amigos íntimos. Mas hesitava consideravelmente em promulgar essa teoria, a qual desafiava as ortodoxias da época, as suas próprias crenças criacionistas anteriores e a ainda robusta fé religiosa de sua esposa Emma. E assim, em vez de torná-lo público, Darwin optou por divulgar algumas insinuações a respeito de seu pensamento corrente. Na edição de 1845 do seu *Diário*, escreveu:

> Considerando as pequenas dimensões das ilhas, mais atônitos ficamos diante do número de seus seres aborígines e de seu confinado raio de ação (...) ao ver essa gradação e diversidade de estruturas num pequeno e intimamente aparentado grupo de pássaros, poder-se-ia realmente imaginar que, a partir de uma original escassez de pássaros neste arquipélago, uma espécie tenha sido aproveitada e modificada para servir a diferentes fins (...) no tempo e no espaço, parecemos estar ficando algo mais próximos da explicação do grande fato — esse mistério dos mistérios — que é o primeiro aparecimento de novos seres nesta Terra.[7]

Durante quase duas décadas, Darwin aludiu ao importante estudo em que estava envolvido mas nunca resolveu totalmente como levar suas conclusões à atenção dos públicos científico e leigo. Durante esse período, ocupou-se de todas as possíveis objeções suscitadas em seu próprio espírito, através de uma rigorosa argumentação e da coleta de novos dados, para o que contou com a colaboração de colegas em muitos países.

Sua obsessão e procrastinação foram abruptamente sustadas, graças à divulgação de notícias de que o seu colega naturalista Alfred Wallace chegara a conclusões semelhantes sobre seleção natural. Para reivindicar agora qualquer paternidade científica, Darwin não tinha outra alternativa senão tornar imediatamente pública sua controvertida teoria. Assim fez, primeiro numa apresentação conjunta com Wallace à *Royal Society* em 1858 e, pouco depois, no seu hoje clássico livro *A Origem das Espécies*, editado no ano seguinte.

A essência da teoria pode ser facilmente enunciada. Os organismos individuais têm um objetivo principal (embora inconsciente): a sobrevivência até que possam reproduzir-se. Se não sobreviverem até a reprodução, não terão sucessores e sua linha de parentesco extinguir-se-á. Por causa dos limites de recursos e espaço, nem todos os organismos sobreviverão; existe, de fato, uma luta perene e desenfreada pela existência que identificará os "mais aptos".

Nem todos os membros de uma espécie ou grupo são idênticos. Por razões que Darwin não entendeu — porque lhe faltava uma teoria da herança genética — os membros de uma espécie variam ligeiramente entre si de uma forma imprevisível. Algumas dessas variações provarão estar mais bem adaptadas ao seu meio ambiente, com suas influências predatórias e protetoras específicas, por exemplo. Dadas as limitações de espaço e recursos, esses organismos afortunados vão certamente sobreviver até a reprodução, e sua progênie (tendo recebido mais propriedades atraentes do que os filhos de outros membros da espécie) também tem maiores probabilidades de sobreviver.

Como resultado da repetição desses processos durante muitas gerações sucessivas, mudará a configuração dos indivíduos e das espécies numa determinada região. Certos grupos prosperarão, enquanto outros soçobrarão em tempos difíceis. Quando as características de dois grupos divergem o suficiente para que eles não possam mais reproduzir-se um com o outro, então teremos, com efeito, uma nova espécie. E quando uma nova espécie deixa de ser adequada ao seu meio ambiente, deve migrar ou correr o risco de extinção.

Este esboço representa apenas a "ponta do *iceberg*" da teoria de Darwin, a qual sofreu modificações no século e meio subseqüente. Sabemos agora, por exemplo, os meios através dos quais os traços são herdados; a teoria da herança genética, proposta pela primeira vez por Gregor Mendel, fornece-nos os princípios gerais, e a estrutura e réplica do DNA descrevem o mecanismo. Muitos falam agora a respeito de uma luta que é travada mais entre genes do que entre os organismos que alojam os genes. Beneficiamo-nos da "síntese neodarwinista", a qual engloba estudos genéticos de herança de traços e biologia evolucionista.

Também conhecemos um muito maior número de detalhes sobre os vários temas e motivos na obra de Darwin. Por exemplo, no começo deste século, David Lack voltou a visitar as Galápagos e obteve informações mais precisas sobre os celebrados tentilhões de Darwin.[8] Sabe-se hoje que todos os tentilhões evoluíram a partir de um ancestral comum; que se distribuíram pelas várias ilhas de acordo com um padrão específico, por causa de certas forças geológicas e fatores geográficos; que as diferenças no tamanho do bico se relacionam com um nicho alimentar específico da espécie (para comer insetos ou extrair presas de fendas nas rochas ou comer cactos); que o tamanho do bico de uma espécie é mais uniforme quando existem muitas espécies de tentilhões, mais variável quando há menos espécies; que as freqüentes estiagens podem estimular o surgimento de novas espécies. O trabalho sobre a evolução, iniciado na Era Moderna por Darwin, prossegue com rapidez.

É uma teoria revolucionária, que para muitos é difícil de aceitar porque indica que o ser humano se desenvolveu a partir de formas animais inferiores, as mais recentes das quais são os mais antigos primatas; difícil também porque afirma não ser a evolução presidida por nenhuma autoridade superior. Ocorrem simplesmente mudanças aleatórias, algumas das quais provam ser mais adaptativas do que outras.

É também uma teoria estimulante. Darwin concluiu seu tratado com as seguintes palavras:

> É interessante contemplar uma emaranhada ribanceira recoberta de muitas plantas de várias espécies, com pássaros que cantam

nos arbustos, com diferentes insetos que revoluteiam e com vermes que rastejam na terra úmida, e refletir que essas formas, primorosamente construídas, tão diferentes entre si, e que dependem umas das outras de modos tão complexos, foram produzidas por leis que atuam à nossa volta. (...) Assim, a coisa mais elevada que somos capazes de conceber, ou seja, a produção dos animais superiores, resulta diretamente da guerra da natureza, da fome e da morte. Há grandeza nessa concepção da vida (...) a partir de um princípio tão simples, desenvolveu-se e continua a desenvolver-se uma infinidade das mais belas e maravilhosas formas.[9]

De um modo geral, as principais asserções de Darwin sobreviveram de forma surpreendente. Desenrolam-se vigorosos debates, nos dias de hoje, sobre se a evolução é um processo tão gradual quanto Darwin acreditava ser; é possível que ocorram períodos de evolução muito mais rápidos, reunidos sob a designação de "equilíbrio interrupto". Surgem regularmente constatações que introduzem pequenas diferenças e matizes no nosso entendimento do curso real da evolução: por que desapareceram subitamente os dinossauros; a relação entre aves e dinossauros; a surpreendente sobrevivência de algumas espécies de antigas eras geológicas; questões sobre as verdadeiras origens da vida, há muitos bilhões de anos. Assim como Darwin nunca decidiu em definitivo onde termina uma variedade e começa uma espécie, os biólogos de populações ainda se esforçam por estabelecer a definição de espécie e a importância relativa dos genes, do organismo individual e da população da espécie como um todo.

Nem todas essas descobertas se relacionam diretamente com a evolução darwinista; e nem cada uma delas requer a teoria evolucionista a fim de ser investigada. Entretanto, a linha de pensamento criada por Darwin constitui uma ferramenta necessária caso se queira pensar de modo sistemático e pertinente sobre questões relacionadas com a vida de plantas e animais, bem como sobre a possibilidade de novas formas de vida artificial. É por essa razão que acredito que um currículo podia muito bem ser construído em torno da evolução darwinista. É um assunto que abre as portas para a panóplia de questões biológicas e, na sua ausência, são grandes as chances de que muitas questões sejam interpretadas de modo totalmente errado.

Para que os indivíduos aprofundem seu entendimento da evolução, eles precisam levar em conta suas próprias concepções prévias a respeito da existência e proliferação das espécies. Em nosso tempo, essas concepções resultam provavelmente de um amálgama de intuições precoces, explicações religiosas e conhecimento parcial de várias reivindicações científicas (especialmente a noção de seres humanos como símios eretos com pouco pêlo). A menos que os indivíduos passem a ter um melhor entendimento dos processos evolutivos, eles são passíveis de nutrir pontos de vista sobre o mundo natural que carecem inteiramente de base. Uma vez dominados os fundamentos da evolução (e do modo evolucionista de pensar), os indivíduos têm acesso a um conjunto de verdades acerca do mundo natural.

A Música de Mozart

Mozart foi um dos mais talentosos artistas de todos os tempos. Como um jovem prodígio, em meados do século XVIII percorreu a Europa, realizando assombrosos feitos ao piano e com outros instrumentos. Começou a compor quando não tinha mais que quatro ou cinco anos de idade; as obras maduras datam de sua adolescência; à época de sua morte prematura, aos 35 anos, tornara-se um dos mais prolíficos compositores de todos os tempos — o famoso catálogo Köchel enumera 626 obras, incluindo várias dúzias de óperas, oratórios, sinfonias e concertos.

Mozart não era propenso a tornar-se um revolucionário musical ou político; ele vivia simplesmente para fazer música. Nenhuma de suas obras é mais amada do que *As Bodas de Fígaro*, a qual satiriza as relações amorosas entre a nobreza e os servos. Embora seja uma comédia, a peça de Beaumarchais em que a ópera se baseou aborda questões fundamentais sobre os limites e prerrogativas das classes sociais, e os direitos dos seres humanos, independentemente de sua classe, de decidirem sobre seus próprios destinos. Embora a peça fosse muito popular entre o grande público, ela foi banida em muitos lugares por causa do caráter subversivo de seus temas políticos e sociais. Diz-se que Napoleão teria comentado que a Revolução Francesa começara nas páginas de *Le Mariage de Figaro.*

Atraído por esse texto, Mozart trabalhou com Lorenzo Da Ponte para criar uma ópera em quatro atos do mesmo nome [italianizado, *Le Nozze di Figaro*]. Não querendo arriscar-se a ter a obra censurada, os artistas retiraram a maior parte dos versos e retratos politicamente sensíveis. Tendo estreado em Viena, em 1786, com críticas diversas e uma carreira surpreendentemente breve, o *Fígaro* operístico tinha-se convertido em peça obrigatória do repertório dentro de uma geração e foi levado à cena inúmeras vezes em todo o mundo nos últimos dois séculos.

As obras de arte pedem muitas formas de entendimento, as quais ocorrem em diferentes níveis de refinamento. Há o entendimento do enredo, incluindo a escolha de palavras, a seqüência narrativa e os personagens, com suas respectivas ações e motivações. (Este entendimento assemelha-se ao que é necessário para dominar qualquer texto.) Há o entendimento da obra, como criação política e social, o qual gerou reações ao tempo e em épocas ulteriores. (Este entendimento assemelha-se ao necessário para entender qualquer obra de arte que apresente temas controvertidos.) E há o entendimento que é exclusivo do gênero: entender a música — como foi construída, que efeitos produz, como e por que esses efeitos são elaborados. No que se segue, a maioria dos meus exemplos de entendimento referir-se-á à apreciação dos ouvintes (e espectadores) da partitura e do desempenho de *As Bodas de Fígaro.* E, como meu "texto" particular, escolhi um terceto de quatro minutos que tem lugar perto do final do 1º Ato.

Como assinalei antes, o terceto apresenta o conde Almaviva (barítono), um poderoso nobre, que quer seduzir Susanna, a jovem e bonita camareira de sua esposa; Susanna (soprano), que não está interessada em envolver-se com o conde e aguarda ansiosamente o dia de seu iminente casamento com Fígaro; e Basilio (tenor), professor de música de Susanna e da condessa. Talvez o personagem menos atraente na ópera, Basilio gostaria de conseguir Susanna para o conde e ser recompensado por isso. Mas ele é, sobretudo, um untuoso velhaco que se delicia com as situações de apuro dos outros.

Presente no palco mas não participando no terceto está Cherubino (soprano). Como seu nome sugere, Cherubino é um adorável pajem de 13 anos, apaixonado por todas as mulheres, incluindo a condessa e Susanna. Cherubino estava visitando Susanna quando o conde se aproxima; Susanna faz-lhe sinal para que se esconda numa poltrona e cobre-o com um vestido (ou, em algumas versões, com uma cortina).

No terceto, a que dei o nome de "Trio de Programas Conflitantes", cada um dos protagonistas procura manter um relacionamento adequado com as outras duas pessoas, ao mesmo tempo que promove seus objetivos específicos. Assim, Almaviva expressa sua ira contra o lascivo pajem Cherubino mas, na realidade, está fazendo a corte a Susanna e tentando evitar o casamento dela com Fígaro; Susanna finge desmaiar mas, na realidade, tenta ocultar Cherubino e empurrar Almaviva e Basilio para fora de seus aposentos, a fim de poder casar com Fígaro e prosseguir com sua vida; e Basilio pede perdão por ter chegado no momento errado e interferir no *rendez-vous* mas, na verdade, está deliciado com a perturbação que observa e estimula. O triunfo desse terceto está em comunicar tais programas conflitantes de um modo pujante e espirituoso, ao mesmo tempo em que dá prosseguimento à ação da ópera.

Por uma questão de comodidade, dividi o terceto em nove seções, cada uma com um nome descritivo. Para aqueles que sabem ler partituras, marquei essas seções na partitura reproduzida no final do capítulo.

I. Cenário do Programa (Compassos 1-34): Cada protagonista revela seus objetivos (para si próprio e para o público).

Manifestamente colérico e imperioso como sempre, o conde quer banir Cherubino da superfície da Terra. Não se apercebeu de que Cherubino está escondido nos aposentos e, portanto, ouve cada palavra dita. E também continua implicitamente com seu plano de sedução de Susanna.

Basilio entra e pede desculpas por interromper Susanna e o conde. Na verdade, está encantado por ter cometido essa interrupção, pois adora intrigas.

Susanna quer livrar-se desses intrusos, a fim de preparar-se para a sua boda e manter Cherubino escondido. Ocorre-lhe então um estratagema: mostrar-se-á aterrorizada e simulará um desmaio.

Os homens ficam preocupados (o conde com o banimento de Cherubino, Basilio com as desculpas por sua intrusão); de nada adianta, Susanna protesta repetidas vezes (*Che ruina, me meschina*), numa palpitante figura cromática, que está sentindo-se prestes a desmaiar.

II. Alarme de Susanna (Compassos 35-63): Finalmente, soltando um agudo lá bemol, Susanna atrai a atenção dos homens, que procuram então reanimar a pobre moça (*la poverina*), talvez de um modo excessivamente íntimo. Eles notam que o coração dela bate agitado (*Come, oh Dio, le batte il cor*). O rítmico fundo orquestral de oitavas constantes imita as batidas regulares do coração.

III. Recuperação de Susanna (Compassos 64-69): Susanna agora finge uma súbita recuperação de seu falso desmaio, quando a partitura muda abruptamente para o mais luminoso tom de ré maior. (Sua recuperação coincide com o temor de que possa ser colocada na poltrona onde Cherubino continua escondido). Exprime seu enfado pela intimidade física dos dois homens com ela (*Cosa veggio! Che insolenza*), ergue a voz (e sua fala musical) e implora-lhes que saiam e a deixem só.

IV. Tranqüilizando Susanna (Compassos 70-84): Outra mudança de tom, desta vez de volta a uma estável "meta" de mi bemol. Basilio e o conde insistem em que estavam apenas tentando ajudar e acalmar Susanna; as vozes e o acompanhamento oferecem uma breve e tranqüilizadora canção, cobrindo um confortável intervalo de qualidade serena e relaxante.

V. De Volta ao Pajem (Compassos 85-100): Aproveitando a oportunidade para mudar de assunto e cantando em tom contrito de desculpa, com acompanhamento de oboé, Basilio faz marcha à ré no mexerico que andara espalhando sobre o envolvimento do pajem com a condessa (*are solo un mio sospetto*). Num tom admonitório, Susanna adverte-o para que não continue a espalhar boatos maliciosos.

VI. Banir o Pajem (Compassos 101-115): Com gestos rápidos do pulso, como se estivesse varrendo para longe algo que o importunava, o conde insiste em que o pajem deve ser banido da corte. Os três protagonistas referem-se ao pajem como *"poverino"* (pobre rapaz), em breves duetos, assim como em passagens antifônicas. Mas repetem esse diminutivo com conotações decididamente diferentes: Susanna com sincera pena, o conde com ironia, e Basilio (caracteristicamente) jogando com um pau de dois bicos.

VII. O que Fez Cherubino? (Compassos 116-136): Num jogo de tons escalares em crescendo, Susanna e Basilio pedem detalhes sobre Cherubino: "O que foi que ele fez? Como assim?" (*Come? Che?*). O conde apresenta então um recitativo de alguma duração, no qual relata o modo como descobriu Cherubino na companhia de uma jovem criada, Barbarina. Cherubino escondera-se e o conde, cheio de prosápia e autoconfiança, conta como tinha puxado vagarosamente a toalha de cima de uma mesa e descoberto o pajem!

No que é provavelmente, num sentido visual, a cena mais memorável de toda a ópera, o conde vai baixando cada vez mais o braço, ao mesmo tempo que baixa também a voz, pouco a pouco, para uma oitava completa, até...

VIII. A Revelação (Compassos 137-139): Em meio à tensão crescente nas cordas e nos instrumentos de sopro, o conde exemplifica como procedeu e, erguendo o vestido jogado sobre a poltrona, acaba descobrindo o pajem no quarto de Susanna (*Ah! Cosa veggio!*). A orquestra entra num demorado lá, suficientemente longo para permitir ao público apreciar a chocante descoberta e rir com gosto.

IX. Três Mesas Viradas (Compassos 140-221): Nesta conclusão para o terceto, com a duração de um minuto, em passagens cantadas simultaneamente, Susanna, o conde e Basilio revelam seus pensamentos mais íntimos para si mesmos e para o público, em vez de, presume-se, os revelarem mutuamente. Retornam os temas da seção de abertura do terceto, em citação direta e em forma invertida, assim proporcionando para esta peça um final com características de sonata.

O conde: Susanna não é tão inocente quanto parece ("*Or Capisco come va!*" Agora entendo seu modo de agir). Ironicamente, ele tacha a jovem de "*onestissima signora*".

Susanna: "As coisas não podiam ter corrido pior" ("*Che mai sarà!*" "O que mais me espera?").

Basilio: "Isto está ficando cada vez melhor" ("*Così fan tutte le belle*" Isso é o que todas as belas [mulheres] fazem o tempo todo).

Quando ouvido pela primeira vez, este terceto pode parecer confuso e desconcertante, até para um experimentado ouvinte de música erudita; e desnorteará claramente um jovem (ou um ancião) que não tenha familiaridade alguma com a ópera (e tenha, talvez, uma certa antipatia em relação a ela). (Recorde-se a confusão inicial de Darwin quando se deparou com a profusão de pássaros nas ilhas Galápagos.) Entretanto, porque o próprio enredo é compreensível, apesar de complicado, pode-se comunicar facilmente a principal ação do terceto, como procurei fazer. Em tempos idos, teria sido difícil assistir a essa cena numerosas vezes, porque não existia um meio de gravá-la. (Somente aqueles que podiam debruçar-se atentamente sobre a partitura e ouvi-la ou tocá-la estavam em condições de dominá-la.) Hoje, é claro, pode-se obter o *videotape* de uma récita, escutar o terceto e ver a cena quantas vezes se queira.

Um método promissor para se chegar a entender o terceto consiste em escutá-lo muitas vezes. Por vezes, seria conveniente ouvir somente a música. Se não for cantada numa língua que conhecemos, também é útil ler-se uma tradução do libreto. Essa imersão permite adquirir familiaridade intuitiva com as principais melodias, a orquestração, as mudanças de tom e ritmo, o que os cantores estão dizendo, as vezes em que se dirigem uns aos outros e as vezes em que se entregam a um solilóquio, e os pontos de clímax e de repouso. Quando se dispõe de *videotape* ou de CD-ROM, pode-se observar também a ação.

Outras vezes, deve-se escutar com maior concentração: ler uma partitura, se for possível, ou na companhia de alguém que nos possa chamar a atenção para as seções mais importantes, como eu fiz. Daí a pouco tempo, deve-se ter suficiente familiaridade com o terceto para que se saiba, aproximadamente, o que está sendo cantado, por quem e para que efeito. Com o emprego do nosso vocabulário cognitivo, deve-se desenvolver uma "representação mental" razoavelmente compreensiva da ação e dos principais eventos lingüísticos e musicais nessa peça de quatro minutos.

Nesta altura, a pessoa está pronta para enfrentar um novo desafio: o alinhamento de sua experiência fenomenal da peça com as ferramentas e técnicas concretas usadas por seus criadores. (Num sentido, isso é o complemento do ouvinte para a tarefa do artista de usar o veículo a fim de criar uma rica experiência para o público.) Simplesmente em termos da partitura, Mozart (e Da Ponte) dispõem de muitos componentes diferentes: melodias e harmonias; diferentes tons e claves; andamentos regulares ou variáveis; fraseados; vários instrumentos e agrupamentos instrumentais; as três vozes com seus respectivos registros, modulações e capacidades para cantarem juntas ou separadamente. Depois, adicionam-se os componentes de uma representação teatral; cada um dos protagonistas vestido a caráter, com suas ações e gestos dirigidos uns para os outros e para o público; os cenários; a iluminação; o desempenho dos músicos da orquestra. Evidentemente, uma pessoa tem à sua disposição uma extraordinária série de elementos que figuram na criação e desempenho de uma produção operística... ou, na verdade, de qualquer apresentação artística multimídia.

Poder-se-ia dedicar muitas horas a uma análise desse terceto, isso para não falar do resto da ópera, cuja representação tem pelo menos três horas de duração. Coerente com a minha convicção de que uma análise em profundidade é mais reveladora do que um estudo em extensão, sou favorável ao exame de um determinado fragmento, como o terceto, e de certas passagens da obra. Por exemplo, poderíamos focalizar os "lances" musicais em torno da decisão de Susanna de simular um desmaio, sua dificuldade inicial em atrair a atenção do conde e de Basilio, as técnicas verbais, musicais e gestuais por meio das quais atinge esse objetivo. Um segundo enfoque poderia recair sobre o modo contrastante (notas, tempo e entoação) como os protagonistas cantam a respeito do "pobre rapaz". Os lances musicais e teatrais de quando o conde descobre Cherubino escondido na poltrona de Susanna constituem um terceiro enfoque particularmente divertido e revelador. Em cada caso, os artistas podem comunicar estado de espírito, ação, reação e interação, com agilidade e acuidade, graças à sua capacidade para utilizar de forma apropriada os meios musicais e dramáticos.

Há também as espantosamente rápidas (e sumamente divertidas) mudanças no comportamento dos protagonistas em suas relações mútuas. Susanna começa contrariada, leva a melhor depois que finge desmaiar e recuperar-se, e acaba por ver-se sem armas quando descobrem Cherubino escondido em seus aposentos. Basilio entra com um pedido de desculpa, muda para curiosidade a respeito do destino de Cherubino e depois deleita-se com a confusão que reina à sua volta. E a irritação inicial do conde com os mexericos de Basilio a respeito do promíscuo Cherubino cede lugar a um toque de humanidade quando Susanna desmaia, seu ressentimento reacende-se quando lembra a má conduta de Cherubino com Barbarina e, finalmente, um sentimento consciente de superioridade quando é desmascarado o aparente amante de Susanna. Note-se que cada um dos personagens é retratado mais como um ser humano do que, simplesmente, como um indicador de *status* social; esse tratamento democrático é o aspecto revolucionário de *As Bodas de Fígaro.*

Considerável parcela da realização artística pode ser transmitida sem necessidade de recorrer ao jargão técnico. É assim que deve ser; os artistas não esperam que seu público seja composto de estetas. Entretanto, para fins de ensino, é importante que os estudantes possuam, ou possam adquirir, conhecimento de recursos musicais e de seus nomes. Mesmo que um estudante não possa ler uma partitura, sua capacidade para detectar uma mudança de tom ou na orquestração, ou uma alteração no ritmo ou andamento, é crucial para apreciar a seqüência de eventos e para avaliar um desempenho.

O terceto é a ponta do *iceberg* que é *As Bodas de Fígaro*; ele ocupa apenas alguns minutos de uma obra extensa e complexa. É apenas ouvido em isolamento como parte de um exercício "artificial" como este. Os seus efeitos adquirem uma coloração inteiramente diferente quando percebidos no decorrer de uma apresentação completa da obra. Pode-se pensar no gênio de Mozart e Da Ponte como de natureza holográfica. O terceto não é, de forma alguma, um substituto para a obra; e, no entanto, se o terceto for compreendido como parte da obra toda, pode-se avançar e retroceder entre a "parte" e o "todo". Pode-se "ouvir de trás para diante" — reconhecer que Susanna é inocente no caso de Cherubino — e "ouvir para a frente" — antever que Almaviva acabará sendo frustrado em seus desígnios. Quando se oscila entre o terceto e o resto da obra, é possível apreciar numerosas ressonâncias de caráter, gestos, motivos melódicos e orquestração — num sentido holográfico, o terceto constitui um microcosmo da obra maior.

As relações musicais e dramáticas entre o terceto e os outros solos e tudo que, na obra, é de efeito seguro junto ao público merecem ser exploradas. (Até que ponto é minúsculo o fragmento que apresentei é comunicado pelo fato de que o herói, Fígaro, nem uma vez sequer é mencionado no terceto — embora ele permaneça claramente na mente de todos desde o começo até o fim da obra.) A obra oferece, pelo menos, duas dúzias de outras passagens de extensão e efeito comparáveis que eu poderia ter igualmente focalizado. E cada uma delas sintetiza e soma-se ao conjunto de recursos usados na obra.

A par de *As Bodas de Fígaro*, existem outros *icebergs* de comparáveis dimensões: as óperas *Don Giovanni* e *Così fan Tutte*, ambas fruto da integral colaboração entre Mozart e Da Ponte, a segunda explorando os próprios sentimentos misóginos a que Basilio deu voz no final do terceto. Acrescente-se a isso as obras de outros compositores ou, na verdade, de criadores em outras formas de arte, e começa-se a adquirir uma certa noção do panorama que aguarda o estudante desejoso de entender o domínio das artes.

Embora seja apropriada uma admiração reverente diante desse impressionante panorama, é importante não perder de vista as questões acessíveis. A tarefa de Mozart e Da Ponte era usar a peça de Beaumarchais, executar algumas abreviações, encurtamentos e censuras, e calcular um número manejável de atores e cenas. Tendo decidido apresentar essa interação entre três intérpretes (e um quarto que não fala e um invisível quinto que é um agente primacial da ação), optaram então por criar um terceto musical. A peça resultante reflete milhares de decisões (conscientes e inconscientes) que tomaram, antes de compor e, presumivelmente, depois que tinham uma partitura inicial e os primeiros ensaios da obra. Temos o privilégio ímpar de nos deleitarmos com a obra e depois, colocando-nos no papel de estudantes, procurar obter um vislumbre de seus efeitos. E uma vez que tenhamos elaborado esse exercício, podemos aplicar as técnicas a outras obras de música, de Mozart e outros; e talvez "transferir" também parte da nossa adquirida sensibilidade estética para outras formas de arte.

A teoria da evolução capta uma importante verdade; a música de Mozart apresentou um exemplo de beleza. Nem sempre é possível convencer alguém de uma verdade; e é provavelmente inadequado tentar convencer alguém de que uma obra é bela (embora muitos estudantes tomem convenientemente nota das obras que são amadas por seus professores e outros adultos respeitados). Como diziam os romanos, "*De gustibus non disputandum*"("Gostos não se discutem"). Poder-se-ia acrescentar que nunca se pode explicar totalmente por que alguma coisa é percebida como sendo bela. A tarefa do educador é chamar a atenção para obras que são dignas de estudo e mostrar, em tanto detalhe quanto seja praticável, como foram conseguidos os efeitos conseqüentes. Um sentimento de beleza ora se manifesta antes do entendimento, ora se segue a um estudo detalhado; e, por vezes, os indivíduos podem concluir corretamente que são incapazes de apreciar o que outros consideram ser uma beleza.

Aceito que algumas pessoas não podem reconhecer a beleza de uma obra de música clássica, um pergaminho chinês da dinastia Sung ou o desempenho da forma teatral japonesa Kabuki. Mas, falando sem rodeios, a falta de apreciação carece de significado na ausência de um esforço para entender. O que se deve fazer nas artes é tentar penetrar no mundo da obra e do artista a fim de apreender o que está sendo tentado, familiarizar-se com as ferramentas usadas e tentar "interpretar" seus próprios entendimentos — por exemplo, no caso presente, explicar por que a orquestração difere nas várias seções do terceto, ou descrever as relações entre as melodias no começo e no final do terceto e as encontradas em outras partes da ópera.

Uma vez que a pessoa tenha feito um sincero esforço para entender, pode então retornar justificadamente aos seus juízos intuitivos de beleza, indiferença ou mesmo repulsa. Por certo, todos nós temos preferências. No meu próprio caso, existem muitos artistas cuja obra simplesmente não aprecio, embora me tenha esforçado por penetrar em seus mundos; assim como há artistas a quem passei a amar cada vez mais e outros de quem me desinteressei com o passar dos anos. Regra geral, porém, é que são compensadores os investimentos de tempo para penetrar a fundo nas obras de artistas a quem estimamos. Mesmo que, no final, não nos apaixonemos pela obra, podemos admirar sua feitura e entender por que outros acham a obra fascinante, poderosa, bela.

O Holocausto

Holocausto é o nome atribuído a uma série de horríveis acontecimentos que ocorreram na Alemanha e em países principalmente a leste da Alemanha como parte da Segunda Guerra Mundial. Adolf Hitler, um autodidata incitador de multidões dotado de agudos instintos políticos, aderiu e em pouco tempo se tornou o líder do Partido Nacional Socialista (nazista); Hitler e seu círculo chegaram legalmente ao poder na Alemanha em começos de 1933. O anti-semitismo, um dogma fundamental da ideologia nazista, tinha raízes profundas na cultura alemã (e centro-européia). Também foi instigado pela derrota militar sofrida pela Alemanha na Primeira Guerra Mundial e pelas reparações impostas à nação depois do armistício, um estado de coisas de que os internacionalistas, os comunistas e o povo judeu foram amiúde considerados os culpados — três grupos que eram freqüentemente misturados na psique e na propaganda nazistas.

Quando Hitler chegou ao poder, ainda não era claro (talvez nem para ele e seus sequazes) em que medida pretendia agir com base em seus sentimentos anti-semitas. Hitler foi cauteloso em seus primeiros passos, em parte porque não queria gerar desnecessária oposição ao seu regime, na Alemanha e no estrangeiro. Por exemplo, como Hitler queria ser o anfitrião de uns triunfais Jogos Olímpicos em Berlim no verão de 1936, ele ocultou seus pontos de vista e programas racistas nos meses precedentes.

No entanto, a intenção nazista de privar os judeus de direitos políticos e de outros privilégios tornou-se evidente de meados para finais da década de 1930. Uma série de leis cada vez mais duras empurrou os judeus para fora da corrente principal da sociedade alemã. Muitos judeus abandonaram a Alemanha, e muitos mais tentaram sem êxito escapar ou comprar sua saída do país. Os nazistas montaram campos de concentração que primeiro detiveram, depois torturaram e finalmente assassinaram vários dissidentes políticos, indivíduos cujo comportamento se desviava dos padrões sexuais, físicos e psíquicos promovidos pelo nazismo, e indivíduos cujo crime consistia no seu judaísmo. Na chamada *Kristallnacht* [Noite de Cristal], lojas judaicas e sinagogas foram destruídas, e muitos indivíduos (incluindo parentes meus) foram espancados e pisoteados até a morte, diante dos olhos aterrorizados de suas famílias.

Finalmente, após a eclosão da Segunda Guerra Mundial em setembro de 1939, planos foram gradualmente ajustados para uma Solução Final do problema judaico.* No prazo de nove meses, o regime do III Reich tinha suficiente poder na Europa continental para realizar praticamente qualquer coisa que quisesse. O primeiro passo foi livrar totalmente a Alemanha, de uma forma ou de outra, dos judeus remanescentes; um segundo objetivo foi livrar a Europa, o mais rapidamente possível, de seus judeus.

Em retrospecto, é tentador concluir que o partido nazista sempre favoreceu o extermínio dos judeus. Os líderes (e muitos filiados) estavam simplesmente aguardando uma situação — poder total, quando a opinião pública deixava de ter importância — e um método — como a morte por um gás letal — por meio dos quais seu objetivo fosse cumprido. Com efeito, já no seu livro *Mein Kampf*, Hitler falava da necessidade de eliminar o flagelo judaico — a ameaça primária à pureza ariana. A antipatia para com os judeus foi o prato principal da retórica nazista ao longo da década de 1930; e quanto eclodiu a Segunda Guerra Mundial, Hitler disse explicitamente que estava então apto a cumprir a promessa que já tinha feito — "o aniquilamento da raça judaica na Europa".[10] Em 1940 e 1941, altos funcionários referiam-se à "indubitável iminência da solução final da questão judaica".[11]

Entretanto, essa conclusão de um "Holocausto premeditado" não resiste a um exame minucioso. Como foi mencionado no capítulo anterior, funcionários nazistas consideraram seriamente um certo número de outras

---

* Ao usar esta expressão, não pretendo minimizar a força atuante que esteve envolvida nessas decisões. Os historiadores ainda hoje divergem sobre quem tomou essas decisões e como eram transmitidas a outros.

medidas para "resolver" o problema judaico. Uma medida, que hoje parece absurdamente ridícula (embora menos inconcebível do que o que realmente aconteceu), foi o plano para mudar todos os judeus para a ilha de Madagascar, ao largo da costa oriental da África. Esse plano fracassou por causa da incapacidade da Alemanha para derrotar a Grã-Bretanha e assim dominar os mares. Uma outra medida, a qual começou realmente a ser posta em prática, era transferir os judeus para grandes reservas ou guetos na Europa Oriental, como a cidade de Lublin, na Polônia.

Estas e outras contingências estiveram sendo ativamente consideradas durante o verão de 1941, um período em que a Alemanha andava excitada com o sucesso inicial da campanha para conquistar a União Soviética. Entretanto, um certo número de fatores parece ter amortecido o entusiasmo pelo que pode ser agora considerado "meias medidas" e aumentado na mesma proporção a possibilidade de uma solução que fosse verdadeiramente Final.

Entre os fatores que mudaram o rumo dos acontecimentos na direção do Holocausto estava, em primeiro lugar, o grande número de judeus agora sob domínio alemão — além de alguns milhões que permaneciam na Europa Ocidental, havia agora 5-6 milhões na Europa Oriental, gente demais para "armazenar" num gueto ou reassentar numa ilha distante. As dificuldades em estabelecer um gueto e em controlar as inevitáveis doenças e agitação política também tinham sido subestimadas. Houve, além disso, a fatídica decisão de permitir a poloneses, romenos e outros agentes estrangeiros eliminarem judeus, e a concomitante ordem para os alemães matarem todos os judeus soviéticos que lhes caíssem sob a alçada. Observadores nazistas estavam impressionados com dois fatos até agora indeterminados: não era difícil conseguir estrangeiros ou alemães para matar grande número de judeus; entretanto, era embaraçoso abatê-los a tiro ou deixá-los morrer de fome. Iniciou-se então uma busca por meios de matar que fossem menos chocantes para os carrascos.

Hitler tinha refletido abertamente sobre a questão judaica em janeiro de 1941, e disse que estava "pensando sobre muitas coisas de um modo diferente, que não era exatamente o mais amistoso".[12] Declarou que começaria a "tornar realidade a sua profecia nos próximos meses".

No final desse mês, o subchefe da Gestapo, Reinhard Heydrich, submetera sua proposta para o "projeto de solução final".[13] Em algum momento entre o verão de 1941 e o final desse ano, uma decisão final foi tomada e os acontecimentos ganharam sua forma definitiva.[14] A razão para a construção lingüística passiva não está na recusa em assumir a responsabilidade pelo lançamento do genocídio. Está, antes, no fato de os historiadores não concordarem a respeito, precisamente, de como ou quando e por quem a decisão foi tomada. A maioria pressupõe que a decisão não podia ter sido tomada sem a aprovação explícita de Hitler e seu assecla Heinrich Himmler, o chefe das SS (*Schutzstaffel*, literalmente, força protetora; unidade paramilitar de elite do Partido Nazista com funções de polícia política); e o agente que articulou a solução e organizou os campos de morte foi Reinhard Heydrich. Provavelmente, Hitler deu sua aprovação final no verão de 1941 — uma época em que falou sobre um "novo Jardim do Éden" no Reich. Um importante indicador foi a autorização do marechal Goering a Heydrich, em 31 de julho de 1941, para preparar uma "solução total" (*Gesamtlosung*) da questão judaica na Europa; assim como o fato de que as ordens para eliminar grandes quantidades de judeus estavam virando lugar-comum — incluindo fórmulas como 100 judeus mortos por cada alemão que fosse morto.

Também foi acordado que alguns importantes "experimentos" tinham que ser levados a cabo. Em meados de outubro, tinham deixado a Alemanha os primeiros trens de deportação; mulheres e crianças estavam sendo levadas para acampamentos que tinham sido cinicamente rotulados de "campos de trabalho"; em dezembro, tinham ocorrido em Riga os primeiros massacres de judeus alemães, e as primeiras mortes por gás, usando o produto químico Zyklon B, tinham acontecido nos campos de morte de Chelmno e Belzec, sem significativas repercussões.

O que nos leva à fatídica Conferência de Wannsee. Essa conferência, convocada por Heydrich, foi inicialmente anunciada em novembro e marcada para dezembro de 1941, mas foi adiada até 20 de janeiro de 1942. Estavam presentes os secretários de Estado dos ministérios alemães, os representantes de territórios ocupados e vários outros funcionários. De acordo com um relato, das 14 principais figuras no encontro, oito eram doutoradas pelas principais universidades da Europa Central.[15] A finalidade oficial do encontro era discutir "a Solução Final da questão judaica". Foi servido um almoço.

O nosso conhecimento dessa conferência provém, em grande parte, de um protocolo escrito por Adolf Eichman, chefe da seção da Gestapo de Evacuações e Judeus — e Eichman admitiu mais tarde que tinha usado eufemismos em seu relato. Por causa de documentos anteriores que já haviam sido enviados aos participantes, inclusive muitos virtualmente públicos que tratavam do massacre de judeus por soldados do exército, a discussão prosseguiu como se os presentes já soubessem que tinha sido tomada a decisão de eliminar o povo judeu europeu. Heydrich começou por analisar o plano de Goering para a Solução Final — como lidar com os 11 milhões de judeus europeus então sob domínio nazista. A evacuação de judeus para o leste tinha substituído agora a emigração de judeus da Europa como forma de procedimento geral. O foco do encontro passou então para a logística: que procedimentos deviam ser adotados, quem se encarregaria de fazer o que, em cada um dos territórios ocupados; quem devia ser contado como judeu e quem não devia.

Revelando sua plena consciência da natureza sem precedentes da reunião, os participantes evitaram cuidadosamente as palavras "matança" ou "morticínio". Em vez disso, os oradores referiam-se a "possibilidades de solução", mas essa expressão, reconheceu Eichmann, significava "possibilidades de matança". Heydrich também declarou que, dos judeus recrutados para trabalhar, "o desgaste natural provocará a baixa de um grande número deles".[16] Esta declaração também se referia à morte e pretendia assinalar o contraste com o que acontecia àqueles que não eram vítimas do "desgaste natural" — os que eram mortos nas câmaras de gás. Relatos da conferência foram divulgados onde tinham que ser divulgados e outras conferências subsidiárias se seguiram. No prazo de um mês, as máquinas de morte começaram a operação.

Com alarmante eficiência. Em meados de março de 1942, estava viva a maioria dos judeus europeus. Menos de um ano depois, em meados de fevereiro de 1943, pelo menos 3 milhões de judeus, homens, mulheres e crianças, tinham sido assassinados a sangue frio... metade dos 6 milhões finais de vítimas judias do Holocausto. Tudo isso foi empreendido com o máximo de sigilo possível; como Himmler orgulhosamente disse aos seus lugares-tenentes em outubro de 1943: "Esta é uma página não escrita e que nunca será escrita da nossa história."[17] Depois da guerra, os tribunais instalados pelos aliados vitoriosos concluíram que Hitler tinha ordenado que ninguém fosse informado a respeito dos campos de morte, salvo em casos excepcionais ditados pelas circunstâncias.

Desde o instante em que se tornou conhecida a verdade dos campos de morte, mais ou menos em sua totalidade, seres humanos racionais perguntaram: "Como e por que esses acontecimentos puderam ocorrer?" Como assinalamos antes, os historiadores intencionalistas atribuem o genocídio a planos explícitos a longo prazo, por parte de Hitler e seus mais íntimos asseclas nazistas. Os historiadores funcionalistas (por vezes chamados estruturalistas) estão menos impressionados pela consistência a longo prazo e pelo funcionamento de cadeias diretas de comando a partir do topo da pirâmide. Preferem chamar a atenção para a luta entre facções rivais, no seio da hierarquia nazista, com o propósito de obter a aprovação de Hitler e do seu círculo palaciano; para uma série de decisões *ad hoc* que foram consideradas infelizes ou insuficientes; e para a desesperada arremetida final no rumo de uma decisão que tornaria desnecessárias todas as outras opções.

Qualquer que seja a mais plausível dessas orientações gerais, é igualmente importante para os historiadores reconstituírem o que aconteceu em um nível mais local. Uma vez decidida efetivamente a Solução Final, em meados de 1941, havia ainda a questão de saber se ela poderia ser posta em funcionamento e, no caso afirmativo, como.

Neste ponto, o historiador deve confiar em suas ferramentas — seus equivalentes às observações e teorias do biólogo, aos enredos, intérpretes e opções de partitura do músico, e aos conceitos do esteta. Crentes de que estavam empenhados num empreendimento histórico decisivo, os nazistas mantiveram meticulosos registros de muitos assuntos — embora, é claro, a maioria deles não se destinasse a consumo público. Os historiadores discutem quais os documentos que são confiáveis, de quem são os depoimentos dignos de crédito e os inidôneos; como juntar num todo coeso os fatos de uma conferência cujos participantes sabiam, em certo nível, estar executando um programa de amplitude e barbarismo sem precedentes, um programa que, por assim dizer, nunca pudesse ser-lhes "atribuído". E os historiadores devem também defrontar-se com aqueles eventos que nunca foram documentados em tantas palavras.

Uma vez selecionados e avaliados esses elementos, os historiadores — individual e coletivamente — devem então reuni-los numa plausível exposição geral. Cada declaração ou exposição por um reconhecido *scholar* não só ocupa um nicho mas, por sua vez, ajuda a redefinir a extensão da matéria para sucessivos estudiosos.[18] Assim, Raul Hilberg foi o primeiro a escrever extensamente sobre o Holocausto, e a expor a natureza maciça e sumamente burocrática dos procedimentos concebidos para assassinar judeus europeus; Tim Mason identificou as escolas rivais de intencionalistas e funcionalistas; Christopher Browning detalhou como acontecimentos específicos de 1941 foram decisivos no desencadeamento do Holocausto; no começo da década de 1980, *scholars* alemães bateram-se asperamente uns com os outros sobre se o Holocausto devia ser considerado um fenômeno sem paralelo e se poderia ser atribuído especificamente à história e ao caráter alemães; Charles Maier resumiu os debates travados entre historiadores alemães sobre o "passado irreconhecível". Recentemente, numa obra muito discutida, Daniel Jonah Goldhagen dirigiu a atenção para a boa vontade de numerosos alemães comuns em participar, por vezes com entusiasmo, na matança de judeus. E em torno desses acontecimentos históricos temos narrativas literárias da autoria de sobreviventes como Eli Wiesel e Primo Levi, além de importantes filmes como *A Escolha de Sofia* (inspirado no romance de William Styron) e *A Lista de Schindler*, baseado num livro de Thomas Keneally.

Assim como as idéias de Darwin sobre evolução devem ser consideradas com referência às de outros homens de saber anteriores e subseqüentes, e o *Fígaro* foi objeto de muitas interpretações artísticas e musicais, as explicações para o Holocausto são agora apresentadas contra o fundo da imensa literatura sobre o assunto. Não é fácil, para qualquer pessoa que se debruce sobre essa literatura, conservar sua atenção fixada nos dados "brutos" — sejam eles os tentilhões das Galápagos, as canções do terceto ou o protocolo de Wannsee. Cada um desses casos foi colorido pelas conversações abrangentes entre gerações de *scholars* e de leigos interessados — e, não de menor valia, por vigorosos e convincentes retratos artísticos. Entretanto, para o propósito de educação, é importante não deixar que a literatura secundária sufoque os "fenômenos primários".

Para o entendimento da evolução, pode-se começar com a variedade de uma ou mais espécies, focalizar alguns padrões e exceções surpreendentes, e depois oscilar em idas e vindas entre as observações e a estrutura teórica sobreeminente. Para o entendimento da música de Mozart, pode-se começar com uma determinada peça, como o "Trio de Programas Conflitantes", e depois explorar o resto da ópera e sua relação com outras obras no repertório. A ressonância entre as particularidades de uma peça e a *obra* total do compositor proporciona uma estimulante dialética. Finalmente, no caso do Holocausto, começa-se com um evento específico e um conjunto finito de personagens (a conferência de Wannsee); e tenta-se depois situar esse evento no contexto de um genocídio e, talvez, de outros crimes de comparável hediondez.

Wannsee representa uma sombria introdução à história — seus eventos e suas interpretações. Uma vez compreendidos os princípios básicos do Holocausto, outras questões surgem. Esforços genocidas deste século e dos precedentes são freqüentemente comparados ao Holocausto, e travam-se arrebatados debates sobre se o Holocausto nazi-judaico deve ser considerado um evento único ou apenas mais um de uma numerosa série de episódios igualmente perniciosos da história humana — inclusive neste século. E é possível "transferir" algumas das ferramentas do estudo de Wannsee para a descrição e interpretação de eventos muito diferentes: os ocorridos em Fort Sumter, em abril de 1861, ou na Bastilha, em julho de 1789, ou na Praça Tiananmen, em junho de 1989. São estes simples marcadores para conveniência dos historiadores, ou a história é fruto de tais ações e locais específicos? E como tornar inteligíveis outras forças ideológicas na história — outros ódios, como os do Oriente Médio; outras teorias econômicas e sociais que adquiriram um caráter político, como as propostas por Marx e Engels; e outros movimentos que podemos apreciar com olhos mais favoráveis, como os direitos civis ou o feminismo.

O Holocausto pode ter passado à história, mas sua sombra persegue-nos hoje. Memoriais continuam a ser erguidos em diversos pontos do mundo e quase todos eles geram controvérsia — sobretudo quando neonazistas explícitos ou latentes insistem em ser ouvidos. As razões pelas quais um grupo decidiria aniquilar um outro escapa à compreensão da maioria dos indivíduos mentalmente sãos — entretanto, devemos enfrentar essa possibilidade humana quando consideramos o que aconteceu recentemente na Bósnia e em Ruanda.

Se formos ainda mais a fundo em nossa investigação, devemos indagar o que é que há nos seres humanos capaz de gerar neles o ódio e o conflito, e que opções existem para a vítima, o verdugo e os outros seres humanos. Também persistem as interrogações sobre responsabilidade e culpa. Recentes e contínuos debates sobre os papéis de outros cidadãos e soldados alemães, franceses ou austríacos, e dos banqueiros suíços que eram responsáveis pelas obras de arte e dinheiro roubados pelos nazistas e outros, revelam a complexidade desse conjunto de eventos. Não se pode participar em tais discussões na ausência de um desenvolvido entendimento dos eventos do Holocausto.

Em última análise, o Holocausto suscita questões morais em sua mais aguda forma. Em que base os nazistas fizeram o que fizeram? Existem forças que deveriam funcionar além do puro e simples poder? Quem poderia ter parado os nazistas e por que não o fez? Quem tem o direito de punir os envolvidos na implementação da Solução Final? Quais são as responsabilidades daqueles que, na Alemanha, Europa ou Estados Unidos, a tudo assistiam e pouco ou nada fizeram? Quando se esgota, se é que isso ocorre alguma vez, o "estatuto de limitações" à responsabilidade? É claro que perguntas análogas podem ser formuladas com referência a outros eventos históricos, desde o massacre de civis chineses pelos invasores japoneses nos anos 30 até o tratamento dos escravos negros e nativos americanos pelos colonizadores europeus.

Adquirir o conhecimento perfeito do Holocausto não equivale a entender suas dimensões morais. Com efeito, suas dimensões morais podem ser discernidas com igual eficácia através de um exame de obras artísticas, ou memórias pessoais, ou exposições em museus. Nem os historiadores têm um papel privilegiado na formulação de juízos morais; todos nós temos o direito, assim como a obrigação, de emiti-los. O fator essencial para mim é que as questões de moralidade são mais bem abordadas através de eventos concretos envolvendo agentes humanos. Tais eventos precisam ser entendidos em sua particularidade e, por seu turno, devemos recorrer a eles para que guiem nossas decisões e nossas próprias ações. O Holocausto não pertence a um único povo — não mais do que a escravatura americana ou a caridade cristã —, pertence a todos os seres humanos.

Espera-se que os indivíduos não tenham hoje que enfrentar eventos da natureza horrenda do Holocausto — embora, se os séculos passados servem de guia, alguns de nós tenhamos que fazer justamente isso. Ninguém pode saber com plena certeza como se comportará em tais condições extremas. Mas tenho que ter fé em que um entendimento mais profundo de como os seres humanos agem — ou deixam de agir — pode ter alguma influência sobre o que fazemos.

O mais importante entendimento sobre o Holocausto, em minha opinião, é que trata do que alguns seres humanos fizeram a outros seres humanos. Qualquer um de nós poderia ter sido vítima ou verdugo. Mesmo que não se negue a realidade histórica do Holocausto, mesmo que se adote a posição de que foi algo absolutamente condenável, ainda estaremos longe de entendê-lo fundamentalmente se continuarmos a acreditar que ele envolveu uma espécie diferente, vivendo num mundo diferente. Com efeito, sugiro que o Holocausto foi possível, em parte, porque os alemães viram os judeus, e alguns outros grupos, como membros de uma espécie diferente. Assim, eles foram não só cruelmente intolerantes em seu comportamento preconceituoso, mas ignoraram também leis básicas da ciência (que todos os seres humanos pertencem à mesma espécie).

Alimentos para o Cidadão Ponderado

Para ser um membro informado do nosso mundo nos dias de hoje, é necessário ter informação e conhecimentos básicos — quem era Darwin e o que é a evolução? Quem eram Mozart e Da Ponte e o que é *As Bodas de Fígaro*? Quem era Hitler e o que aconteceu durante o Holocausto? Eis o elemento de mérito na exigência de E. D. Hirsch de alfabetização cultural. Mas, muito mais importante, é necessário haver algum entendimento do que está implícito nesses nomes, termos e conceitos.

Lamentavelmente, não existe um meio fácil de se chegar ao entendimento — nenhuma mediação ou prescrição que permita absorver o *iceberg* num abrir e fechar de olhos. No começo, isso parece ser uma desvantagem. Como seria fácil se o entendimento pudesse ser simplesmente assimilado, como uma boa refeição; e se o mesmo regime alimentar funcionasse para todos. Entretanto, como foi freqüentemente observado nestas páginas, os indivíduos nutrem falsas idéias e mal-entendidos; e cumpre enfrentá-los se quisermos que surja um entendimento mais profundo.

Tampouco esses tópicos poderão considerar-se alguma vez esgotados. Presumivelmente, enquanto existirem indivíduos ponderados, afeitos à reflexão, eles retornarão sempre a questões sobre evolução, música e desumanidade do homem contra o homem. Na verdade, quanto mais profunda é a exploração desses tópicos, mais enigmáticos eles se tornam (num certo sentido): nunca poderemos determinar com absoluta certeza a dimensão do papel desempenhado pelos tentilhões nas importantes e históricas descobertas de Darwin; ou por que os apuros em que Susanna se encontra nos afetam de tal maneira; ou como o sonho de Hitler se converteu no pesadelo da humanidade. Mas o propósito da educação não é fornecer respostas finais; consiste, antes, em valorizar nosso senso de entendimento, sem deixar de preservar o sentimento de mistério e assombro.

A própria natureza multifacetada desses temas e conceitos apresenta uma oportunidade. Não há necessidade de procurar uma única e privilegiada abordagem para conceitos importantes, pois ela não existe. Tais idéias fundamentais podem e devem, pelo contrário, ser abordadas de múltiplas maneiras. E aqui, enfim, podemos recorrer ao nosso conhecimento das diferentes espécies de mentes que possuímos, assim como ao nosso conhecimento das diferenças entre seres humanos — diferenças que são, pelo menos, tão grandes quanto as encontradas entre os tentilhões de Darwin, entre os protagonistas de Mozart, entre as vítimas e os verdugos do Holocausto.

Capítulo 9

Abordagens do Entendimento por "Inteligências Múltiplas"

Três Usos de Inteligências

Por esta altura, minha visão educacional já deve ter ficado clara. O profundo entendimento deve ser o nosso objetivo central; temos que nos empenhar em inculcar o entendimento do que, num contexto cultural, é considerado verdadeiro ou falso, belo ou repulsivo, bom ou mau. Sublinhando tratar-se de meros exemplos (embora dignos de consideração), recomendei um currículo que promova o entendimento da teoria da evolução, da música de Mozart e do recente evento histórico chamado Holocausto.

Mas poderemos recorrer aos nossos cada vez mais amplos conhecimentos do desenvolvimento humano, das diferenças individuais e das influências culturais como forma de incentivar os entendimentos de um grande número de estudantes? Se for assim, estamos em condições de reunir as peças do quebra-cabeça da educação efetiva.

Em poucas palavras, tal educação deve ser construída sobre duas bases. Por um lado, os educadores precisam reconhecer as dificuldades enfrentadas por estudantes para alcançar um verdadeiro entendimento de importantes tópicos e conceitos. Por outro lado, os educadores precisam levar em conta as diferenças entre as mentes de estudantes e, tanto quanto possível, moldar uma educação que possa atingir a infinita variedade de estudantes.

Neste caso, a perspectiva de inteligências múltiplas pode tornar-se poderosa parceira no ensino efetivo. Eu sustento que uma "perspectiva de inteligências múltiplas" pode promover o entendimento de, pelo menos, três maneiras:

1. Pelo fornecimento de eficientes pontos de entrada. É importante a decisão pedagógica sobre a melhor forma de apresentar um tópico. Os estudantes podem sentir-se envolvidos ou expelidos em rápida seqüência. Além disso, por causa do que os psicólogos chamam um "efeito de primazia", os estudantes são suscetíveis de recordar a ilustração de abertura ou o motivo que lhes prendeu a atenção. A teoria de inteligências múltiplas gera uma abundância de processos pelos quais se pode descrever um tópico.

2. Pela oferta de analogias apropriadas. Tópicos ou temas pouco conhecidos ou inusitados são muitas vezes inicialmente assimilados por analogia com um tópico que é mais conhecido ou entendido. Alternativamente, modelos extraídos de território familiar também podem ajudar a obter uma idéia inicial de um terreno pouco conhecido.

É claro, toda a energia tem suas forças e fraquezas. Uma vez que, por definição, as analogias ou modelos são extraídos de domínios remotos, haverá diferenças importantes, assim como semelhanças significativas, entre o *tópico* pouco conhecido e o *veículo* mais acessível que está sendo usado para elucidá-lo. Os instrutores podem transmitir o poder da analogia; devem, ademais, indicar suas limitações e o modo como ela pode induzir ao erro.

3. Pelo fornecimento de múltiplas representações das idéias centrais ou nucleares do tópico. Para fins pedagógicos, qualquer tópico ou tema deve apresentar algumas idéias importantes ou centrais. O ensino será considerado um êxito na medida em que essas idéias foram compreendidas e se lhes pode recorrer de forma pertinente em novas situações.

Com freqüência, os instrutores pensarão sobre essas idéias centrais de um modo particular. Duvido, porém, que exista *qualquer* idéia fecunda que possa ser pensada de uma única forma. Eu iria até mais longe. É uma característica de idéias poderosas poderem ser representadas sob mais de uma forma — como expressarei mais adiante, poderem ser consubstanciadas num certo número de "linguagens-modelo". Uma característica marcante do especialista — a pessoa que tem o completo domínio de um determinado tópico — é poder criar uma família de representações, um conjunto de linguagens modelares, uma variedade de "tomadas" sobre a idéia nuclear, e poder continuar avaliando os candidatos a novas explicações do tópico.

Há numerosas maneiras de abordar e apresentar diretamente o nosso "tríplice alvo" de Evolução, Mozart e o Holocausto. Já indiquei que cada um desses tópicos assemelha-se a um *iceberg*; e nenhum observador pode fazer mais do que explorar e estudar partes dele. Até agora, concentrei-me numa "introdução gerativa" a cada tópico — especificamente, tentilhões, um terceto operístico, a Conferência de Wannsee. De agora em diante, extrairei deliberadamente exemplos de uma variedade de lugares em cada *iceberg*. E assim, por exemplo, ao falar sobre ciência biológica, ora mencionarei o exemplo introdutório (tentilhões), ora o tema inteiro (evolução darwiniana), ora algumas considerações de natureza mais geral sobre exploração e explicação científicas. Adotarei uma análoga "estratégia de amostragem" com referência a Mozart e ao Holocausto.

Adoto esta abordagem ecumênica por duas razões. Em primeiro lugar, quero mostrar que uma abordagem de "inteligências múltiplas" é flexível; pode ser empregada tanto com tópicos que estão nitidamente concentrados, quanto com tópicos que são genéricos. Em segundo lugar, nem todos os aspectos de inteligências múltiplas podem ser usados com igual eficácia para todo e qualquer objetivo pedagógico. Em termos concretos, embora haja mais de um "ponto de entrada", "analogia" ou "linguagem modelo" para cada tópico, não há razão para supor que haverá necessariamente 7 ou 12 ou 37 para cada. O desafio pedagógico consiste em calcular *qual* o ponto de entrada mais promissor para se chegar a determinados entendimentos; experimentar um candidato a ponto de entrada; refletir sobre êxitos e fracassos. O mesmo desafio reflexivo prevalece na seleção de analogias apropriadas e linguagens-modelo. Procurei usar exemplos que possuem lógica, não apenas inventar exemplos que, no estilo de uma lista de checagem, ocupassem todos os espaços numa grade preestabelecida.

Embora não tenha a pretensão de esgotar o assunto, forneço numerosos exemplos nas páginas que se seguem — por uma razão. Com demasiada freqüência, a teoria de inteligências múltiplas tem sido invocada para transmitir exemplos triviais, ou para apresentar exemplos importantes de um modo excêntrico ou anedótico. ("Vamos cantar os nossos programas, crianças.") Ofereço aqui uma prova de existência: uma abordagem de inteligências múltiplas pode apoiar-se num modo minucioso de apresentar idéias que são importantes. E embora tenha em mente professores trabalhando em aulas com alunos, creio que esta abordagem pode ser útil a *qualquer* indivíduo que deseje dominar *qualquer* tópico significativo... inclusive aqueles que não estão dentro de uma sala de aula há décadas.

Pontos de Múltipla Entrada para Tópicos Ricos

Partindo da teoria de inteligências múltiplas, de um modo mais rude do que servil, é possível encontrar, pelo menos, sete eficientes pontos de entrada para diversos conceitos. Essas diversas "manobras estratégicas" ajudam a apresentar alguns tópicos importantes e desafiadores.

Pontos de Entrada Narrativos. Talvez o método mais eficaz para envolver um grande número de aprendizes seja através de uma narrativa dramática e vigorosa. Pessoas de todas as idades acham as histórias envolventes e estimulantes. As narrativas, é claro, ativam as inteligências lingüísticas e pessoais; e também é possível comunicar a narrativa em outras formas simbólicas, como a pantomima ou o cinema, que empregam outras inteligências.

Cada um dos nossos três casos presta-se facilmente a pontos de entrada narrativos. Com o exemplo da evolução, pode-se contar a fascinante história de Darwin, um jovem promissor mas a quem tampouco faltavam fraquezas e vulnerabilidades pessoais; sua histórica viagem no *Beagle*; suas lutas para formular a teoria da evolução; sua relutância em tornar públicas as suas impressionantes conclusões; a estranha coincidência da co-descoberta de Wallace e a tão incomum resolução cavalheiresca dessa "luta pela prioridade"; e as acirradas batalhas que se seguiram à divulgação pública da teoria em 1859. Como é irônico que um homem tímido, avesso à publicidade, inspirasse um espetáculo tão irresistível!

A narrativa pode estender-se para além do próprio Darwin. Existem outros protagonistas fascinantes na história da evolução, incluindo o seu predecessor Lamarck, seu contemporâneo Wallace, Thomas Huxley (o "buldogue de Darwin") e o próprio avô evolucionista de Darwin, Erasmus. E as histórias podem transcender este ou aquele indivíduo; é atraente, sem dúvida, relatar a saga de uma determinada espécie (como os tentilhões de um extremo ao outro da cadeia das Galápagos), ou mesmo a esplêndida história da própria evolução — uma história que começou de um modo tão vibrante, ainda que não científico, nos versículos iniciais do *Gênesis* e em outros mitos da origem.

Mozart e sua família (figurando em bom lugar um pai ambicioso e intratável) fornecem uma narrativa promissora — como Peter Shaffer mostrou em sua peça *Amadeus.* O mesmo ocorre com outros personagens na história de *Fígaro.* O libretista Da Ponte, por exemplo, acabou ensinando italiano na Universidade de Columbia; o teatrólogo Beaumarchais tornou-se um fornecedor secreto de armas durante a Revolução Americana; e Mozart parece ter-se apaixonado por Nancy Storace, que interpretou o papel de Susanna na encenação original de *As Bodas de Fígaro.* Há também a história contida na peça original de Beaumarchais, a história que a ópera de Mozart condensa, e até a história de como a peça se converteu na ópera, com uma óbvia condensação e eliminação da maior parte do material "politicamente incorreto".

Entretanto, de um ponto de vista musical, a narrativa assume um significado diferente. Agora, a referência não é à intriga e aos personagens mas, antes, a motivos — como são apresentados, desenvolvidos, revistos em diferentes aspectos e para diferentes fins expressivos. A abertura, por exemplo, introduz um certo número de temas diferentes — jubiloso, festivo, com um toque de intriga ou tensão, queixoso — principalmente no triunfante ré maior. Esses temas, humores, padrões métricos e figuras são trabalhados ao longo de toda a ópera; captam porções da ação e são eles próprios "manipulados" pelo compositor a fim de obter efeitos contrastantes.

Podemos até descrever a trajetória do "Trio de Programas Conflitantes". Basilio inicia o terceto com um simples motivo descendente de três notas, cobrindo uma tríade (fá, mi bemol, ré, ré) que rivaliza em atenção com o motivo cromático de Susanna. O motivo descendente é imediatamente invertido quando o conde e Basilio procuram ajudar a donzela desmaiada. Basilio retoma o tema, num tom inferior, desta vez numa passagem ascendente, quando insiste em que se encontra ali tão-somente para ajudar Susanna; e retorna à figura descendente original quando explica, em tom de desculpa, que só estava transmitindo o que ouvira dizer a respeito de Cherubino. Finalmente, o minuto final do terceto, com cada um dos três protagonistas desnudando sua alma, baseia-se igualmente em variações desse conjunto de três notas, ora cantadas em ordem ascendente, ora descendente. Eu poderia até apelidar esse terceto como "a canção de três notas só" — ou a história das maneiras como três notas sucessivas numa escala maior podem ser usadas para transmitir diversos sentimentos e ações.

Tal como a evolução e Mozart, o Holocausto também demonstra ser um vasto campo de reabastecimento para convincentes narrativas. Poucos personagens da história moderna são tão fascinantes, embora de uma forma doentia, quanto Adolf Hitler. Sua história, a do Partido Nazista e de seus líderes mais impressionantes — como o marechal Hermann Goering, o chefe da propaganda Josef Goebbels, e Heinrich Himmler, o arquiteto do Holocausto — geram um interesse duradouro.

As narrativas também podem admitir uma extensão mais ampla. Há a história européia, a história alemã, a história do povo judeu, a história do anti-semitismo. Num nível mais concentrado, há histórias fascinantes sobre determinados indivíduos, incluindo sobreviventes, mártires, e aqueles que protegeram judeus e outros cidadãos ameaçados e perseguidos pelo regime nazista. E como vimos, é possível contar a história de um acontecimento específico — a Conferência de Wannsee — em função do que aí foi explicitamente dito e do que *não* foi dito, à luz dos horríveis acontecimentos que levaram a essa reunião e dela resultaram. Com efeito, um tratamento cinematográfico ou teatral da conferência pode comprovadamente ser tão eficaz quanto uma versão anotada do protocolo preparado por Adolf Eichmann. É esse o caso do filme produzido por Heinz Schirk em 1984.[1]

Recapitulando: quando a escolha recai sobre um fecundo tema gerativo ou uma questão provocativa, como apresentar esse tópico aos estudantes é uma decisão comprovadamente fundamental. Como as histórias possuem grande interesse, elas oferecem um atraente ponto de entrada. Para cada um dos temas que estão sendo aqui considerados, existem amplas oportunidades para a criação de atraentes convites, os quais devem gerar curiosidade inicial e ajudar a sustentar o interesse no tema durante toda a sua discussão e análise.

Mas existe uma variedade de adicionais e promissores pontos de entrada. Apresentarei mais sucintamente cada um deles e sugerirei algumas formas em que eles podem ser aplicados ao nosso trio temático.

Pontos de entrada numéricos. Alguns estudantes gostam de lidar com números e relações numéricas. No caso da teoria da evolução, eles poderiam considerar instigante descrever a evolução do próprio pensamento de Darwin durante e após sua visita às ilhas Galápagos. Darwin ficou impressionado com a variedade de tentilhões em ilhas tão próximas umas das outras e tentou calcular a natureza da distribuição e as razões disso. Em conversas subseqüentes com John Gould e outros, reviu suas classificações numéricas; podemos ler os relatos ligeiramente diferentes nos seus diários originais, na sua versão publicada, e em *A Origem das espécies.*

Um século depois, o biólogo evolucionista David Lack voltou a visitar as ilhas e procedeu a uma análise objetiva do número de espécies em cada uma, se bem que oferecesse sua própria explicação para a distribuição observada.

Hoje em dia, tal como o restante da biologia, o estudo da evolução tornou-se eminentemente quantitativo. Os estudantes de mentalidade orientada para a matemática encontram desde cedo onde usá-la, graças à abundância de estudos contemporâneos da vida — modelos matemáticos de processos evolucionistas, ou variações de população, ou dimensões de "vida artificial", por exemplo. Sem entrar em detalhes técnicos, posso mencionar que Dolph Schulter coletou dados na variação do tamanho dos bicos de todos os tentilhões nas ilhas de Galápagos e criou um programa que calcula quantas espécies de tentilhões uma ilha hipotética seria capaz de comportar. Como resultado, concluiu-se que deveria haver três espécies, cada qual com o bico adaptado para poder rachar um entre os três tipos de sementes que eles comem em Galápagos.[2]

Qualquer obra de música é apresentada em certos compassos e organizada de acordo com indicações rítmicas específicas. Pode-se dar uma olhada em duas árias de *As Bodas de Fígaro,* expor seus respectivos compassos e tempos, e especular sobre os motivos por que esses padrões numéricos foram escolhidos por Mozart. Com efeito, se examinarmos simplesmente o motivo de três notas escalares ascendentes ou descendentes no "Trio de Programas Conflitantes", teremos à nossa disposição um grande número de arranjos que podem ser experimentados em diferentes tons, ritmos e figuras.

Fixada pelo número indelével de 6 milhões de judeus — homens, mulheres e crianças — assassinados, a história do Holocausto é uma história de números. Poder-se-ia examinar as populações de vários grupos — judeus, cristãos, ciganos, por exemplo — antes e depois do III Reich. Em algumas regiões e países, quase todos os judeus foram destruídos, enquanto que em outros a maioria salvou-se; de fato, a questão de apurar onde a realização da "Solução Final" tinha maiores probabilidades de ser eficaz provou ser fundamental em Wannsee e nas discussões políticas subseqüentes. Mesmo a forma como se chegou ao número "6 milhões" e até que ponto pode ser considerado exato tem sido motivo de controvérsia entre os historiadores do Holocausto — e entre aqueles que negariam sua existência ou questionariam sua extensão.

Pontos de Entrada Lógicos. Relacionada com o interesse em números, mas distinta deste, está a preocupação com proposições lógicas, suas relações mútuas e implicações. A evolução pode ser expressa em forma silogística:

> Se num território existem mais indivíduos/
> espécies do que podem ser sustentados;
> e se existem variações entre indivíduos/espécies;
> logo, aquelas variantes que sobrevivem melhor numa
> determinada ecologia estarão aptas a reproduzir-se e a prosperar.

Tal como no caso do Holocausto:

> Se o propósito é eliminar todos os judeus da Europa;
> e se não é possível removê-los para outro lugar, nem permitir
> que morram de suas mortes naturais;
> logo, deve-se encontrar um procedimento para eliminá-los.

Menos estritamente silogística, a lógica de *As Bodas de Fígaro* decorre das relações entre as várias intrigas principais e secundárias. Há relações de amor no início da ópera (Almaviva e a condessa; Fígaro e Susanna); as relações desejadas (Almaviva deseja Susanna; Marcellina quer casar com Fígaro; Cherubino está apaixonado por todas as mulheres); as mudanças de circunstâncias (Marcellina descobre ser a mãe de Fígaro e deve, portanto, casar com o pai dele, Bartolo; e Cherubino e Barbarina também são emparelhados). Como na maioria das comédias dessa era, é imperativo que os vilões recebam o que merecem e que cada um termine acasalado com a pessoa a quem ele ou ela legitimamente "pertence". Um desequilíbrio inicial deve dar lugar a um equilíbrio final nos cruciais vínculos interpessoais. Os que possuem uma disposição de espírito em que predomina a lógica são atraídos pelo desafio de delinear o número limitado de processos em que as várias tensões, antipatias e paixões podem ser resolvidas entre os personagens.

Também há lógica numa composição musical. As relações entre o conde, Susanna e Basilio podem ser acompanhadas ao longo do terceto do primeiro ato, e ver-se como são alteradas por acontecimentos — o desmaio de Susanna, sua súbita recuperação e, depois, a inoportuna revelação de Cherubino escondido na poltrona de Susanna. Com efeito, os momentos dramáticos acontecem precisamente quando as relações entre os personagens são de súbito mudadas — neste caso específico, prova-se que os homens estão certos, a mulher é desmascarada... se bem que apenas temporariamente. E existe uma lógica até mesmo na partitura musical. Se a modulação de uma composição é feita de uma certa tonalidade para um tom distante desta, ou se o ritmo subitamente muda, pressupõe-se que o tom e o ritmo acabarão por voltar à "base".

Pontos de Entrada Existenciais/Criacionais. De duradouro interesse para alguns indivíduos é a possibilidade de atacar questões profundas sobre a existência — o significado da vida, a necessidade da morte, as paixões e os caprichos do amor e do ódio. A teoria da evolução fala-nos dos seres humanos como uma espécie da natureza; Mozart ilustra as maravilhosas criações de que os seres humanos são capazes — assim como retrata o espectro da vida emocional humana; o Holocausto documenta os terríveis potenciais dos seres humanos, assim como oferece alguns exemplos inspiradores de gentileza, coragem e heroísmo.

Quanto às questões existenciais mais específicas, a teoria da evolução fornece a melhor resposta científica para as interrogações: Quem somos nós como espécie? Qual é o nosso *background* e passado? Como se nos afigura o nosso futuro? Embora a teoria evolucionista seja muitas vezes colocada em oposição a explicações religiosas, não existe necessariamente um conflito entre essas posturas. Uma pessoa pode acreditar que a evolução é um plano concebido por Deus, e que Deus pôs em marcha um elaborado cálculo de mutações, lutas pela sobrevivência e temporária ascendência de certas espécies em certos nichos. Com efeito, a Igreja Católica fez recentemente as pazes com a explicação da origem oferecida por teóricos evolucionistas. Alfred Tennyson escreveu a respeito da "flor no muro rachado" — "*se* eu pudesse entender o que és, raiz e tudo, saberia o que Deus e o homem são". Para os que enxergam significação em detalhes sutis, os tentilhões oferecem uma ocasião convidativa para ponderar sobre questões de existência. Os segredos da vida e os mistérios da evolução biológica podem ser ilustrados pelos vários formatos de bicos encontrados numa variedade de pássaros espalhados por toda a cadeia das Galápagos.

O enredo de *As Bodas de Fígaro* gira em torno de temas tão poderosos quanto o amor, a intriga, o poder e a hierarquia social. À semelhança de outros convincentes veículos dramáticos, explora as relações entre seres humanos, em toda a sua sutileza, complexidade, insensatez e ocasionais momentos de nobreza. Tais temas são tratados sombriamente na tragédia, com maior leveza ou ironia no caso de uma comédia. Nos compassos finais do terceto, cada um dos personagens vê-se cara a cara com os enigmas de sua existência: Susanna pergunta-se o que virá a ser dela; Almaviva defronta-se com a realidade de seu rival Cherubino, e a legitimidade de sua pretendida conquista de Susanna; e Basilio está confirmando suas opiniões cínicas sobre as mulheres e a vida em geral.

O Holocausto envolve os sentimentos mais extremos da existência humana: ódio, crueldade, perversidade, e o poder usado criminosamente, a par de alguns exemplos de coragem e decência. Compele-nos a considerar como uma nação pode chegar ao ponto em que o genocídio passou a ser uma política do Estado; e como determinados indivíduos puderam, por vezes com entusiástico fervor, tornar-se os veículos dessa política. Suscita indagações igualmente profundas sobre o que é civilização. As idéias de genocídio ganharam forma numa nação que era considerada, sob muitos aspectos, o pináculo da civilização; o plano foi minuciosamente estudado por indivíduos que possuíam doutorados de importantes universidades; e as realidades do genocídio foram levadas a efeito por indivíduos que, por uma razão ou outra, conseguiam manifestar seu interesse pela literatura, artes, música e religião. E em especial para aqueles que estiveram pessoalmente envolvidos nos eventos, o Holocausto suscita as mais fundamentais questões de significado: como pode alguém encontrar razões para viver em face de tão horríveis ações? Aqui reside a irrefreável necessidade dos depoimentos escritos de Elie Wiesel, Primo Levi e outros "sobreviventes".

Pontos de Entrada Estéticos. As obras de arte são entendidas em função de sua organização, senso de equilíbrio e oportunidade, assim como das características mais específicas de cor, nuança, tonalidade e ambigüidade de significado. Cada um dos nossos três temas pode ser introduzido através de obras de arte: a evolução, através de documentários que ilustram as forças da natureza em ação; *As Bodas de Fígaro*, através de várias interpretações teatrais, operísticas e coreográficas; e o Holocausto, através do cinema, desde os filmes propagandísticos de Leni Riefenstahl até o recente *A Lista de Schindler*, de Steven Spielberg.

Inverossímeis apresentações estéticas podem exercer efeitos convincentes. O balé *Dissonance* procura transmitir a experiência dos campos de concentração através da dança. Atente-se para esta descrição:

> Na primeira seção (...) numa seqüência de *flashes* luminosos de frações de segundo de duração, vemos os dançarinos sofrendo mortes horríveis. Um homem suspenso numa cerca de arame farpado é eletrocutado em suas tentativas desesperadas de fuga. Corpos caem de fornos acesos e jazem empilhados. As imagens são convincentes em seus detalhes; sentimos os espasmos do homem contra a cerca enquanto agoniza, sentimos os corpos inermes ficarem rígidos nas posições contorcidas que só os cadáveres podiam conservar (...) as cenas convertem-se gradualmente em cenários — prisioneiros a caminho dos campos de concentração, casais separados contra sua vontade (...) as vítimas anônimas tornaram-se pessoas reais, identificáveis a nossos olhos (...) [o espectador] sente-se realmente como se pudesse ter um número tatuado em seu próprio antebraço (...) A cerca de arame farpado à sua frente poderia facilmente estar cercando a ele. Também poderia estar vestindo os andrajos e usando a estrela amarela dos dançarinos.[3]

Entretanto, pensar sobre arte simplesmente em função de gêneros familiares é por demais limitado. Idéias e exemplos essenciais também possuem propriedades estéticas. As formas de plantas, pássaros e outros animais, e suas mudanças ao longo do tempo, convidam à investigação, quando as próprias variações morfológicas constituem empolgantes espetáculos. Muitas das características individuais de *As Bodas de Fígaro* — as melodias e harmonias, as letras, as caracterizações, o cenário, os gestos, até as pausas reveladoras — também são apresentadas de um modo artístico.

Há que ser muito cauteloso quando se trata das relações entre o Holocausto e o talento artístico. Sugiro dois pontos. Primeiro, os arquitetos que projetaram os campos de morte viram-se como criadores de um sistema com sua forma própria. Desde o enganador dístico sobre a entrada ("O trabalho gera a liberdade") até a passagem das pessoas pelos campos, o modo como se procedia à emissão do gás, o destino dado aos ossos calcinados e a preservação dos dentes de ouro, os arquitetos procuraram satisfazer certos critérios preestabelecidos. De fato, Heydrich e Himmler foram levados à criação dos campos de morte precisamente porque as formas anteriores de matança e sepultamento foram consideradas duras demais para as sensibilidades dos assassinos; os campos de morte permitiam que tais indivíduos participassem num processo relativamente "higiênico" e distanciado.

Segundo, o Holocausto suscita, em sua mais inflexível forma, o problema das relações da arte com as questões de vida e morte. Como nos recordou o crítico britânico George Steiner[4] (entre outros), devemos compreender como os homens das SS podiam presidir a atos da maior brutalidade e depois voltar para o convívio de suas famílias no lar, ouvir Mozart no gramofone ou participar à noite em quartetos de cordas. Cumpre registrar não só os muitos artistas cujas obras foram queimadas pelos nazistas mas também aqueles, como o compositor Richard Wagner, que foram colocados num pedestal, e aqueles, como o maestro Herbert von Karajan, o soprano Elizabeth Schwarzkopf ou a cineasta Leni Riefensthal, que atrelaram seus destinos profissionais à estrela nazista. E, finalmente, não se pode esquecer que Hitler fora outrora um aspirante a artista, que tratava o seu arquiteto Albert Speer como um filho e que considerava seus discursos e suas criações arquitetônicas como contribuições para a cultura alemã.

Pontos de Entrada para a Participação Ativa. As pessoas jovens, sobretudo, são estimuladas pela oportunidade para trabalhar com materiais físicos de um modo dinâmico e interativo. Como o normal é que os processos de evolução ocorram de uma forma gradual demais para que possam ser observados, é necessário adotar uma abordagem mais agressiva ou imaginativa. A oportunidade de criar drosófilas (as moscas da fruta) vem sendo explorada desde longa data em classes de biologia. Precisamente porque a espécie é simples, em muitos aspectos, e seu ciclo vital é breve, é possível monitorar a mudança de traços e o modo como essas mudanças afetam o curso vital e a morbosidade de certas linhagens. As simulações de computador e de "realidade virtual" também fornecem aos estudantes, pela primeira vez em toda a história, a oportunidade de realizar experimentos, de um modo ativo, com os fatores que controlam a evolução: por exemplo, a luta entre espécies, ou o gradual isolamento de variações até surgirem espécies separadas (exclusivas, do ponto de vista reprodutivo).

Aqueles que dispõem de recursos para tanto podem explorar diretamente outras manifestações da evolução. Todos os anos, numerosos turistas e grupos de estudo visitam as Galápagos para ver em primeira mão a diversidade biológica que impressionou Darwin e seus companheiros de bordo. E também é possível cotejar outros aspectos da evolução visitando a floresta úmida, investigando cursos de água que foram poluídos ou examinando aquelas ilhas experimentalmente "desnudadas" onde se realizaram tentativas de simulação dos processos evolucionistas.

As obras de arte fornecem as formas mais acessíveis de envolvimento ativo. Qualquer pessoa pode ouvir ou cantar trechos de *As Bodas de Fígaro*. E, em particular, desde o advento da música de computador, é possível executar trechos da partitura usando diferentes instrumentos e realizar também experimentos com finais e combinações de temas imaginados. Além disso, há numerosos papéis que uma pessoa pode assumir na montagem de uma obra complexa como *As Bodas de Fígaro* — não só os dos cantores individuais, mas também os de músicos da orquestra, regentes, dançarinos, membros do coro, técnicos de iluminação, cenógrafos, programadores, contra-regras, pontos e até censores.

A questão do envolvimento direto no Holocausto deve também ser abordada com muito cuidado, sobretudo se estivermos tratando com jovens. Em algumas exposições sobre o Holocausto destinadas ao público juvenil, cada criança visitante recebe à entrada o nome e a foto de uma determinada criança judia. No final da exposição, o visitante toma conhecimento do destino dessa criança. Essa forma de "identificação" temporária constitui, por certo, uma experiência poderosa, embora inquietante.

Para pessoas mais velhas, é instrutivo conhecer e talvez participar numa recriação do clássico estudo de "obediência à autoridade". Nessa manipulação psicológica, crida na década de 1960 pelo psicólogo Stanley Milgram, um sujeito involuntário (A) é instruído por um experimentador de bata branca para aplicar uma série contínua de choques elétricos em um outro sujeito (B).[5] Sem que o sujeito A o saiba, o sujeito B é, na verdade, um cúmplice do experimentador e não está recebendo choques de nenhuma espécie. Apesar dos gritos simulados do cúmplice e da "evidência" apresentada pelo painel de instrumentos de que os choques tinham alcançado o nível de perigo, a maioria dos norte-americanos que serviam como sujeitos continuava a aplicar os choques. Os residentes de outros países mostraram perfis semelhantes.

Somente após a conclusão do experimento os sujeitos tomaram conhecimento de que os choques eram simulados. Eles tinham estado realmente envolvidos num provocante experimento: um estudo concebido para explicar por que tantos habitantes da Alemanha tinham obedecido a ordens que, em algum nível, sentiam ser incorretas. Os estudos de Milgram revelaram que os sujeitos não estavam satisfeitos com o que faziam mas muitos sentiam não ter outra alternativa, uma vez iniciado o experimento. Faltava-lhes um procedimento para "optar por cair fora". É interessante assinalar que muitos cientistas comportamentais tinham vaticinado que somente psicopatas continuariam a aplicar os choques; essa única série de experimentos levou à revisão de muitas opiniões pessoais sobre até que ponto foi (a)típico o comportamento daqueles alemães que se tornaram "carrascos submissos" no Holocausto.

Pontos de Entrada Interpessoais. Até aqui, os pontos de entrada recapitulados foram os que dizem respeito ao estudante individual. Alguns, porém, sentem a necessidade de contextos interpessoais — querem estudar e aprender na companhia de outros seres humanos. Alguns gostam de cooperar com colegas; outros preferem debater, argumentar, apresentar programas conflitantes, ocupar vários papéis.

Os projetos de pesquisas provam ser excelentes veículos para entradas interpessoais. Através da participação em projetos que são estimulantes e ocupam vários dias ou semanas, os estudantes têm a oportunidade de exercer uma ação mútua com outros, de aprender com as palavras e ações recíprocas, de explorar suas próprias reações pessoais a um tópico, de dar suas próprias contribuições idiossincrásicas para o esforço de um grupo. Quando os projetos apresentam uma representação teatral, os estudantes têm a oportunidade de assumir diferentes papéis e de discernir como uma situação é vista e sentida por outros participantes.

Ilustrações anteriores podem ser facilmente reconfiguradas para envolver grupos. Por exemplo, os estudantes podem colaborar em trabalhos de arte gráfica que tratam de um poderoso fenômeno, criar uma peça teatral que consubstancia várias linhas narrativas, debater questões existenciais ou enigmas lógicos, ou executar um experimento biológico ou psicossocial.

Retornemos aos nossos três temas. No caso da evolução, estudantes individuais poderiam recriar os debates que se seguiram à publicação da teoria de Darwin; inventar uma nova ecologia e representar o modo como diferentes espécies se comportam sob essas condições inventadas; ou planejar uma expedição às Galápagos, completada com um levantamento da distribuição atual de tentilhões, tartarugas e iguanas.

No caso de Mozart, os estudantes poderiam formar um elenco que interpretasse uma cena de *As Bodas de Fígaro*; ou, mais ambiciosamente, poderiam compor e interpretar uma opereta sobre o choque entre classes sociais ou entre gerações. Poderiam tentar reapresentar o "Trio de Programas Conflitantes" com diferentes intérpretes, leituras variadas da partitura, interpretações contrastantes das motivações e objetivos de cada um dos protagonistas; ou até um novo motivo de três notas.

O Holocausto fornece muitas oportunidades para o desempenho de papéis. Estudantes poderiam encenar peças baseadas no Holocausto (por exemplo, *The Deputy*, de Hochhut, ou *O Diário de Anne Frank*). Poderiam recriar cenas dramáticas do Holocausto, como a defesa do gueto de Varsóvia; ou organizar debates no seio de cada família sobre o que fazer quando seus membros se virem na iminência de ser brutalmente separados uns dos outros; ou as reações entre os componentes de uma unidade militar quando um soldado solitário se recusou a aderir ao massacre de judeus. Voltando ao nosso exemplo central, os estudantes poderiam reencenar o planejamento para Wannsee, a maneira como essa reunião foi conduzida, ou o subseqüente julgamento de Eichmann por um tribunal israelense na década de 1960; ou poderiam prever as reações dos outros se um dos participantes em Wannsee apresentasse veementes objeções às ordens genocidas emanadas do supremo escalão do comando alemão.

Repetimos: não existe fórmula para gerar promissores pontos de entrada; o estudante deve apoiar-se em judiciosas combinações de análise e imaginação, seguidas de atenta experimentação. Tampouco existe qualquer obrigação de usar todos os pontos de entrada. A vantagem de "múltiplos pontos de entrada" é simplesmente enunciada: o que funciona para um estudante com um tópico é suscetível de ser diferente do que funciona com um outro estudante sobre um outro tópico ou num outro dia. Tal abordagem variegada aumenta imensamente a probabilidade de atrair vários estudantes e de que estes se inscrevam para um curso mais extenso e se encaminhem no sentido de desempenhos que culminam no entendimento.

Poderosas Analogias e Metáforas[6]

Uma vez assegurado o interesse, é tempo de elevar a parada: colocar os estudantes em pleno contato com o conteúdo principal de temas fecundos. Essa penetração mais profunda pode ser efetuada de duas maneiras: através de poderosas comparações (descritas nesta seção) e através de tentativas complementares para representar os aspectos essenciais do conceito (o foco da seção seguinte).

Uma vez reduzidas à sua expressão mais simples, as analogias não são mais do que exemplos extraídos de uma outra esfera de experiência, uma esfera que presumivelmente é mais familiar para os estudantes do que o tópico em estudo. As metáforas (e símiles) são figuras de retórica que, por sua vez, elucidam o tópico menos familiar em termos do veículo mais conhecido.

Recorde-se que o próprio Darwin foi guiado para a sua descoberta pela leitura do economista Malthus. Darwin começou a dar-se conta de que, histórica e pré-historicamente, a luta entre diversas espécies e indivíduos biológicos tinha um paralelo na situação descrita por Malthus a respeito de uma população humana que recrudescia rapidamente em face de recursos limitados. Daí em diante, Darwin usou explicitamente essa analogia em seus escritos.

Não foram precisos muitos anos, após a contribuição de Darwin, para que *scholars* e leigos descobrissem a evolução em atividade em numerosos aspectos da vida. Particularmente no tocante à sociedade contemporânea, os observadores descreveram a economia de mercado como uma luta entre participantes individuais e as grandes companhias [*corporations*]. Esse ponto de vista é freqüentemente qualificado de darwiniano pelo fato de incluir a metáfora da "sobrevivência dos mais aptos". Entretanto, qualquer luta envolvendo seres humanos conscientes num dado momento histórico também *difere* da evolução darwiniana. A evolução biológica ocorre como resultado da luta entre indivíduos (e espécies) com diferentes constituições genéticas ao longo de muitas gerações, sem qualquer conhecimento ou escolha consciente entre os participantes na luta.

Os indivíduos estão particularmente atentos a mudanças que ocorram em domínios de interesse para eles. Os jovens, por exemplo, observam os câmbios da moda no vestuário e no estilo de penteado. Os ouvintes observam o modo como determinados temas se desenvolvem numa peça musical, assim como os modos como os "tempos" [*beats*] e "estilos vocais" caracterizam uma década quando comparada com a seguinte. Os admiradores da literatura notam as mudanças nos gêneros e nos tipos de personagens em romances, os quais refletem freqüentemente, hoje em dia, o que está aparecendo nas telas de cinema ou de televisão. Por vezes, essas mudanças serão tão graduais que mal nos apercebemos delas; outras vezes, serão rápidas e espetaculares.

Cada um desses exemplos pode ser pensado em termos darwinianos. Com efeito, o contraste entre evolução cultural gradual e rápida apresenta uma certa analogia com o atual debate entre evolucionistas favoráveis a uma explicação gradualista e os simpatizantes com uma visão mais irregular, entrecortada ou caótica de mudança evolucionista. Mas porque qualquer comparação será inexata, é igualmente importante chamar a atenção para aqueles aspectos que são potencialmente enganosos. Por exemplo, a evolução é vista muitas vezes como uma escada — o que erroneamente subentende que aquelas espécies que estão no topo são as "superiores" em alguma dimensão.

O caso de Mozart sugere muitas analogias interessantes. Tendo começado muito cedo, a carreira de Mozart foi semelhante a um meteoro: uma ascensão muito rápida, seguida de um desaparecimento no espaço — o que, em meu entender, leva em última instância ao Céu. A sua produtividade, por outro lado, foi muito constante: como um pássaro que constrói cuidadosamente cada novo ninho ou um esquilo enterrando cada nova avelã, Mozart avançava de uma composição para a seguinte como um operoso trabalhador, aparentemente esquecido da turbulência em sua vida pessoal.

A montagem de um espetáculo de ópera assemelha-se a muitas tarefas altamente complexas. Pode-se compará-la ao projeto e construção de um edifício, à criação de uma nova arma, ao lançamento de um novo negócio. Há muitos papéis separáveis que podem ser assumidos pelo mesmo ou por diferentes indivíduos; e cada decisão artística afeta toda a obra.

Finalmente, uma determinada obra como *As Bodas de Fígaro* também se presta a comparações. Os imbróglios nesse quadro social do século XVIII lembram outros enredos complexos, por exemplo, as tramas dos filmes com base em Los Angeles, *À Beira do Abismo* ou *Chinatown*. A relação entre cenas e atos lembra a seqüência de pratos de uma lauta refeição: os demorados pratos principais, intercalados com mais breves aperitivos, tira-gostos, sobremesas e bebidas, períodos para conversar e dançar. E peças como o terceto recordam certos eventos na vida. Há ocasiões em que os boatos carecem de provas que os corroborem e, apesar disso, cercam-nos uma aura de verdade. Há ocasiões em que numerosos conhecimentos estão, cada um deles, utilizando os mesmos elementos básicos a que todos recorreram (digamos, as mesmas idéias em vez de anotações) e, no entanto, nunca se dão conta desse fato.

O debate sobre a singularidade do Holocausto suscita a questão sobre a pertinência das analogias. Como as analogias sempre envolvem tanto diferenças quanto semelhanças, não vejo problema em buscar comparações reveladoras.

O desejo de Hitler de erradicar o povo judeu assemelha-se a outros esforços para aniquilar todos os vestígios de um corpo indesejável: quer seja a destruição de uma obra de arte ou de ciência, ou a remoção de um cadáver, ou a eliminação de todas as células cancerosas ou mesmo a obliteração dos traços finais de uma antiga civilização, como ocorre quando ruínas são dizimadas e distribuídas. A realização dos campos de concentração e morte desenvolveu-se, em grande parte, no estilo da experimentação conduzida mediante sucessivas tentativas e erros; os arquitetos experimentaram vários modelos até encontrar um que satisfazia aos mais cruciais requisitos. A analogia entre trabalho e morte foi deliberadamente destacada; os nazistas procuraram aplicar os princípios da produção fabril ao acondicionamento da morte. E as experiências dos reclusos assemelhavam-se a um interminável pesadelo, ou a um que terminava não com o despertar para um dia luminoso mas unicamente com o brutal encontro com a morte.

Se Aristóteles está certo e a metáfora é um sinal de gênio, não admira que seja um desafio descobrir as comparações mais apropriadas. Sem dúvida, professores e pesquisadores hábeis empenham-se em descobrir fecundas e congruentes analogias e metáforas. Não só estas são suscetíveis de funcionar com o indivíduo que estiver sendo considerado, mas as discussões entre estudantes sobre as virtudes e os limites de determinadas comparações podem ser comprovadamente esclarecedoras em si mesmas.

Representações Múltiplas das Idéias Essenciais: Apresentação da "Linguagem-modelo"

Chegamos agora ao ponto central onde o interesse foi dominado por irresistíveis pontos de entrada, e onde as idéias essenciais foram abordadas através de várias comparações, analogias e metáforas. Entretanto, prevalece a tarefa mais exigente: qual a melhor maneira de transmitir as características definitivas de um conceito, tema, idéia ou fenômeno?

Para fins de discussão, posso expor as mais importantes idéias relacionadas com cada um dos nossos tópicos "*iceberg*". No caso da evolução: variação, luta entre organismos, seleção natural daqueles que sobrevivem até a reprodução, e a melhor adaptação a longo prazo em um determinado meio ambiente. No caso da música de Mozart: apreciação dos principais contornos de um enredo, sensibilidade para a motivação e objetivos dos personagens, conhecimento dos principais recursos musicais de que o compositor dispunha; apreciação — e prazer — nos modos como a música veicula ações e sentimentos fundamentais. No caso do Holocausto: o programa anti-semítico dos nazistas; a posição vulnerável dos judeus, sobretudo após o início da guerra; o fracasso de várias "soluções" provisórias para a questão judaica; a decisão de intensificar o genocídio sistemático; os recursos destinados à realização desse objetivo; o funcionamento dos campos de morte; critérios de culpabilidade.

Desviando-me da sabedoria estabelecida, não creio que exista uma representação privilegiada para qualquer idéia ou conjunto de idéias essenciais. São ilusórias as aparências de uma representação privilegiada; elas derivam usualmente de uma determinada história de contato com um conceito — como o professor encontrou pela primeira vez esse conceito, ou como este foi inicialmente apresentado ou exposto por escrito. Por exemplo, se a pessoa viu a evolução representada como uma frondosa árvore de múltiplos ramos, ou fotografias de prisioneiros libertados em Auschwitz, ou uma apresentação memorável de *As Bodas de Fígaro* na Metropolitan Opera House de Nova Iorque, então é possível que ela nutra a crença de que essa "representação mental" oferece o modo ótimo de comunicar um determinado tópico. Em contrapartida, eu sustento que as melhores representações são múltiplas. E assim, a nossa investigação deve orientar-se no sentido de encontrar aquela *família de representações* que possa transmitir as idéias essenciais numa multiplicidade de maneiras que são, simultaneamente, precisas e complementares.

A perspectiva de "representações múltiplas" equilibra o sistema de "analogia e metáfora". Nos casos de analogias, escolhe-se um elemento significante extraído de uma esfera de referência deliberadamente *diferente* ou *distante*. No caso de representações múltiplas, escolhem-se elementos de esferas de referência que se aplicam facilmente ao tema que está sendo abordado.

Apresento neste ponto o construto de uma *linguagem-modelo*. No campo da erudição, os modelos são abstrações derivadas do tópico ou disciplina que estiver sendo considerado; podem haver modelos do átomo, de revoluções históricas, de tragédias clássicas. Modelos podem ocorrer na linguagem corrente (da espécie usada em livros com este) ou em qualquer outra forma simbólica publicamente avaliada. Em ciência, os modelos são freqüentemente apresentados em forma gráfica ou numérica ou lógica; nas humanidades, é mais provável os modelos serem apresentados em linguagem literal ou figurativa, embora outros sistemas simbólicos sejam por vezes usados; nas artes, os modelos aparecem tipicamente na indumentária de um determinado sistema de símbolos artísticos. Assim, um modelo de uma pintura, ou de uma escola de pintura, apresentar-se-ia em forma gráfica; um modelo de uma obra ou gênero de música expressar-se-ia numa partitura musical (ou, menos comumente, em alguma espécie de formato gráfico que — como um mapa meteorológico — retrata diferentes forças, direções e motivos).

Passemos, pois, para as "linguagens-modelo" que podem captar e comunicar aspectos essenciais dos nossos três casos exemplares. Como exemplo de saber científico, a evolução presta-se à expressão em termos de um conjunto de proposições. Os enunciados silogísticos apresentados anteriormente representam um modo seguro de captar a idéia central da evolução.

Mas facetas importantes da evolução podem ser também captadas em linguagem natural, como Darwin fez no começo. Essas facetas também podem ser comunicadas em linguagem pictórica. Um método comum é apresentar o modelo ramificado da evolução, como uma espécie primitiva única que dá origem, através do tempo e do espaço geográfico, a numerosos ramos secundários. Alguns desses ramos prosperam e proliferam; outros permanecem relativamente isolados e resistem; um número maior não sobrevive em seu nicho.

Os leitores de Darwin tendem a pensar na frondosa árvore de múltiplos ramos na forma estática que ele próprio empregou, o esboço em seu caderno (Figura 2A) ou as estruturas geometricamente paralelas de seu trabalho publicado (Figura 2B). A simulação em filme ou vídeo e as mais dinâmicas formas de simulação em computador também podem indicar os processos pelos quais as espécies surgem, evoluem e, em última instância, proliferam ou desaparecem. Quanto a outras facetas do processo evolutivo, desde a incidência de certos traços (como os bicos de vários tentilhões) até as leis que regem as transformações morfológicas e as proporções variáveis de diferentes espécies numa ecologia fixa, também podem ser empregadas várias espécies de linguagens algébricas, geométricas e de análise matemática.

Para sublinhar o ponto central: nenhuma dessas linguagens-modelo constitui a última palavra, ou a palavra final, sobre evolução. Todas contribuem. E assim, é aquele indivíduo — inicialmente o especialista, depois o professor, por fim o estudante — capaz de circular à vontade entre as múltiplas representações e de apoiar-se nelas quando apropriado que pode-se dizer possuir um pleno entendimento do conceito.

Diferentes linguagens-modelo não captarão aspectos idênticos do conceito. A geometria captará a forma, o filme captará o movimento, enquanto que a lógica isolará fatores causais. Com efeito, cada linguagem-modelo tem sua própria índole; cada uma delas é privilegiada para certos fins, ao passo que é menos útil, ou significativa, ou precisa, para outros. O indivíduo capaz de apreciar cada uma dessas características particularizantes e de reuni-las num todo coeso terminará detentor do mais versátil, flexível e desejável entendimento.

Como se reúnem esses modelos e linguagens modelares? É difícil responder a esta pergunta, em termos de modelagem psicológica e de pedagogia real. É certamente mais fácil dispor de um conjunto de linguagens-modelo do que conjugá-las numa síntese significativa. A minha opinião — uma resposta reconhecidamente insuficiente — é que não existe uma abordagem privilegiada para a criação de "fluência interlingüística". Pelo contrário, quanto mais tempo e esforço são dedicados ao entendimento de cada uma das muitas linguagens-modelo, mais provável

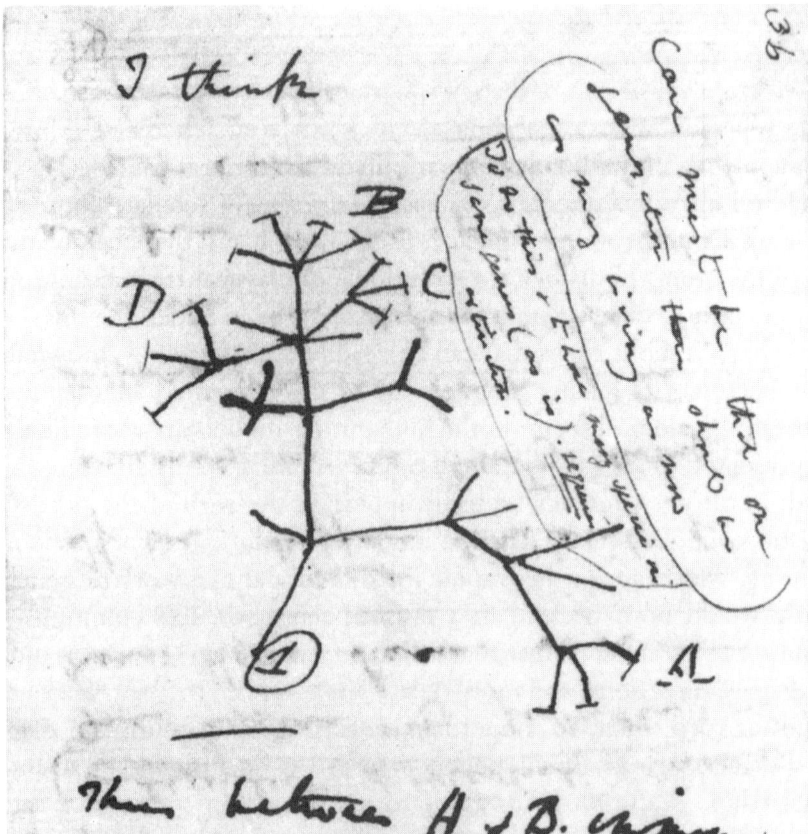

Figura 2A — Uma primeira tentativa de Darwin de delinear a frondosa árvore de múltiplos ramos da natureza.

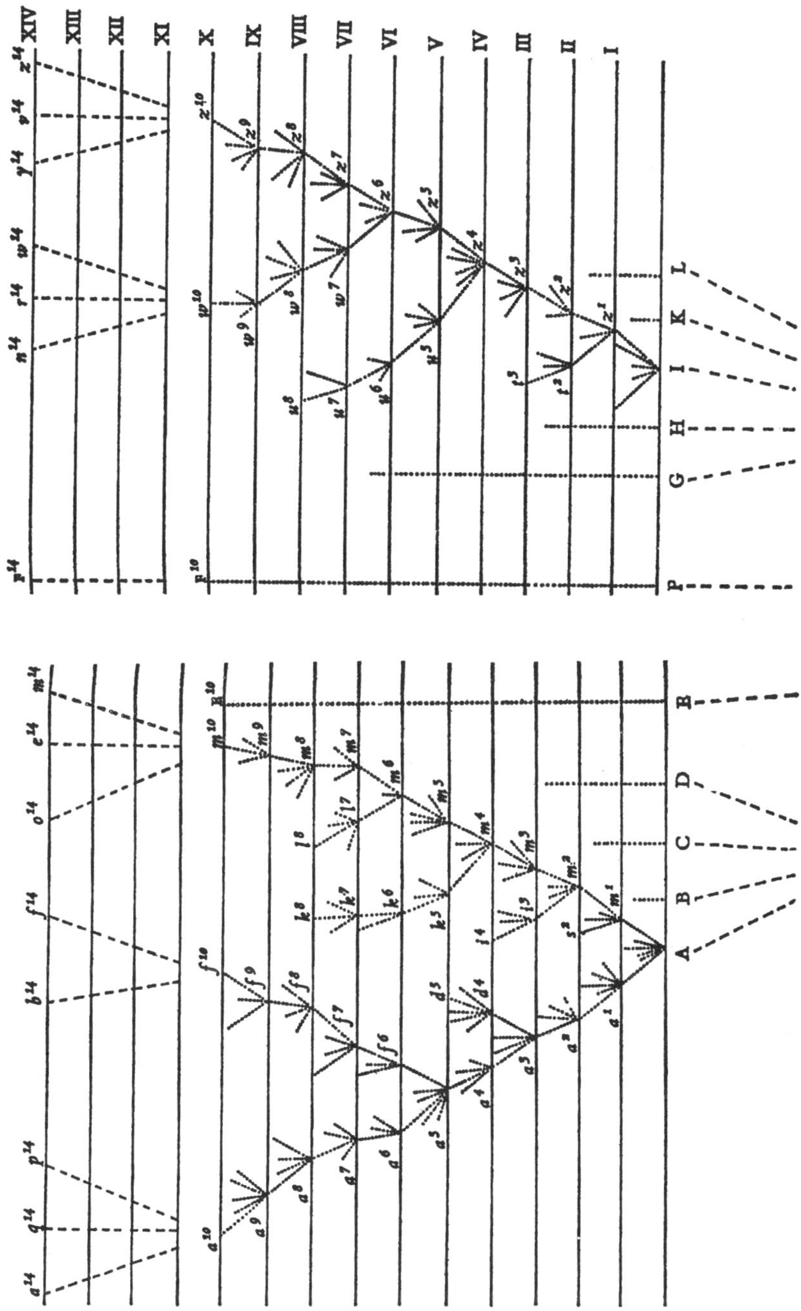

Figura 2B — Diagrama de Darwin publicado sobre divergências de características, princípios de seleção natural e extinção.

é que se efetuem entre elas as apropriadas conexões (assim como significativas separações e dissociações). Podemos "assentar" em modelos cada vez mais abrangentes do tópico abordado; mas a promessa de novas linguagens-modelo pode "desestabilizar" a representação por que se optara e, em última instância, aprimorar uma nova representação que seja ainda mais poderosa.

As linguagens-modelo funcionam de modo diferente a respeito de casos diferentes. A vida de Mozart e o enredo de *As Bodas de Fígaro* possuem características que são facilmente compreendidas na linguagem natural, na análise lógica e em forma gráfica. E o que dizer das características distintamente musicais de uma extensa e complexa obra como *As Bodas de Fígaro*? Sem dúvida, a partitura musical fornece um modo conveniente de expressar motivos, contramotivos "respondentes" e os usos mutáveis de temas, tons, registros, instrumentos e solistas.* Entretanto, outras linguagens podem contribuir, até de forma decisiva. Existem muitos livros sobre música, incluindo alguns que contêm muito poucas partituras ou fragmentos de partituras. A série de motivos pode ser bem transmitida através de gráficos, quer apresentados em forma geométrica, quer expressos em algumas forças de campo mais informalmente esboçadas — por exemplo, interpretações que se assemelham aos "grafismos" de expressionistas abstratos como Jackson Pollock ou Franz Kline, ou às linguagens mais diagramáticas de Piet Mondrian ou Sol Lewitt. E se aspectos de *As Bodas de Fígaro* forem convertidos em movimento ou dança, várias notações coreográficas podem realçar importantes características da partitura.

Com efeito, se incumbíssemos um estudante da tarefa de comunicar a um ouvinte inexperiente em que consiste *As Bodas de Fígaro* (ou mesmo um terceto), não faria o menor sentido meter-lhe nas mãos a partitura. Muito mais eficaz seria criar um sistema simbólico mais simples — um que assinalasse apenas os principais personagens, ações, motivos e formas musicais. Tal representação pode ser feita em poucas páginas e fornecer uma caracterização muito eficiente da obra. E, não por acaso, essa

---

* Observe-se que existem hoje muitos sistemas rivais de notação musical.

representação sumária criada pelo estudante serviria como pertinente "desempenho de entendimento" na avaliação final do trabalho realizado por uma classe — desde que, é claro, a representação fosse acompanhada de uma boa legenda.

Como o Holocausto ocorreu no âmbito da memória humana viva, muitas espécies de representações podem ser facilmente identificadas. O depoimento de testemunhas, em toda a sua plenitude, continua a ser a mais potente espécie de representação "viva" desse horrendo capítulo na história humana. Fotografias e filmes — tanto documentários como teatralizados — fornecem outros poderosos métodos para apresentar e contrastar idéias fundamentais.

Também podem ser usadas formas mais abstratas de representação. Os fatores essenciais podem ser analisados em forma lógica ou numérica, e podem ser feitas representações gráficas da identidade e das interações entre os principais protagonistas na conjuntura. De fato, existem mapas e diagramas dos campos de concentração, linhas de suprimentos, relação com os itinerários para as frentes de batalha etc. Tudo isso pode ser também apresentado de forma estática ou dinâmica.

Até mesmo o nosso exemplo-alvo da Conferência de Wannsee permite ser apreendido em diversas linguagens-modelo. Pode-se descrevê-lo numa narrativa linear; através de sua reconstituição numa encenação teatral; numa análise das diferentes lógicas que originaram certas decisões, assim como um exame numérico e logístico dos passos necessários para concretizar a solução final. E as reações emocionais (ou ausência de reações) dos diferentes participantes ao longo do tempo fornecem um tipo inteiramente diferente de "mapa mental" do Holocausto.

Pode-se recear que essas várias formas de representação reduzam o Holocausto a um conjunto de fórmulas e, por conseguinte, trivializá-lo. Suponho ser esse um risco contra o qual deveríamos estar protegidos. Mas é provavelmente um risco menor do que aquele que ocorre quando um indivíduo dispõe apenas de uma única representação, a qual é limitada ou enganosa de várias maneiras.

Os nossos três exemplos prestam-se facilmente a serem aproveitados em veículos contemporâneos tais como CD-ROMs, videodiscos, hipertextos e outras representações de interatividade multimídia, as quais seduzem o estudante. *Advertência:* essas apresentações podem ser excessivamente ricas — podem ser aduzidas demasiadas inferências e construído um número excessivo de representações mentais a partir delas. Muitas vezes, são mais úteis aquelas representações atenuadas ou desordenadas em que a riqueza é sacrificada para que o estudante possa focalizar mais rápida e facilmente as características que são verdadeiramente centrais para o conceito sob investigação.

Questões Remanescentes

Sugeri os diversos métodos pelos quais tópicos importantes podem ser abordados, apresentados em forma analógica, e cristalizados numa série de formas distintas e complementares de representação. Acredito que tal abordagem tem grandes possibilidades de resultar num saber profundo, genuíno e duradouro — um saber que ficará ao alcance de uma variedade de estudantes de maneiras que são significativas para eles, que lhes permitirão tirar partido de seus entendimentos, realizá-las publicamente e expandi-las em novas e apropriadas direções. Não é preciso que cada estudante comece ou termine com a mesma representação de todos os outros; dá-se prioridade a uma representação cada vez mais fecunda que seja significativa para cada estudante e possa ser comunicada aos outros.

Não terá escapado à atenção do leitor que minha exposição foi apresentada em palavras. Sinto-me à vontade neste meio e é também o meio em que os livros são escritos. Espero ter usado palavras que sejam suficientemente evocativas para sugerir também o poder de sistemas simbólicos não-lingüísticos.

Ficamos, porém, com algumas interrogações pendentes:

1. Como combinar harmoniosamente essas três maneiras de abordar idéias importantes?

2. Como propagar essa orientação ao resto do currículo — e quais poderiam ser as limitações?

3. Como se avalia o êxito de tal abordagem?

4. Como poderia essa abordagem ser mal entendida?

5. Finalmente, qual é o *status* do verdadeiro, do belo e do bom, e quais as suas possíveis interconexões?

Harmonizando as Três Abordagens

O meu modo de apresentação subentende uma ordem distinta: começar com pontos de entrada, depois oferecer analogias, em seguida convergir para as representações múltiplas da idéia central. Como esquema, este itinerário é recomendável sob muitos aspectos.

A arte de ensinar, entretanto, consiste precisamente em resistir a fórmulas. É importante sublinhar que essas três perspectivas não são completamente distintas: as representações múltiplas usam analogias, os pontos de entrada também podem comunicar construtos fundamentais, e assim por diante. A tarefa do professor assemelha-se à de um mestre orquestrador, que conserva toda a partitura em mente e, no entanto, pode amoldá-la aos requisitos de intérpretes específicos. Deve ele propor questões, tarefas, desempenhos de entendimento que se combinem confortavelmente, que cativem e absorvam os estudantes e, em última análise, ajudem a grande maioria dos estudantes a obter entendimentos mais profundos do tópico. Dentro dessa ampla perspectiva, o professor pode e deve ser encorajado a ser tão versátil quanto possível.

O Resto do Currículo: Possibilidades e Limites

Mesmo num currículo que adota como foco o entendimento, haverá continuamente pressões para cobrir mais tópicos, ou tratar os tópicos existentes de maneiras diferentes. A transigência, as concessões mútuas têm que estar na ordem do dia.

Dito isto, sinto que a abordagem geral aqui descrita em suas grandes linhas pode ser aplicada a uma ampla variedade de tópicos nas artes, nas ciências e nas humanidades. Com efeito, meus três exemplos foram escolhidos precisamente porque podem representar muitos outros: a evolução para uma vasta gama de teorias e conceitos em ciência; *As Bodas de Fígaro* para inúmeros artistas e obras de arte; o Holocausto para uma série de eventos e forças históricos.

Mas ainda que o entendimento deva ser um objetivo universal da educação, a aplicação desses métodos por igual a todo o currículo requer uma extensão dos mesmos. Certos aspectos das matemáticas são algorítmicos; certos segmentos do estudo de uma língua estrangeira envolvem exercícios e memorização; boa parte da educação artística envolve a constante prática de técnicas componentes e o sucesso gradual em sua integração.

Entretanto, mesmo nessas áreas aparentemente menos flexíveis do currículo, o "modelo" corrente, se assim quiserem chamar-lhe, tem utilidade. Novos conceitos proliferam em todas as matérias de estudo. Quer se estude o infinito, o zero, a diferenciação ou a prova em matemática, a abordagem deve ser comprovadamente útil. Da mesma forma, conceitos em línguas estrangeiras, tais como o pretérito mais-que-perfeito composto, a declinação de substantivos ou o caso ergativo, que não nos são familiares, podem ser judiciosamente apresentados a quem fala o inglês pelo conjunto de perspectivas aqui esboçadas.

Medidas de Êxito. Se o objetivo é o entendimento de conceitos fundamentais, então só existe um caminho para aferir o êxito: devem ser dadas aos estudantes amplas oportunidades para desempenhar seus entendimentos, sob diversas condições, e para receber também um regular e útil *feedback*. Inicialmente, é provável que esses desempenhos sejam prescritos em função do que se presume que seja realizado pelos estudantes e dos critérios pelos quais eles serão julgados. Com o tempo, devem surgir numerosas tendências: mais facetas da avaliação empreendida pelos próprios estudantes; mais oportunidade para reunir vários conceitos, temas e idéias; maior variedade de maneiras para o estudante mostrar o que aprendeu; e, o mais importante, ocasiões para cada um ampliar seus entendimentos, ver como estes se aplicam (e não se aplicam) a vários exemplos novos.

Precisaria de muitas páginas para indicar as maneiras como se pode investigar o entendimento de cada um dos meus três *icebergs*, sem falar de uma quantidade de diferentes *icebergs*, sem falar das relações entre eles. Não obstante, dei a partida nas discussões acima. Quase todos os exemplos de um ponto de entrada, analogia ou linguagem-modelo sugerem uma possível forma de avaliação; e, se os considerarmos em seu todo, dispomos de um importante conjunto para medir o entendimento pelos estudantes desses tópicos e de outros que lhes são comparáveis.

Permitam-me sugerir apenas duas possíveis avaliações do entendimento para cada um dos nossos tópicos. Poder-se-ia avaliar o entendimento do tópico dos tentilhões de Darwin criando uma cadeia hipotética de ilhas, cada uma com a sua própria ecologia, e pedindo aos estudantes que vaticinem o que aconteceria, com o passar do tempo, a um pequeno conjunto de insetos transportados para cada uma dessas ilhas. Ou poderiam ser fornecidos aos estudantes dados de uma recente visita às Galápagos e perguntado como Darwin interpretaria a distribuição atual de flora e fauna.

Passando ao terceto de Mozart, poder-se-ia explorar um dueto de um diferente gênero de ópera — digamos, a tragédia *Tosca* de Puccini. Essa composição apresenta a luta entre a impulsiva cantora Tosca, que está apaixonada pelo pintor Cavaradossi, e o implacável e lascivo chefe da polícia Scarpia, que cobiça Tosca. Ao estudante poderia ser fornecido o necessário material básico e solicitado que analisasse os acontecimentos no dueto, em função da intriga e do uso de materiais musicais. Ou os estudantes poderiam ser solicitados a criar seu próprio dueto, apresentando dois personagens contrastantes.

Finalmente, no caso do Holocausto, poder-se-ia descrever o que aconteceu aos armênios nas primeiras décadas deste século. O governo turco, para seus próprios fins, ordenou o aniquilamento da minoria armênia e logrou, em grande parte, alcançar seu objetivo, usando muitas das mesmas técnicas que os nazistas "aperfeiçoaram" mais tarde. Os estudantes podem debater as semelhanças e diferenças entre as duas tentativas de genocídio; ou criar obras de arte que evoquem esses acontecimentos de um modo apropriado.

Possíveis Equívocos Resultantes da Abordagem. Na medida em que novas idéias são tipicamente mal interpretadas, é conveniente estar atento para as possíveis aplicações errôneas da abordagem aqui descrita. Seria uma completa caricatura da abordagem tomar qualquer tópico e tentar expor sete (ou dez) pontos de entrada, sete (ou três) metáforas ou analogias, sete (ou 22) linguagens-modelo ou representações múltiplas. Assim como os meus três tópicos se propõem ser apenas ilustrações, também as listas aqui desenvolvidas são unicamente exemplificações.

Em cada caso, a seleção final de pontos de entrada, analogias e linguagens-modelo deve processar-se de maneira intuitiva, verdadeiramente artística. É preciso haver uma constante dialética entre as idéias a serem enfatizadas, os modos de instrução que sejam cômodos para o professor e os interesses e necessidades identificados dos estudantes. Talvez seja compreensível que os professores possam começar por procurar alguns pontos de entrada, analogias e linguagens-modelo apropriados para os tópicos a serem explorados. Entretanto, à medida que os professores vão ficando mais especializados, é provável que cheguem a adotar abordagens muito "personalizadas" para cada tópico.

Também seria um equívoco supor que todo e qualquer ponto de entrada, analogia ou linguagem-modelo é igualmente apropriado para um determinado conceito. Assim como as disciplinas constituem óticas diferentes, realçando aspectos separados de um tópico, também os vários pontos de entrada, analogias e linguagens-modelo chamam, cada um deles, a atenção para certas características, enquanto minimizam outras. De fato, essa acentuação constitui um dos mais poderosos argumentos a favor de múltiplas abordagens de um tópico. Não se pode inferir que uma determinada abordagem transmitirá igualmente bem todas as facetas de um tópico; cada uma delas revelará necessariamente seus próprios preconceitos e preferências quanto ao modo como o tópico deve ser apresentado e interpretado.

Finalmente, é importante dizer uma palavra sobre o relacionamento entre a teoria de inteligências múltiplas e a abordagem pedagógica exposta aqui. Eu gostaria de pensar que a teoria de inteligências múltiplas criou uma *atmosfera intelectual* onde é natural e produtivo falar de diferentes pontos de entrada, analogias, metáforas, representações múltiplas e linguagens-modelo. Variedade é a mensagem do dia. Entretanto, é uma distorção relacionar pontos de entrada, analogias ou linguagens-modelo específicos diretamente com inteligências específicas. Os vínculos são, na melhor das hipóteses, sugestivos. Por exemplo: embora a narração tenha vínculos com a inteligência lingüística, ela também possui sólidos vínculos com as inteligência lógica, pessoal e existencial; e, na mesma ordem de idéias, enquanto a inteligência espacial sugere representações visuais, estas podem abranger toda a gama que vai de gráficos a fotos, de filmes a apresentações em multimídia.

Sem dúvida, em algum nível, as inteligências de que somos capazes determinam como entendemos o mundo. Seria fascinante detalhar as relações entre as estruturas da mente/cérebro, as propriedades físicas do nosso mundo, as perspectivas de diferentes culturas e aqueles sistemas simbólicos e disciplinas que se desenvolveram no decorrer do tempo. Tenho certeza absoluta de que existem algumas relações, e de que estas contêm flagrantes semelhanças e reveladoras diferenças de indivíduo para indivíduo. Mas, lamentavelmente, este livro não é o lugar para descrever essas conexões ou diferenças. O máximo que posso dizer é que uma pluralidade de mentes engendra uma pluralidade de modos de compreender e dar um sentido lógico aos vários mundos.

Uma Vez Mais: O Verdadeiro, o Belo e o Bom. Apresentei inicialmente nossos três casos como exemplos prototípicos dos domínios clássicos de verdade/falsidade, beleza/feiúra e bondade/maldade. Ao entrar nos detalhes de cada caso, talvez seja inevitável (e não inadequado) que esses amplos rótulos organizadores se vejam obscurecidos ou até esquecidos. Mas aqui, quando minha discussão da pedagogia está chegando ao fim, é pertinente revisitar essas virtudes envolventes.

As culturas desenvolvem noções do que é importante, consideram imperativo transmitir essa tradição a seus jovens. Sem dúvida, os modos como esses tópicos são construídos, descritos e interpretados mudarão com o tempo; e, em particular, conceitos como verdade, beleza e bondade exibem hoje um obsoleto verniz para madeira sobre a nossa cultura predominantemente plástica. Não obstante, a menos que as façamos de forma aleatória, as nossas escolhas refletem os nossos valores; e nenhuma cultura pode perdurar se não obtiver algum êxito na tarefa de transmitir as verdades e belezas por ela escolhidas e os seus modos desejados de comportamento.

Se uma pessoa chegar a entender a evolução, terá efetuado a aquisição de uma importante verdade sobre as origens e o destino da nossa espécie; e enxergará as fraquezas na teoria lamarckiana rival, e até mesmo, talvez, nas descrições religiosas fundamentalistas.

Se uma pessoa chegar a entender a música de Mozart, terá encontrado um exemplo inequívoco e pujante de beleza no cânone ocidental; e também apreciará as limitações de compositores ocidentais menores, como Ditters von Dittersdorf, ou de obras e gêneros menos ambiciosos, como os arranjos *pop* da música americana (ou de outras nações). Para os que duvidam da minha caracterização, é com prazer que aceito apostas sobre que obras serão ouvidas com deleite e espírito edificante daqui a um século. (Nossos descendentes "pós-pós-modernos" terão que "cobrar" os nossos respectivos débitos ou créditos.)

Finalmente, se uma pessoa chegar a entender o Holocausto, terá adquirido uma melhor noção da natureza e dimensões da maldade humana; suas fontes, sua extensão, e as medidas que poderiam ser iniciadas para combater esses potenciais humanos, nos outros e em nós próprios. E, dentro desse quadro sombrio, terá que vislumbrar raios de esperança nas condutas exemplares de certos soldados, civis e líderes políticos e religiosos.

Em última análise, as respostas da sociedade a questões sobre verdade, beleza e bondade são importantes, mas nossas respostas pessoais são ainda mais importantes. As ligações e reverberações entre o verdadeiro, o belo e o bom são tão importantes quanto suas características distintas. A questão sobre como poderiam ser estabelecidos programas que facilitem tais entendimentos — culturais e pessoais — assume o lugar central nas páginas que se seguem.

Capítulo 10

Ser Bem-sucedido

Uma História de Dois Roteiros

Dois roteiros contrastantes podem conduzir à educação para o entendimento. De acordo com o roteiro da "Agência Centralizada", deve existir um p lanejamento coordenado do começo ao final da educação de um estudante. O mais provável é que tal coordenação ocorra por instigação de uma única autoridade superior. De acordo com o mais flexível roteiro da "Iniciativa Local", é mais provável que a educação para o entendimento aconteça se professores e estudantes estiverem empenhados em explorar temas de interesse duradouro; e se tiverem a oportunidade de explorar tão profundamente quanto desejarem, sem as pressões de um programa obrigatório e do tique-taque de um relógio.

Quais são as conseqüências menos agradáveis de cada curso? Os custos de uma "Agência Centralizada" são perda de autonomia e pressões constantes para "cobrir todo o material programado". Os riscos da "Iniciativa Local" incluem a possibilidade de redundância ao longo dos anos, preferências ou omissões tacanhas e idiossincrásicas, e/ou a ausência de normas significativas e coerentes para avaliar o desempenho do estudante.

A maioria dos países adotou o caminho de um currículo obrigatório. No cenário do "melhor caso", os estudantes saem-se bem em comparações internacionais e é estabelecido um sentimento de cultura comum. Entretanto, a compreensão profunda de assuntos é tipicamente sacrificada — mesmo que tal profundidade seja um objetivo declarado do sistema. Os Estados Unidos, e alguns outros países, optaram até agora pelos currículos localmente desenvolvidos. Os resultados mais favoráveis ou mais desejáveis são os que se registram quando os estudantes exploram profundamente os assuntos e adquirem um sincero amor ao estudo. Mas, com demasiada freqüência, tudo o que os estudantes conseguem é uma salada heteróclita de conhecimentos ou, ainda pior, pouco saber ou entendimento confiável.

É possível navegar entre essas polaridades? Examinei antes a educação para o entendimento numa determinada classe ou escola. Descrevo agora como seria possível obter uma educação completa para o entendimento em grande escala. Embora aspirando a tornar essa educação amplamente acessível, admito que esse objetivo talvez não seduza todo o mundo. Por isso esboço também um sistema de "múltiplos roteiros", no qual os cidadãos de um país podem escolher entre um certo número de caminhos para obter uma educação de qualidade. Tais caminhos combinam idealmente as forças das abordagens centralizadas e idealizadas.

Uma Trajetória para o Entendimento

Um ingrediente crucial de uma educação bem-sucedida é a noção de trajetória. Numa trajetória, os membros de uma comunidade concordam sobre os objetivos do sistema e os passos a dar para atingir esses objetivos. Tal planejamento envolve uma determinação sobre o que deve ocorrer em cada nível de idade/série escolar, e o modo como esse conjunto de práticas se ajusta ao quadro mais amplo. Em cada nível etário, professores e pais devem estar informados sobre o que foi feito antes, por que foi feito, e o que é previsto que se faça em idades/séries subseqüentes. Qualquer prática que não possa ser justificada nesses termos deve ser reexaminada criticamente e, se for o caso, posta de lado.

Não se deve tolerar a repetição irracional nem a omissão negligente de material importante.

Os padrões e referências importantes não devem ser mantidos em segredo, nem restringidos àqueles que podem decifrar o jargão educacional. Pelo contrário, os tipos de comportamento e entendimento que se esperam em cada nível etário devem ser publicamente demonstrados, discutidos, argumentados, celebrados sempre que realizados com êxito, ajustados quando provam ser ineficazes ou de realização sumamente difícil. Se, segundo se presume, os estudantes primários devem ser capazes de determinar se uma entidade não-identificada é uma planta ou um animal, todas as famílias devem estar ao corrente desse objetivo; se os estudantes secundários devem estar capacitados para tomar partido no debate contemporâneo sobre censura artística e para defender publicamente o seu ponto de vista, a prática pertinente deve começar anos antes.

Assim enunciada, a idéia de uma trajetória poderá parecer indiscutível. Na verdade, porém, poucas vezes foi entendida tão plenamente quanto poderia ser. Em jurisdições sem currículo centralizado, a educação é propensa — fatalmente, muitas vezes! — a redundância ou omissões. Em jurisdições com currículos centralizados, as oportunidades para conceber, planejar e implementar uma trajetória são ostensivamente maiores. Na prática, entretanto, há freqüentemente uma divisão do trabalho: os primeiros anos são dedicados às "aptidões clássicas", os anos subseqüentes às disciplinas, com esforços para coordenar as questões, os temas a longo prazo e os resultados desejados para um extenso período de tempo. Além disso, os primeiros anos podem acentuar facetas sociais ou emocionais do desenvolvimento, enquanto que os anos ulteriores se concentram quase exclusivamente na preparação para os exames. (Recordemos a velha piada em curso entre os professores: "Nas séries primárias, gostamos das crianças; nas séries secundárias, gostamos das disciplinas; na universidade, gostamos de nós mesmos.") Os modos de avaliação são, tipicamente, provas escritas, com os "itens" cuidadosamente mantidos em segredo; raras vezes os exames em "grande escala" são realizados em público, criticados e celebrados pela comunidade. Tais fatores de perturbação tornam as trajetórias menos eficazes do que poderiam ser.

Onde as trajetórias foram levadas em conta, foram quase sempre construídas em termos geográficos: um estudante vai para a Madison Elementary School, depois para a Madison Middle School e, enfim, para a Madison High. Tais trajetórias geográficas ainda fazem sentido nos casos em que são possíveis. Contudo, o advento de poderosas tecnologias abre a possibilidade de "trajetórias virtuais". Não só os estudantes podem agora freqüentar escolas que não se encontram em suas vizinhanças, mas participantes de trajetórias completas podem aprender de — e manter-se em contato com — "trajetórias associadas" no mundo inteiro que compartilhem de sua filosofia e de seus problemas. (São agora possíveis os "amigões do *mouse*" para a vida inteira.) Esse "acesso apesar da distância" é especialmente importante em épocas em que os estudantes mudam de um local para outro, ou quando as características de uma "trajetória familiar" foram subitamente alteradas.

Sou pessoalmente a favor de uma "Trajetória para o Entendimento". Permitam-me indicar apenas uma dimensão de tal trajetória. A educação, nessa trajetória, deve inspirar-se num conjunto de *questões essenciais*:[1] Quem somos? De onde viemos? O que consideramos ser verdadeiro ou falso, belo ou feio, bom ou mau? Qual é o destino da Terra? Como ocorre a nossa adaptação? De que é feita a Terra? Do que somos feitos? Por que vivemos e por que morremos? Estão os nossos destinos sob o controle de Deus ou de algum poder superior? O que é o amor? O que é o ódio? Por que fazemos a guerra? Devemos fazê-la? O que é a justiça e como podemos realizá-la?

Estas interrogações — e muitas outras de comparável âmbito — são formuladas e ponderadas por seres humanos em todos os lugares. É natural que pessoas jovens proponham tais questões. Entretanto, é raro vê-las articuladas em termos filosóficos explícitos. É mais comum serem apresentadas na gíria dos contos de fadas, dos mitos, dos jogos e, na era cinemática, dos filmes e vídeos. Em idades mais adiantadas, os indivíduos formulam as questões literalmente — em discussões num bar ou café, em reuniões informais de clubes universitários, em telefonemas para *talk shows*, em tempos de crise pessoal ou social. E os indivíduos continuam ventilando essas questões em várias formas simbólicas, incluindo mitologia, religião, as artes, ciências e filosofia.

Podemos discernir o poder potencial de uma trajetória. Uma vez comprometida com a análise de tais questões, estas podem ser formuladas desde cedo na escola e depois reexaminadas regularmente de maneiras apropriadas para os estudantes. O compromisso com as questões essenciais tem o sabor de uma política de "agência centralizada", mas as maneiras como tais questões são formuladas ao longo dos anos podem ser mais bem determinadas por iniciativa local.

O Poder e os Perigos do Estudo Disciplinar e Interdisciplinar[2]

As disciplinas escolares representam esforços empreendidos por indivíduos (e grupos) ao longo do tempo para abordar questões essenciais e fornecer respostas, por mais conjecturais que sejam, para essas questões. Importantes obras de arte e teorias científicas representam os esforços específicos, sob forma disciplinar e interdisciplinar, para expressar respostas provisórias. A partir dos primeiros anos de escola, os indivíduos devem adquirir suficientes noções gramaticais e aritméticas para que possam começar a participar das disciplinas. Depois devem adquirir gradualmente algum domínio das disciplinas, a fim de poderem participar — como observadores ou, melhor, como praticantes ativos — nos mais ambiciosos e mais bem-sucedidos esforços objetivando a obtenção de respostas para essas questões. Finalmente, o domínio das disciplinas deve ser de tal ordem que lhes permita chegar a respostas mais pessoais e mais completas para tais questões.

E assim, revertendo aos meus exemplos-alvos, a teoria darwiniana da evolução representa uma profunda resposta à questão das origens dos seres humanos. Para avaliar a teoria de Darwin, cumpre adquirir certo nível de instrução geral, assim como a capacidade para pensar sistematicamente sobre questões científicas — por exemplo, como isolar as variáveis que possam significar diferentes espécies de tentilhões. As obras (e personagens) de Mozart defrontam-se com questões de amor, fidelidade, poder, e as relações mútuas de seres humanos. A fim de penetrar no universo de Mozart, devemos ser capazes de integrar o conhecimento da esfera humana com a capacidade de assimilar temas musicais, harmonias e padrões rítmicos. O Holocausto suscita questões de bondade e maldade humanas, em suas mais puras formas. Para adquirir o entendimento desse evento, cumpre estar familiarizado com as circunstâncias de uma determinada era histórica e depois adquirir as ferramentas para avaliar explicações rivais de suas causas e conseqüências.

Esse modo de pensar pode fornecer um fundamento lógico para muitos currículos. Os níveis básicos de instrução não são dominados como fins em si mas, antes, como meios para permitir aos estudantes o acesso às disciplinas. Tampouco as próprias disciplinas são metas finais. O pensamento científico, a interpretação artística e a análise histórica constituem, antes, acessos privilegiados para o entendimento de fenômenos como a evolução, Mozart e o Holocausto; na verdade, constituem o meio mais refinado de abordar questões que preocupam os seres humanos.

Com demasiada freqüência, meios e fins são confundidos nessa área. Presidentes norte-americanos pedem uma nação onde todas as crianças de oito anos possam ler. Trata-se, sem dúvida, de um objetivo meritório mas não aborda o principal problema nos Estados Unidos (e em alguns outros países); os indivíduos podem ler *mas não lêem.* (De fato, o americano médio lê um livro por ano, e os números referentes a professores são mais ou menos os mesmos.) Os indivíduos devem ser motivados para ler porque estão curiosos a respeito de questões essenciais e porque estão convencidos de que alguns progressos podem ser obtidos através da leitura de obras pertinentes de ficção e não-ficção.

Repetimos: não se discute o esforço necessário para se chegar ao estudo de disciplinas e à obtenção do pensamento disciplinar — com exceção, talvez, de certos círculos educacionais pós-modernos. Mas os *propósitos* subjacentes nesse esforço são freqüentemente esquecidos. Não se deve optar pela química a fim de satisfazer as noções de Andrew Carnegie sobre quantas horas de ciência são requeridas no colégio (as chamadas unidades Carnegie, estabelecidas pela Fundação Carnegie), ou para conseguir a admissão numa certa universidade ou escola profissional. A explicação lógica e a recompensa para as disciplinas devem ser, antes, a participação valorizada na discussão das principais questões da vida humana e a mais forte base para tal discussão. Se queremos entender o que significa estar vivo, estudemos biologia; se queremos entender a composição e dinâmica do mundo físico, estudemos química, física ou geologia; se queremos entender nossos próprios antecedentes, estudemos história nacional e padrões e experiências de imigração; se queremos adquirir um conhecimento íntimo das proezas de que os seres humanos são capazes, estudemos e participemos de atividades artísticas, científicas, religiosas, esportivas, e talvez até na área da psicologia do desenvolvimento.

A finalidade do estudo disciplinar nos anos pré-universitários não é desenvolver cientistas, historiadores ou estetas em miniatura. A meta é, sem dúvida, fazer com que os jovens se sintam à vontade com o núcleo intelectual, o poder analítico de numerosas formas de abordar o mundo. Os jovens não conhecem os detalhes técnicos de processos biológicos, os métodos de composição musical ou os debates historiográficos. Eles *devem* entender como os partidários das disciplinas abordam as questões e obter profunda familiaridade com um punhado de exemplos evocativos.

De um modo geral, tais questões gerativas não se apresentam marcadas com uma codificação disciplinar específica; o trabalho interdisciplinar fornece um modo privilegiado de obter respostas fecundas para questões essenciais. E, no entanto, não se pode mergulhar diretamente no estudo interdisciplinar. Tal investigação só é possível se o indivíduo tiver dominado suficientemente mais de uma disciplina, para que possa estabelecer vinculações, de um modo produtivo, entre as disciplinas dominadas.

Estes comentários podem parecer em conflito com a exigência muito comum de currículos integrados, currículos temáticos, currículos interdisciplinares, com freqüência desde as escolas de ensino elementar e médio. Não faço objeções *per se* a tais currículos, os quais são muitas vezes bem preparados e atraentes para os estudantes. Tenho fortes reservas quanto a chamar-lhes *inter*disciplinares.

Por que a objeção? Para usar a palavra "interdisciplinar", necessita-se de provas de que determinadas disciplinas foram dominadas e conjugadas de forma apropriada. (Não se pode qualificar uma pessoa treinada no sistema jurídico de um único país como um "advogado internacional" — e dificilmente se chamaria a uma pessoa que nunca estudou direito um especialista em direito internacional.) Tal síntese interdisciplinar é simplesmente inviável para a maioria dos jovens — e a maioria dos professores — durante os anos intermédios da infância. Eu prefiro ver a maioria dos currículos interdisciplinares como atividades "protodisciplinares" ou ditadas pelo "bom senso". Em vez de se apoiarem no pensamento disciplinado, ou de se prepararem para ele, essas abordagens tendem a ignorar as distinções pré- ou protodisciplinares que as crianças pequenas estão se tornando aptas a dominar. Tais modalidades de ação apresentam simplesmente um tópico atraente — como a natureza do silêncio, ou a floresta úmida, ou um ritual índio — e permitem que as crianças leiam, ou escrevam, ou desenhem acerca desses tópicos conforme desejem.

Nessa idade, as crianças estão apenas começando a adquirir uma noção da diferença entre questões sujeitas a investigação empírica (a incidência real de tentilhões específicos em diferentes ilhas) e aquelas que são meramente uma questão de opinião (seus próprios palpites sobre os motivos por que os bicos têm os formatos que têm); ou entre eventos que ocorreram (um caso raro de sobrevivência em Auschwitz através de conluio com os guardas) e eventos que são fictícios (um conto sobre uma criança que sobreviveu ao Holocausto vivendo como um animal nos bosques). A pergunta a fazer sobre esses currículos interdisciplinares autodescritos é esta: eles ajudam os estudantes a efetuar tais distinções disciplinares básicas? E em muitos casos a resposta é "não".

No entanto, há boas notícias nesse campo. É possível criar currículos temáticos no ensino médio que começa a treinar o pensamento disciplinar. Ann Brown, Joseph Campione e seus colegas criaram "comunidades de aprendizado" na área de São Francisco.[3] Nessas comunidades, os estudantes dividem-se regularmente em grupos e exploram vário aspectos de uma questão instigante: por exemplo, como se reproduzem diferentes espécies de animais? Os jovens lêem, escrevem, pesquisam, relatam que dados obtiveram e usam esses modos de investigação como modelos recíprocos, fornecendo críticas e estímulo. Discutem sobre os dados e sobre a interpretação. Estabelecem critérios para o que conta como um bom resumo, uma questão instigante, uma resposta ponderada. Através de tais atividades, os jovens estão adquirindo um sentimento de como pensar de acordo com a disposição mental de um biólogo, de um naturalista ou de um jornalista.

Um esforço paralelo — o projeto CSILE (sigla para *Computer Supported Intentional Learning Environments*) — foi empreendido por Marlene Scardamalia e Carl Bereiter em Toronto. Nessa abordagem, pródiga em tecnologia, os estudantes podem pesquisar qualquer tema de interesse. Investigam por conta própria ou em colaboração com colegas de classe, escrevem notas uns para os outros, comunicam-se com colegas de outras instituições de ensino e também consultam especialistas pessoalmente ou *on line*. Criam documentos hipertextuais multimídia que registram os resultados de suas investigações e servem, no estilo de Reggio, como entendimento de um tópico pelo grupo. Através dessas atividades, os jovens estão aprendendo sobre estilos de pesquisa em história, ciência ou estudos sociais e estão ampliando sua competência como sumariantes, inquiridores e relatores.

Tomam esses jovens conhecimento tanto dos paralelos quanto das diferenças entre diversas famílias de disciplinas? Provavelmente não por conta própria, a menos que sejam pensadores excepcionalmente independentes e inovadores. Entretanto, os hábitos de ler, escrever, coligir e relatar dados, e de correlacionar sistematicamente essas atividades, colocam tais jovens em excelente posição quando empreendem, em anos subseqüentes, estudos disciplinares mais formais.

Só então podemos começar a falar legitimamente de currículos disciplinares "hifenizados". Ao tempo da faculdade, quando os estudantes obtiverem um certo domínio de, pelo menos, duas disciplinas, eles podem começar um verdadeiro trabalho *inter*disciplinar. Em tais casos, eles podem, por exemplo, estudar a exaltação da Alemanha nazista em torno da eugenia, apoiando-se em seu entendimento biológico, assim como político e histórico. Uma questão como o programa nazista de eugenia só pode ser entendida por quem estiver apto a lidar simultaneamente com a informação científica (ou pseudocientífica) sobre genética, as considerações políticas envolvidas em lutas ideológicas, e os textos e registros históricos e científicos pertinentes.

Existem outras opções. Os estudantes podem também tirar proveito de posturas *multi*disciplinares. Nesse caso, nenhum esforço explícito é feito para sintetizar duas disciplinas. Em vez disso, o estudante limita-se a estudar um tema tal como é visto por representantes de disciplinas pertinentes: por exemplo, a Renascença tal como é entendida por um historiador e um crítico literário; ou o significado da vida, tal como é vista por um biólogo e um metafísico. É claro, os estudantes têm o privilégio de criar sua própria síntese interdisciplinar, mas não é esse o objetivo explícito do curso. Finalmente, há o trabalho *meta*disciplinar — o estudo concreto da natureza das disciplinas e do modo como poderiam ser combinadas: a atividade exata que está sendo justamente levada a efeito nesta página.

Sem desculpas, confirmo ser um defensor das disciplinas. Mas isso não significa que eu defenda o modo como as disciplinas são tipicamente ensinadas na escola secundária ou na faculdade. Na maioria dos casos, as formas usadas para ensinar história, biologia ou geologia são ditadas pelo que fazem os metodólogos profissionais dessas disciplinas. Em termos metafóricos, a sombra do estudo de pós-graduação domina o ensino universitário, e a sombra da universidade domina o ensino secundário. Lamentavelmente, esta prática significa que a maioria dos indivíduos está sendo treinada como aprendizes para carreiras que eles nunca seguirão.

O destaque deveria ser dado à instrução disciplinar que se revista de valor, primordialmente, para aqueles que seguirão outras carreiras. Necessitamos de cidadãos que pensem cientificamente acerca de novas descobertas (clonagem) e novas opções pessoais (aceitar ou não submeter-se à triagem genética), de cidadãos que possam pensar historicamente sobre sua própria sociedade e que possam recorrer ao discernimento histórico e político na medida em que este determina como votar em referendos ou como escolher entre candidatos com diferentes filosofias e programas políticos; cidadãos que reconheçam a moralidade e a beleza (e sua ausência) e se esforcem por praticar essas virtudes em suas próprias vidas. Esses objetivos requerem currículos e instrução que exponham as idéias e abordagens essenciais das mais importantes disciplinas acadêmicas, não aquelas que procuram cobrir todos os tópicos ou preparam tão-somente para se obter um diploma de final de curso. Esses aspectos essenciais mudam, felizmente, com menos rapidez do que determinadas descobertas e perspectivas; por conseguinte, pode haver certa estabilidade no modo como os cidadãos comuns vêm a absorver métodos disciplinados de pensamento.

Um Padrão Nacional ou Padrões Nacionais?

Uma excentricidade da Constituição dos Estados Unidos tornou discutível o exame de currículos e avaliações no contexto norte-americano. Com o controle da educação entregue aos estados, e com os temores perpétuos do *establishment* federal em Washington, foram relativamente poucos os programas federais organizados com êxito na área da educação. As principais exceções foram a proteção dos direitos civis dos estudantes e o apoio financeiro a estudantes pobres.

Uma grande mudança pode estar ocorrendo nos Estados Unidos. Pela primeira vez em nossa história, a maioria dos cidadãos vê uma virtude nos exames nacionais e, talvez, até em currículos nacionais. Porém, subsiste ainda uma enorme oposição a tais iniciativas, sobretudo entre os que se situam nos extremos do espectro político. Os que estão "à esquerda" temem um currículo que seja excessivamente chauvinista ou simplista, e a instituição de exames que estigmatizem ainda mais aqueles que já estão em "situação de risco". Os da "direita" receiam um currículo que invada áreas pessoais (como valores), ou que dite o que os burocratas e funcionários eleitos de Washington querem, em vez de se adaptar às diversas vozes do "povo americano".

Pessoalmente, eu poderia viver a maior parte dos dias com um currículo nacional. Acredito que existem muitas coisas que toda criança deve saber e estar apta a fazer, acredito que o sistema norte-americano poderia beneficiar-se da coesão e rigor de um currículo nacional, e duvido que a maioria dos mais de 2,5 milhões de professores americanos deseje, ou esteja em condições de criar, currículos e avaliações que tenham tanta lógica quanto os que foram elaborados por equipes especializadas de *scholars* e metodólogos.

Existe, porém, um óbice que pode ser indubitavelmente decisivo. Eu só seria favorável a um currículo nacional e a padrões nacionais se pudesse — ou outros da mesma opinião pudessem — desempenhar um papel substancial em sua criação. Pois toda vez que penso como me sentiria se o currículo ou os exames nacionais fossem confiados a indivíduos com quem não tenho qualquer afinidade ideológica ou educacional, não hesito em tornar-me logo um opositor de tentativas para criar padrões nacionais ou federais. Para dar um nome a isso, eu não subscreveria as recomendações da equipe do currículo "Jesse Helms" ou "Louis Farrakhan".

Neste ponto, o contexto pode ser útil. A educação está politizada por toda parte, mas raras vezes tanto quanto nos Estados Unidos. Na maioria dos outros países democráticos (e até alguns não-democráticos), um ministério ou serviço público não-politizado permanece firme a despeito de mudanças no governo. Nos Estados Unidos, entretanto, seja em nível federal, estadual ou local, a educação está impregnada de considerações políticas. Dirigentes recém-nomeados de burocracias — superintendentes urbanos, diretores de escolas estaduais ou secretários de Educação — derrubam rotineiramente (e não raro com extrema energia) a política que vinha sendo adotada por seus predecessores. De fato, o presidente Reagan nomeou o seu primeiro secretário de Educação, Terrel Bell, com o entendimento de que Bell fecharia o departamento (as instruções do patrão foram ignoradas) e outras secretarias pediram a abolição do Departamento de Educação — embora, tipicamente, só depois de concluída sua própria participação no Ministério Presidencial.

O motivo para esse descontentamento merece ser apontado. Nos Estados Unidos, as secretários de Educação ou os diretores das Dotações Nacionais das Artes e Humanidades estão usualmente à vontade quando seus departamentos cumprem suas obrigações. Mas quando, durante ou após o exercício de suas funções, os departamentos enveredam por novos rumos, os dirigentes que os antecederam adotam como prática corrente denunciá-los. Nisso, eles não são diferentes de mim. Quero padrões nacionais somente na medida em que apresentem uma razoável semelhança com os padrões que pessoalmente adoto.

Note-se que estas questões não são exclusivamente norte-americanas. Outras sociedades estão caminhando para a descentralização de seus sistema educacionais; e muitas encontram um atrativo na corrente intoxicação americana com as chamadas *charter schools*. O "modelo de mercado" não se detém nas fronteiras nacionais. Mas, uma vez quebrada a hegemonia de uma agência centralizada, cumpre enfrentar todas as virtudes e vícios de um sistema de iniciativa local.

Múltiplos Roteiros[4]

Idealmente — se eu pudesse ser o benevolente ditador — gostaria que todas as crianças recebessem a educação que descrevi nestas páginas. Penso ser a melhor educação — para agora e para o futuro previsível — e estou trabalhando para sua concretização. Com efeito, recentes acontecimentos constituem um poderoso argumento favorável ao "entendimento" como processo de educação para todos os seres humanos.

Há 10 ou 15 anos, dizia-se que os infortúnios econômicos da América eram devidos às suas escolas inadequadas, ao passo que o triunfo no Leste Asiático se devia às suas excelentes escolas. Agora, no ápice do milênio, os Estados Unidos são a nação mais bem-sucedida na esfera econômica, embora poucos, se é que alguns, argumentem que suas escolas melhoraram substancialmente nesse ínterim. Na verdade, recentes comparações internacionais sugerem que as escolas norte-americanas estão, para dizer o mínimo, atoladas na mediocridade. É claro que o elo entre uma certa espécie de educação e a prosperidade econômica é tênue, na melhor das hipóteses.

Entretanto, justamente por causa da atual hegemonia estadunidense, o país encontra-se numa posição única. Não tem que tomar por modelo para o seu sistema educacional outros países supostamente mais bem-sucedidos. Os Estados Unidos têm plena liberdade para adotar o sistema que quiserem. Por razões expostas na primeira parte deste livro, uma educação que visa o entendimento como sua principal meta é a mais adequada para um mundo em rápida transformação. Faz sentido, para outros países assim como para os Estados Unidos, organizar roteiros para o entendimento.

Não sou, porém, um ditador — de fato, sou um democrata. Ainda quero que os meus filhos tenham a educação de minha escolha, mas sou suficientemente realista para reconhecer que o resto do mundo não endossará necessariamente as minhas preferências ou as razões para elas.

Há uma saída para esse dilema? Minha solução é surpreendentemente simples e direta. Devemos caminhar em nosso próprio país para a criação de um certo número de exeqüíveis — e talvez até memoráveis — roteiros.

Analogias podem ser encontradas nas companhias de aviação comercial ou nas empresas de telecomunicações a grande distância. Não é preciso que haja uma única companhia aérea ou telefônica nacional; conhecemos os limites desses monopólios. Por outro lado, não é necessário, nem mesmo aconselhável, ter dúzias de linhas aéreas à nossa escolha.

O educador racional em mim sugere que meia dúzia de roteiros, projetados de acordo com diretrizes muito específicas, seria a melhor alternativa, sobretudo numa nação heterogênea como os Estados Unidos. Os roteiros terão perfis distintos ou, para usar uma diferente metáfora, devem possuir *paisagens* diferenciadas. Na sombra do ano 2000, eis um conjunto plausível de seis roteiros:

1. *O Roteiro Canônico* — inspirado por Allan Bloom, William Bennett e Lynn Cheney. Para os que desejam um sistema onde figuram com destaque os tradicionais valores históricos e artísticos norte-americanos (e ocidentais). Estudantes de todo o país terão lido os mesmos livros e estarão aptos a discorrer sobre questões constitucionais e históricas americanas. Os cidadãos da França reconhecerão e repercutirão sem dificuldade este percurso, embora os canonistas franceses, é claro, leiam Victor Hugo e Jean-Jacques Rousseau em vez de James Madison e Mark

Twain. O mesmo critério é válido, de maneira similar, para o Brasil, Cingapura ou África do Sul.

2. *O Roteiro Multicultural* — inspirado por James Banks, Jesse Jackson, Ronald Takaki e adotado por muitos departamentos universitários recém-formados. Para os que desejam um sistema onde se destaquem a natureza e as identidades dos principais grupos étnicos e raciais da América. Os estudantes aprenderão a conhecer a fundo suas próprias culturas e manterão uma perspectiva comparativa em relação a outros grupos, especialmente àqueles que têm recebido até agora um tratamento injusto por parte da população majoritária da América.

3. *O Roteiro Progressista* — inspirado por John Dewey, Francis Parker e Deborah Meier. Para os que desejam um sistema onde são respeitadas as diferenças individuais e os padrões de crescimento, onde o currículo resulta dos interesses e preocupações da comunidade, e onde os valores democráticos são vividos, não meramente estudados. Os estudantes estarão ativamente envolvidos em tarefas comunitárias e procurarão criar e sustentar uma comunidade escolar que consubstancie valores democráticos.

4. *O Roteiro Tecnológico* — inspirado por Bil! Gates, Louis Gerstner e grande parte do mundo empresarial-financeiro norte-americano. Para aqueles que acreditam que os Estados Unidos devem manter sua supremacia competitiva e que o domínio de tecnologias representa a melhor maneira de garantir uma força de trabalho bem treinada e flexível. Nessas escolas, os currículos serão menos importantes do que a imersão numa completa gama de tecnologias. Os estudantes aprenderão a usar essas tecnologias — a fim de, por exemplo, criar e criticar produtos da mídia.

5. *O Roteiro Socialmente Responsável* — inspirado por organizações cívicas diversas, incluindo grupos de defesa do meio ambiente, grupos que promovem o espírito de solidariedade social do empresariado, e os *Educators for Social Responsibility*. Para aqueles que têm consciência dos enormes problemas sociais e econômicos no mundo, e querem encorajar

o desenvolvimento de seres humanos que estejam ativamente envolvidos em melhorar o mundo. Nessas escolas, o enfoque curricular incide sobre questões nacionais e globais que são suscetíveis de solução.

6. *O Roteiro do Entendimento* — inspirado por Sócrates e apresentado neste livro. Para os que acreditam que os seres humanos têm o desejo de explorar e entender as questões mais fundamentais da existência, e que os currículos devem ser organizados com o propósito de equacionar e enfrentar essas inquietações epistemológicas — em termos coloquiais, o verdadeiro, o belo e o bom. Os estudantes nessa escola examinarão e reexaminarão essas questões clássicas armados por qualificações e competências obtidas através dos sucessivos níveis de instrução acadêmica e da possibilidade de abordagens multidisciplinares e interdisciplinares. Expõem publicamente seus entendimentos; estão motivados para ponderar essas questões e suas interligações, muito depois de concluída a escolaridade formal.

É claro, minha lista de seis roteiros é apenas ilustrativa. Poderia ter falado igualmente de famílias de escolas que já constituem um êxito: as escolas "Waldorf" de Steiner, as escolas Montessori, as escolas Comer, assim como as redes do tipo International Baccalaureate, Coalition of Essential Schools, ou as escolas católicas e outras de natureza sectária; ou os roteiros baseados em temas, como os roteiros de "artes", ou de "administração de empresas", ou de "saúde". Em minha fraseologia, eu poderia ter descrito, em vez disso, "O Roteiro Espiritual" ou "O Roteiro do Cidadão" ou "O Roteiro Internacional".

Unum a Partir de *Pluribus*

Uma tese sustenta que deveríamos permitir o florescimento de 100 ou 1.000 roteiros. Na verdade, foi isso o que aconteceu na educação universitária norte-americana, um nível que — de um modo algo paradoxal — é considerado um sucesso muito maior do que o nosso sistema de educação primária ou secundária.

No nível pré-universitário, rejeito essa tese por duas razões. Em primeiro lugar, acredito que um sistema que é basicamente público deve ter como responsabilidade inculcar nos jovens os valores da cidadania — o que significa ser um americano (ou um cidadão da França ou de Cingapura), um habitante de um país que pretende encarnar certas normas, práticas e valores. Em segundo lugar, considero que tal sistema necessita de um conjunto de normas que sejam públicas, transparentes e possam ser monitoradas por organismos externos investidos de responsabilidades.

Nenhuma dessas metas pode ser alcançada de um modo realista se permitirmos que cada roteiro — na verdade, cada escola — persiga seus próprios ideais (ou seus próprios demônios). (Esse é o risco suscitado pelo rápido crescimento do movimento das *charter schools*.) O que é viável é ter mais de um roteiro dentro da nação. Ser um roteiro "oficialmente qualificado" deve significar que os seus criadores se comprometem a transmitir e inculcar certos valores básicos nacionais no acento próprio do dialeto desse percurso. E significa também que os planificadores divulgam os padrões por cujo cumprimento os estudantes são responsáveis; que esses padrões são suscetíveis de crítica e debate públicos; e que aos estudantes que não preenchem esses padrões não será permitida a graduação nesse percurso... embora lhes possam ter sido concedidas múltiplas oportunidades de êxito.

Para dar um exemplo (não escolhido ao acaso!), farei algumas reflexões sobre as obrigações de um "Roteiro do Entendimento". A fim de cumprir as condições requeridas para obter apoio público nos Estados Unidos, os proponentes de tal roteiro teriam de articular aqueles entendimentos que são importantes para essa sociedade; por exemplo, um entendimento dos principais documentos relativos à fundação da nação, o nosso sistema corrente de governo, nossa história de diversidade, tolerância e intolerância. Além disso, as instruções sobre o roteiro teriam que apresentar focos curriculares específicos em diferentes idades, bem como os desempenhos de entendimento que contariam como provas de que um estudante tinha adquirido, de fato, suficiente entendimento da Constituição, das nossas várias instituições governamentais, dos nossos procedimentos democráticos de debate e tomada de decisões, e discussões correntes sobre liberdade, tolerância e justiça. Finalmente, teriam que expor as conseqüências para os estudantes que não demonstrassem tais entendimentos; e as medidas que a escola tomaria se uma proporção significativa de estudantes não obtivesse êxito.

Um foco, um percurso, um compromisso para com a democracia americana, um conjunto de elevados padrões que existem além do mero nome — nada disso está livre de problemas, sem dúvida, mas cada um deles parece viável e digno de ser seguido. No entanto, mesmo que esse esquema geral fosse aceito — implícita quando não explicitamente — muitas interrogações subsistem. Deve ser permitida a combinação de roteiros? Deve-se ter o direito de rejeitar roteiros ou de cada um criar seu próprio roteiro? E quais são as conseqüências se um dos roteiros (ou uma ou mais de suas exemplificações) não estiver à altura de seu compromisso?

Acredito que um Sistema de Múltiplos Roteiros tem que ser administrado com certa flexibilidade. Escolas ou roteiros devem ter a opção de renunciar voluntariamente a certas normas, sempre que tiverem boas razões para assim proceder e puderem demonstrar que são bem-sucedidos em termos de um razoável conjunto de critérios. O meu palpite é que acima de 90% das escolas e distritos escolares ficarão contentes em optar por uma dessas alternativas, e que o punhado restante de "resistentes" merece ser ouvido. Uma razoável soma de tempo deve ser concedida aos roteiros para que melhorem, se aperfeiçoem e se beneficiem do *feedback* quando os objetivos não foram alcançados. Se, entretanto, um roteiro carece de capacidade para educar os seus próprios estudantes, deve ser fechado.

Reiterei páginas atrás minha preferência pessoal pela "Educação para o Entendimento", embora admitindo que nem todos os indivíduos escolherão marchar sob essa bandeira. Um meio-termo poderia, não obstante, ser possível. Poder-se-ia manter o compromisso com uma educação para o entendimento, embora retendo o direito de lhe aplicar uma pequena torção. Assim, vislumbro "roteiros para o entendimento" que salientam e põem em foco as artes, ou a tecnologia, ou a responsabilidade social. Mais difíceis de prefigurar são os roteiros que se esforçam por "cobrir" material e, simultaneamente, "descobri-lo". Um roteiro de tal espécie é passível de exercer uma constante e forte influência em direções opostas, tendo como resultado uma comunidade estudantil que precisa "recuperar-se" dessa experiência esquizóide!

Em que exata medida podemos permitir-nos ser flexíveis? Como os psicólogos tiveram oportunidade de observar — e, ocasionalmente, até de provar — os seres humanos não funcionam necessariamente de um modo racional. Devo expressar minhas dúvidas quanto aos norte-americanos poderem produzir seis interessantes e distintos roteiros. Corremos o risco de que os roteiros candidatos sejam como os modelos de novos carros saídos de Detroit: todos suficientemente parecidos para que cada um possa fazer as mesmas espécies de alardes, mas diferentes o bastante para que possam anunciar suas próprias identidades reconhecíveis. Em minha opinião, tal resultado representaria um escasso progresso.

Desafios da Liderança

A direção de qualquer instituição requer liderança; a criação e manutenção de novos roteiros (escolas individualmente consideradas ou grupos escolares inteiros) exigirá uma liderança de alto calibre. Certos aspectos da liderança são específicos de lugar e situação, mas outros provam ser genéricos.

Os líderes eficientes sabem o que querem realizar e como consegui-lo.[5] Esse seu bom senso é mais bem transmitido, com freqüência, por meio de uma história — uma criação dramática que descreve os objetivos, apresenta os principais protagonistas, descreve os obstáculos pelo caminho e como esses impedimentos podem ser contornados. Quando se está dirigindo uma instituição que exerce importante influência sobre vidas humanas, é ótimo se essa história aborda questões de existência, de identidade: Quem somos? De onde viemos? Para onde vamos? E por quê?

Ser um bom criador, contador e modificador de histórias é um requisito do trabalho do líder propenso a produzir mudanças. Mas loquacidade, fluência e produção de imagens não são suficientes. Líderes eficientes devem "mostrar na prática o que narram". Precisam mostrar, através de ações pessoais, o que gostariam de realizar e qual a melhor maneira de consegui-lo. Precisam estar aptos a tomar decisões; sustentá-las, se possível, revê-las quando necessário. Se os líderes não podem mostrar o que pretendem dizer e fazer, são ineficazes; se por suas próprias ações cerceiam e rebaixam o que defendem, são hipócritas; mas se podem exprimir suas histórias em suas próprias vidas cotidianas, nesse caso serão corretamente vistos como líderes autênticos, que podem habilitar outros a juntarem-se à sua busca.

Diante do desafio de dirigir uma ou mais escolas dedicadas ao entendimento, o líder poderia começar com discussões sobre as metas da educação no passado, quais dessas metas e meios subsistem, e o que precisa ser remodelado à luz de novas considerações. (Comecei este livro com semelhante exercício.) Os percursos ótimos para se alcançar essas metas devem constituir o próximo tópico posto sobre a mesa. Uso a palavra "discussão" deliberadamente; é muito mais provável garantir o engajamento (e até o entusiasmo) de um genuíno quadro de pessoal se os seus membros fizerem parte essencial e inseparável do processo de concepção e planejamento.

É sumamente provável que uma educação baseada em questões, entendimento, exploração profunda e domínio de disciplinas se concretize e seja levada a bom termo se não for simplesmente descrita em abstrato. É preciso lembrar a professores e pais sua própria educação, o que funcionou e por que, o que foi negligenciado ou logo foi esquecido. Precisam estar familiarizados com novas pressões e oportunidades no mundo, algumas invisíveis (ou não tão visíveis) durante seus próprios tempos de escola. Precisam pensar sobre as espécies de questões contemporâneas que entendem — e sobre aquelas que desejam entender. Em especial na área de mudança humana, uma demonstração real do que pode ser feito em ambientes análogos vale por muitas palavras e exortações. Assim, o pessoal escolar deve visitar outros lugares e refletir sobre o que observou.

É claro, este quadro não está restrito ao roteiro para o entendimento. Um líder que queira estimular o movimento ao longo de qualquer roteiro deve adotar um conjunto análogo de atividades. Assim, um roteiro tecnologicamente orientado deve dar aos participantes muitas oportunidades para fazer uso das ferramentas correntes, um roteiro multicultural precisará assegurar-se de que seus arquitetos e pessoal são diversos em formação e idéias.

Durante todo esse processo, a tarefa do líder é articular a visão, eliminar reservas e hesitações por parte dos colegas, mostrar onde tais objeções são inadequadas (quando são inadequadas) e ajustar o pensamento e a ação quando as reservas têm justificação. Tal conversação precisa ser modulada, tanto quanto possível, por exemplos em que os próprios professores são participantes na espécie de aprendizagem que é desejada para os estudantes. E assim, para ser específico: os professores, num roteiro do entendimento, necessitam de múltiplas oportunidades para desempenhar e ampliar seus próprios entendimentos dos materiais e procedimentos apropriados. Só então é grande a probabilidade de que também os estudantes tomem consciência da natureza dos entendimentos.

De um modo geral, os seres humanos aprendem melhor com eventos que fizeram época e lhes servem de pontos de referência, heróis, exemplos positivos (e negativos) dos comportamentos e atitudes valorizados. O líder pode servir como ponto de comparação para o que provocaria mudanças; mas até o líder terá limitações, pontos cegos, lentes preferidas. Tem, pelo menos, idêntica importância mostrar que outros — em escolas comparáveis — podem também dar expressão a uma educação para o entendimento. E o mais importante de tudo é a tomada de consciência de que os indivíduos têm, no âmbito da escola, a capacidade de executar uma revolução — e sobreviver para nos contar a história.

Cicatrizes da Batalha e Medalhas Ocasionais

Tenho estado profundamente envolvido nos esforços para promover o tipo de educação descrito nestas páginas. Alguns desses esforços foram dirigidos para as escolas em que a idéia de inteligências múltiplas é seriamente considerada; alguns tiveram lugar em escolas onde a educação para o entendimento é a meta; e alguns envolvem mudanças escolares muito completas, de ampla base, como no caso dos meus esforços de colaboração com James Comer, Theodore Sizer e Janet Whitla para criar um roteiro concebido para "Ensino e Aprendizagem Autênticos para

Todos os Estudantes" (*Authentic Teaching and Learning for All Students*, conhecido como o Projeto de Comunidades Atlas).[6]

Mencionarei algumas das principais lições — admonitórias e ocasionalmente estimulantes — que aprendi em decorrência desses esforços:

A importância da liderança. Na ausência de uma séria e prolongada liderança, serão baldados os esforços para introduzir mudanças. A liderança não coincide sempre, necessariamente, com a figura do líder designado; por vezes, no contexto escolar, a liderança pode estar com um grupo de pais, uma equipe de professores ou até uma pessoa de fora que regularmente visita, provoca e junta suas forças às dos agentes locais de mudança. Nestes últimos casos, a liderança "autorizada" não pode estar em oposição ativa; os reformadores podem sobreviver por algum tempo com uma política de benigna negligência. Mas se a liderança não estiver presente e ativa durante um longo período de tempo, então é provável que as mudanças sejam efêmeras e possam até deixar a comunidade educacional em pior situação do que antes da intervenção.

No que diz respeito à minha visão pessoal, tenho um repetido pesadelo. Volto um dia à escola onde estive trabalhando e escuto alguém dizer: "Oh, Educação para o Entendimento... nós costumávamos fazer isso!"

A necessidade de perspectiva a longo prazo. É pouco judicioso instituir a mudança pela mudança, ou misturar todo um conjunto de programas. Qualquer iniciativa precisa ser tomada e alterada de acordo com o objetivo a longo prazo — por exemplo, uma educação que se concentre mais em "descobrir" do que em "cobertura". Cumpre evitar afetações e diversionismos.

Uma perspectiva a longo prazo requer a fina tessitura das características específicas do plano. Ou seja, deve-se ter a sensibilidade necessária para os marcadores que indicam se, e em que medida, a "história da escola" está sendo realizada. Na ausência de tais marcadores, a visão é suscetível de ser usada como um borrão de tinta — provocando reações que vão desde "nós nunca poderíamos fazer isso" até "nós já estamos fazendo isso". Experientes observadores de escolas confirmarão que esses comentários evidentemente contraditórios surgem, por vezes, dos mesmos lábios num intervalo muito curto de tempo!

A necessidade de flexibilidade e de pequenas vitórias. Se o indivíduo persegue a visão com excessiva rigidez, torna-se-lhe difícil lidar com as inevitáveis mudanças de pessoal, as pressões e os sinais locais e nacionais. Por vezes, terá que contemporizar. E é especialmente importante que não tente realizar tudo de uma só vez — nesse caso, está fadado ao fracasso. O líder previdente assegura-se de que pelo menos alguns dos esforços iniciais serão coroados de êxito, para que os indivíduos não desanimem. Colocar estudantes durante um ano em um projeto com farto apoio de pais e professores e muita repetição com *feedback* é capaz de culminar num sentimento de plena realização — e na disposição para enfrentar novos projetos no ano seguinte. Requerer a participação dos estudantes em cinco projetos no primeiro ano pode deixar os professores exaustos, produzir muitos estudantes e pais frustrados e, talvez, incitar o temido "retrocesso".

Prever reveses e estar preparado para enfrentá-los. Deve-se ser otimista sempre que possível, o pessimismo mina as energias e o ímpeto. Cumpre deixar claro que a experimentação está na ordem do dia, todos cometem erros e nem por isso o mundo pára.[7] O ponto importante é aprender com os erros, não repeti-los, e seguir em frente para uma ação mais promissora. Como diz a especialista em ciberespaço Esther Dyson, todos deveríamos "cometer novos erros".[8] E deveríamos aprender como enquadrar um revés de modo a fornecer uma oportunidade de aprendizagem, em vez de uma ocasião de desespero. Se, por exemplo, as pontuações de um teste declinam durante um ano, estudem-se os testes, verifique-se onde reside o problema e procure-se adaptar o currículo para ajudar os estudantes a lidar com as áreas do teste onde enfrentaram dificuldades.

Até as evidentes vitórias podem ser apenas temporárias. Haverá reveses. A principal questão é se estes devem ser tratados como oportunidades para aprender, como etapas no caminho para um êxito mais confiável com um maior número de estudantes, ou como uma ocasião para maledicência, recaída no erro ou desistência.

Dar tempo para a reflexão. A exigência de ação é feita, por vezes, em termos imperativos, sobretudo por parte de supervisores e pais impacientes. Mas, a menos que se tenha a oportunidade de refletir sobre o que se está fazendo e de interpretar o que correu bem, o que foi apenas sofrível e por que, as chances para uma curva de progresso a longo prazo são escassas. O tempo para a reflexão individual e em grupo deve ser incorporado ao programa; caso não seja, é muito improvável que ocorra uma verdadeira mudança.

Tirar partido das forças. Toda comunidade, todo membro do corpo docente e com certeza todo estudante possuem forças (assim como inevitáveis fraquezas). Identificar e tirar partido dessas forças, não se desgastar nas áreas de fraqueza. Numa comunidade de qualquer tamanho, as forças dos seus membros serão complementares; assim, em vez de criar forças a partir de fraquezas, é preferível usar como alavanca as forças já manifestas dos outros. Essa busca de compensação pode estender-se para além do edifício da escola; capacidades complementares podem ser encontradas no grupo parental, em outras escolas, na comunidade a que se pertence e na Internet. E assim, por exemplo, se a escola é mais forte em estudos liberais do que em ciências, iniciar as explorações pelo entendimento nessas áreas; e se há uma história de dissertações estudantis de alta qualidade, começar as avaliações correntes nessa arena. Depois, formar parcerias com escolas que exibam um contrastante perfil oposto; ambas as instituições podem aprender mutuamente.

Prestar atenção a mensagens implícitas na cultura institucional. Uma pessoa acredita ser importante aquilo que diz, mas o que ela faz numa base cotidiana é o que realmente importa. Já mencionei as mensagens implícitas do líder; as sinalizadas por professores, pais e estudantes mais velhos são igualmente significativas. Nada pode estimular mais a causa do entendimento do que os modelos dos próprios professores quando se esforçam por entender novas matérias. E nada é mais absolutamente deletério para esse processo do que professores que se mostram relutantes em aprofundar seu próprio entendimento ou em compartilhar com outros suas dúvidas (e prazeres) intelectuais.

Criar uma comunidade que se preocupa.[9] A mais importante mensagem numa comunidade escolar é a mensagem de que os adultos na vida de uma criança se preocupam — plenamente, até irracionalmente — com essa criança. Hoje em dia, todo o mundo declama lugares-comuns do gênero "toda criança pode aprender" ou "é preciso uma aldeia para criar um filho". Mas só aqueles ambientes que vão muito além das frases de efeito podem fornecer apoio e amor incondicionais a cada criança, e ter êxito, a longo prazo, no desenvolvimento de jovens que se preocupam em aprender e se interessam uns pelos outros.

Embora esses sentimentos convidem à anuência, é reconfortante contar com provas empíricas para corroborá-los. Graças à pesquisa de Eric Schaps e seus colegas, sabemos que a criação de comunidades atentas resulta em aproveitamento escolar positivo nas séries elementares. A pesquisa realizada por Linda Darling-Hammond e seus colegas confirma que as comunidades pequenas e preocupadas têm análogos efeitos positivos nas antigas séries ginasiais.

Visitar e ser visitado. Quando se embarca para uma viagem, é uma excelente idéia ter uma noção antecipada do local de destino. Existem hoje muitas escolas que expressam algumas das práticas que descrevi (assim como práticas associadas a roteiros "rivais"); cumpre visitar essas escolas — em realidade ou pela Internet — e aprender com elas.[10] Deve-se convidar veteranos dessas escolas para que visitem o nosso próprio *campus.* Logo que uma pessoa se sinta à vontade fazendo isso, deve convidar amigos a quem considere dotados de sólido juízo crítico para que visitem a sua escola e extrair o máximo proveito do seu franco e honesto *feedback.*

Cultivar novas energias. É mais fácil fundar uma nova escola do que introduzir mudanças numa já existente. Usualmente, as novas escolas podem escolher seu pessoal, e beneficiam-se da energia que acompanha o que é construído desde a estaca zero. Inversamente, as instituições antigas trazem consigo grandes quantidades de bagagem, é mais difícil para elas renovarem-se.

Entra aqui a liderança imaginativa. Mesmo quando o local e os atores são os mesmos, ainda assim é possível liberar novas energias. Essas energias podem vir de fora — inspetores e visitantes, livros excitantes ou filmes instigantes — ou de dentro — uma nova agenda, uma nova espiritualidade, uma visão nova. Cultivar o próprio espírito e o dos seus estudantes é o mais excitante esforço que posso imaginar para um professor — desde que tal missão não comece por ser considerada axiomática.

Comprometer-se com o processo de mudança, integrá-lo na cultura institucional e tornar-se uma organização do saber. A maioria das pessoas foi criada na idéia de que existe uma certa maneira de fazer as coisas. Sobretudo, de que essa maneira era a adequada; caso não fosse, tratava-se então de fazer algo novo, e isso bastaria. Poderíamos chamar a isso a visão "natural" de mudança.[11]

Lamentavelmente, já não é mais assim. A mudança é endêmica e nenhuma solução — por mais eficiente que ela seja hoje — sobreviverá inalterada por muito tempo. Aqueles indivíduos e instituições que possam aprender a lidar com a mudança — na verdade, acolhê-la de braços abertos — têm mais chance de sobreviver e prosperar.

Assim, embora com dificuldade, uma instituição que aprendeu a fazer as coisas de um modo deve aprender a fazer novas coisas de um novo modo. Mas parte desse novo modo envolve uma avaliação que contraria a "versão natural" — *esse* novo modo nunca terá um fim. Esse *novo* modo consiste, antes, num contínuo processo de aprendizagem, numa reflexão sobre o que se aprendeu e, depois, na aprendizagem de algo mais. Em última instância, esse novo processo deve tornar-se reflexivo, em ambas as acepções deste termo: (1) automático e (2) recheado de momentos de reflexão. E talvez se torne também agradável, prazeroso, marcado por um "fluxo",[12] quando os novos desafios vêm entrelaçar-se com as crescentes competências dos indivíduos e com a maior consciência da organização como um todo.

Conclamo os educadores a subscreverem um novo pacto. Com demasiada freqüência, os professores permitiram que aqueles que são estranhos à sala de aula estabelecessem a agenda pública para a educação.

Seguiram essa agenda, embora não concordem com os padrões e os testes impostos por autoridades externas, em troca da liberdade para fazer tudo o que lhes aprouvesse entre as quatro paredes da sala de aula.

A longo prazo, essa política não é sensata nem sustentável. Gera hostilidade e hipocrisia. Os educadores devem estar preparados para declarar publicamente o que desejam para os seus alunos. Como sua participação no "novo pacto", devem estar dispostos a declarar o que contaria como prova evidente de êxito, e o que estão preparados para fazer se o êxito não for imediatamente alcançado. Ao darem esse corajoso passo, ao chamarem a si a responsabilidade, os educadores começariam por estabelecer que são profissionais, capazes de monitorar sua própria vocação. E reivindicariam (ou reclamariam) a autoridade sobre seu trabalho.

O Processo de Ampliação: Três Úteis Ingredientes

Hoje em dia, não se pode participar em conversações sobre escolaridade sem deparar com a expressão "ampliação".[13] Argumenta-se haver exemplos de escolas que funcionam, até escolas que prosperam, sob penosas condições. O problema, sobretudo nos Estados Unidos, consiste em que esses êxitos são isolados. E assim, para os responsáveis por uma política educacional, o desafio está em calcular como conseguir êxito numa escala mais ampla — como distribuir o êxito no "varejo".

Em muitos casos, é possível produzir rápidas inserções no desempenho da escola. Por exemplo, programas que tornam possível iniciar mais cedo a alfabetização, medidas que prolongam o dia escolar ou o ano escolar, instrução para testes, redução significativa do tamanho das turmas — estas e outras manobras são suscetíveis de gerar indicadores de que uma escola progrediu.

Entretanto, o êxito final de uma escola depende da qualidade do seu pessoal, da ponderação de seus programas, do envolvimento sustentado dos pais e da comunidade em geral, da boa vontade com que se admite cometer erros e aprender à custa deles. Nenhuma dessas coisas é suscetível de um "rápido conserto".[14] Países que possuem escolas de alta qualidade e estudantes com excelente aproveitamento não alcançaram esse *status* da noite para o dia. Pelo contrário, dedicaram anos à articulação de um programa e a certificar-se de que ele poderia ser executado de forma sistemática, integral e ponderada. Essa abordagem pode não atrair aqueles que necessitam vencer a próxima eleição para membro da junta escolar, mas é a única viável para assegurar a continuidade de um programa a longo prazo.

Além disso, a ampliação não é um processo mágico, desligado da cena local. No fim das contas, a ampliação acarreta a redução para roteiros específicos, escolas específicas, classes específicas e até professor, família e estudante específicos. Não se pode ampliar "em geral"; em última análise, ampliar acarreta o aperfeiçoamento de determinadas instituições, uma de cada vez.

Uma nota de esperança. A articulação e a busca de um número acessível de roteiros podem significar um primeiro passo produtivo com vistas à realização de boas escolas. As escolas beneficiam-se não só de um programa claramente especificado, mas da existência de outras escolas de onde possam auferir sustento e com as quais possam permutar idéias, práticas e recursos. E os roteiros não têm por que travar intermináveis lutas com pais descontentes; existem roteiros alternativos.

Três ingredientes podem ser úteis:

Um programa claramente articulado. Um tal programa deve fornecer uma visão razoavelmente detalhada das experiências da criança enquanto passa sucessivos anos como aprendiz na escola. Esse quadro deve ser o mais expressivo possível, mas não tão repleto de prescrições que venha a debilitar a iniciativa pessoal do professor ou do estudante.

Um contínuo foco. Todos os envolvidos na educação da criança devem concordar sobre o elemento mais importante que cumpre focalizar. Em nosso trabalho do Projeto Zero, apuramos que "bastantes casos de trabalho estudantil" fornecem o enfoque ideal.

Os trabalhos estudantis são tangíveis, podem ser criticados, uma amostra de trabalho pode ser comparada com outras e com os trabalhos anteriores do estudante, o progresso pode ser monitorado e o trabalho pode ser relacionado com etapas ulteriores da vida do estudante, incluindo sua própria transição para o mundo do trabalho, mais além da escola.

A convicção de estar envolvido num movimento. A reforma pode ser um empreendimento solitário e a sensação de que se está travando sozinho uma árdua batalha pode ser desencorajadora, até devastadora. O progresso tem mais probabilidades de ocorrer dentro de escolas, ou no interior de redes escolares, a "ampliação" tem mais probabilidades de tornar-se realidade, se os atores sentirem que pertencem a algo importante — e se obtiverem as recompensas viscerais e afetivas que promanam do engajamento numa causa. A limitação fatal das reformas escolares baseadas no antigo método de indução da "cenoura e do chicote" (promessas sedutoras acopladas a ameaças de punição) consiste em que essa tática behaviorista ignora o que é que, a longo prazo, motiva o comportamento humano: um sentimento de que se está engajado em algo importante e uma crença em que o que a pessoa faz é útil para a comunidade, para os estudantes, para ela própria.

Os Papéis do Mundo Empresarial

Num clima de pós-Guerra Fria, os negócios converteram-se numa força imensamente poderosa em escala mundial — uma força que rivaliza com as entidades políticas como "centro de atenção e ação". Nos Estados Unidos, o mundo empresarial passou a estar extremamente preocupado com a qualidade da educação — e, de um modo geral, os membros da comunidade industrial e comercial acreditam que os trabalhadores do futuro não estão sendo adequadamente preparados. (Tal interesse não constitui novidade; muitas das inovações em educação no Japão, depois da Segunda Guerra Mundial, foram provocadas pela comunidade empresarial.) Embora as empresas continuem a querer trabalhadores que sejam pontuais, honestos e confiáveis, elas também estão exigindo níveis superiores de instrução. E em muitos escalões de emprego, as empresas procuram indivíduos que sejam criativos, que sejam capazes de resolver os problemas que surjam, prever a ocorrência de novos e colaborar com os colegas de um modo engenhoso e cooperativo. As companhias que operam de olhos voltados para o futuro, como a Microsoft ou a Intel, são as que manifestam maior interesse em favorecer tais "trabalhadores com alto nível de conhecimentos".

Acredito ser apropriado para um sistema educacional abordar essas necessidades, pelo menos de um modo geral. (Não creio que as empresas, não mais do que o direito, a medicina ou o jornalismo, devam ter o privilégio de ditar o que e como deve ser a educação.) Além disso, dados os vastos recursos que as empresas têm à sua disposição, e o magro apoio dado à educação pública norte-americana (sobretudo nas cidades do interior), é apropriada a participação empresarial na melhoria da educação.

Mas como? Muitos empresários são favoráveis à criação de escolas ou redes escolares com fins lucrativos, enquanto outros favorecem a concessão de vales para que os estudantes possam freqüentar qualquer escola, seja ela para fins lucrativos ou não, independente ou pública.

Não posso subscrever esse modo de pensar. Acredito que a educação é inerentemente uma responsabilidade pública: precisa ser dirigida por instituições públicas e subscrita por verbas públicas. A necessidade de educar para a cidadania, de fornecer escolas de qualidade para indivíduos de todos os estratos socioeconômicos e de todas as formações, e de expor os estudantes a seus concidadãos não deve ser frustrada numa democracia. Embora algumas empresas possam encarar essas tarefas de uma forma responsável, seu negócio é fabricar e vender produtos que rendam lucros para os seus proprietários. Não sou o único a considerar que esses objetivos interferem com importantes finalidades tradicionais da educação — e em particular com as finalidades que expus neste livro.

Sem dúvida, algumas escolas experimentais (incluindo as criadas por grandes companhias com fins lucrativos) farão um excelente trabalho, e algumas delas exercerão também uma influência benéfica sobre outras escolas. Entretanto, o mais plausível é que tais êxitos sejam temporários, dependendo das energias suplementares dos fundadores, dos professores escolhidos a dedo e, não raras vezes, das vastas infusões de capital de risco. Não precisamos de mais sucessos isolados; aproveitando o exemplo de Cingapura ou do Japão, necessitamos de uma rede de escolas públicas que, de um modo geral, preste um melhor serviço na educação de 40 milhões de crianças em idade escolar.

Embora não lhes caiba a tarefa de dirigir escolas, as empresas podem fornecer-lhes um importante apoio, tanto nos Estados Unidos como em outros países. Podem contribuir com especialistas em ensino e avaliação; podem ajudar com as transições de escola-para-trabalho; podem convidar estudantes a participar em iniciativas empresariais, como aprendizes ou estagiários. Também podem ajudar com subvenções, seja contribuindo para o financiamento geral das escolas em seu distrito, seja subscrevendo programas específicos. E quando as escolas são responsáveis pela administração de seus próprios assuntos fiscais (como esteve acontecendo com freqüência cada vez maior), as empresas podem fornecer modelos, acessórios tecnológicos e assistência "na hora certa".

Em minha forma de pensar, o mundo empresarial pode dar sua maior contribuição através da criação de produtos — sobretudo tecnologias — que ajudem na educação eficiente dos estudantes. Até agora, os homens de negócios estadunidenses envolveram-se em três atividades visíveis, no que se refere à educação: criação de compêndios e de pacotes curriculares; elaboração de testes; e produção de tecnologias, como televisão, câmaras de vídeo e computadores pessoais. Seria uma distorção dizer que qualquer dessas criações ou desses equipamentos acarretou notáveis progressos, seja nos Estados Unidos ou fora deles.

Se, entretanto, os objetivos deste livro forem seriamente considerados, o mundo empresarial poderia dar múltiplas contribuições. Pela primeira vez é possível, através da tecnologia, ensinar estudantes individualmente, das maneiras que lhes facultem aprender melhor; dar à instrução futura uma forma baseada nos registros de anteriores êxitos e fracassos com esses estudantes; e permitir-lhes que mostrem o que aprenderam de um modo que lhes seja cômodo e, ao mesmo tempo, acessível à avaliação externa. A tecnologia para isso pode ser concebida mas, que seja do meu conhecimento, ainda não foi realizada.

A educação para o entendimento depende da criação de materiais que sejam atraentes, permitam exploração e síntese, e proporcionem abundantes oportunidades para o desempenho de entendimentos à medida que se manifestem. Alguns CD-ROMs criados comercialmente mostram-se promissores para atrair estudantes e permitir uma exploração fecunda. Mas também podem estimular estudantes a partir em direções idiossincrásicas e a desviar-se das metas curriculares da escola; em outras palavras, um "mecanismo corretivo de rumo" está freqüentemente ausente.

Converter esses atraentes materiais de "entretenimento" em eficientes veículos educacionais é uma tarefa tremenda, a qual ainda não foi executada com êxito. Sem dúvida, alguns professores talentosos sabem exatamente quando usar — e quando não usar — refulgentes invenções. Mas esses talentos não precisam, de qualquer modo, de espalhafatosas tecnologias — as tecnologias deles estão em suas cabeças e em suas mãos (e, talvez, em seus corações).

O desafio consiste em criar interfaces que mobilizem o gênio da tecnologia e a curiosidade das crianças a serviço de um mais profundo entendimento. Essa é uma oportunidade perfeita para as empresas fazerem algo que se coaduna melhor com sua natureza. Tal missão fornece também a dose certa de interação entre educadores, pesquisadores, programadores e indivíduos nas áreas de *marketing* e vendas. Talvez os lucros não se produzam instantaneamente, mas as primeiras tecnologias realmente capazes de demonstrar, de forma significativa, níveis superiores de aprendizagem de matemática, ou história, ou genética numa atmosfera arejada atrairão os consumidores de todo o planeta.

As empresas também podem ajudar no processo de "ampliação". Muitas delas tiveram êxito em disseminar práticas promissoras numa ampla escala. Se bem que seja errado comparar empresas com escolas, algumas das técnicas — como as associadas à administração de qualidade total e às organizações da informação — podem ser perfeitamente transportáveis das sedes das empresas para as escolas públicas. As empresas podem compartilhar suas próprias experiências ao tratar de mudanças constantes e ao assegurar-se de que as mudanças desejadas se propagam de modo eficaz de um extremo ao outro de uma organização. Tecnologias comercialmente criadas também podem ajudar as escolas a estabelecer conexões mútuas e a repartir materiais, recursos e avaliações. Finalmente, um foco central — como no trabalho de um estudante — pode repercutir de forma sinérgica com a realização de produtos e serviços de alta qualidade na fábrica.

O Encontro de um Nicho Apropriado

Tomando como exemplo o estudo da evolução, permitam-me remodelar aqui minha mensagem como uma busca de nichos apropriados. Todos desejamos educação de qualidade para nossos filhos, e muitos de nós preocupamo-nos também a respeito da educação de outras crianças no mundo. Mas não concordamos necessariamente sobre a natureza da educação de qualidade. A tarefa dos responsáveis pela criação de planos educacionais é apresentar protótipos que satisfaçam à maioria dos clientes. Numa sociedade complexa como a nossa, pode haver um número excessivo de indivíduos que sustentam com firmeza pontos de vista fundamentalmente diferentes sobre o que seja uma boa educação. Em vez de permitir que eles se digladiem e persigam mutuamente, ou que se acomodem num meio-termo estéril, parece mais sensato criar um pequeno número de protótipos e deixar que as famílias (e comunidades e até nações) descubram que nicho lhes convém mais.

O mesmo modo de pensar deve aplicar-se no nível da escola. As escolas não podem ser todas as coisas para todas as pessoas. Elas estão mais à vontade no desenvolvimento de uma visão e de uma história que tenham lógica em seus respectivos contextos, e no convite aos indivíduos que compartilham dessa perspectiva para que ingressem e contribuam para sua comunidade de aprendizes. O processo de mudança escolar é um processo de constante descoberta e redescoberta — de quem somos e do que podemos ser. A liderança efetiva estimula a discussão e, com freqüência, ajuda os indivíduos a encontrarem-se — confirmando-lhes a identidade ou abrindo-lhes a possibilidade de uma nova.

Finalmente, temos a questão do papel apropriado dos vários organismos no seio de uma sociedade. Muitos indivíduos e grupos, pressentindo a inadequação das escolas, querem ser úteis; e não são poucos os que também acreditam que poderiam solucionar o problema num abrir e fechar de olhos. O desafio desses grupos é calcular onde poderiam dar sua melhor contribuição para as escolas, em vez de reclamarem para si todos os poderes ou de lavarem por completo suas mãos a respeito do assunto. O desafio para as escolas é aceitar essa ajuda com elegância, desde que seja apropriada, rejeitá-la se for manifestamente inadequada, e manter permanentes diálogos que objetivem colocar as visões educacionais num melhor alinhamento mútuo.

Capítulo 11

Epílogo: Em Conclusão

Cem Anos de Educação... e de História Universal

Imaginemos que eu vivia no final do século XIX e tinha decidido escrever um livro sobre educação, tendo em vista as condições no século por vir. Que considerações entrariam em minhas deliberações e vaticínios?

Para começar, "escrever" teria uma conotação muito diferente. O mais provável é que estivesse sentado a uma escrivaninha, usando uma pena ou caneta-tinteiro, ou talvez uma dessas novas máquinas de escrever mecânicas. Se eu mandasse o manuscrito pelo correio para o meu editor, gastando alguns centavos em selos, o pacote viajaria de trem e chegaria ao seu destino alguns dias depois. Não havia, certamente, a mais tênue idéia a respeito de máquinas de escrever elétricas, muito menos de computadores; e nem mesmo o indivíduo mais informado e progressista poderia ter então previsto que a sua correspondência seria transportada um dia de avião pelo mundo inteiro, ou através de instantâneos fac-símiles ou correio eletrônico. Mesmo hoje, sentado diante do meu processador de textos, tenho dificuldade em pensar em mensagens escritas — ainda menos livros! — na ausência de papel... ou apenas como uma série de *bips* eletrônicos.

E que retrato seria feito da educação em semelhante livro? Há certamente muitas características que eu não poderia ter previsto: televisões na maioria das salas de aula, computadores na maioria das escolas, crianças indo para a escola de ônibus, professores e administradores voando para conferências por todo o país e mesmo no estrangeiro. Há um século, a Suprema Corte norte-americana tinha acabado de tomar a decisão segundo a qual as escolas podiam ser "separadas mas iguais" — a revolução dos direitos civis, a ação afirmativa e os currículos multiculturais não podiam ter sido concebidos.

Que assuntos teriam surgido na sala de aula de 1900? Os cenários políticos nacional e internacional eram muito diferentes. A Guerra Civil Americana ainda estava fresca na memória (e a Guerra Hispano-Americana acabara havia apenas dois anos) mas as guerras européias e globais em maior escala pareciam ser coisa do passado. (Na verdade, uma causa involuntária da iminente "Grande Guerra" foi a incredulidade de que uma conflagração em tão grande escala fosse possível na Era Moderna.) Poucos anteviam o fascismo ou o nazismo; comunismo e socialismo representavam utopias de um grupelho de intelectuais excêntricos.

E quanto à ciência e tecnologia? Albert Einstein estava concluindo sua educação universitária. Ninguém previu a revolução que ele e seus sucessores na mecânica quântica provocariam em nossa concepção do mundo físico. Ninguém imaginou tampouco o gigantesco arsenal de armas de destruição em massa que poderiam ser construídas em conseqüência do nosso entendimento da energia nuclear. As idéias de Darwin[1] estavam se tornando amplamente aceitas — se bem que, como Frank Sulloway mostrou, muito mais entre as gerações recentes do que entre as mais antigas! Entretanto, a obra de Gregor Mendel sobre genética e hereditariedade ainda era desconhecida. Quanto ao papel do DNA, à revolução molecular, aos poderosos medicamentos contra infecções bacterianas, à engenharia genética ou à clonagem, manuscritos sobre tais assuntos teriam sido rejeitados por um diretor de revista como temas de ficção científica.

Contudo, durante o mesmo século em que esses eventos ocorreram, a textura da escolaridade cotidiana mudaria relativamente pouco, sobretudo no nível pré-universitário. As primeiras séries escolares, o chamado ensino primário, ainda destacavam a alfabetização, o saber ler e escrever; quanto ao ensino secundário (no qual apenas uma reduzida percentagem de americanos ingressava em 1900), a prestigiosa Comissão dos Dez[2] (a qual incluía cinco presidentes de universidades) tinha acabado de enunciar um currículo de disciplinas básicas que permanece substancialmente inalterado até os dias de hoje. O ensino corrente envolve assistir às lições dadas por professores em aulas, compêndios e apostilas, exames escritos e orais e meia dúzia de experimentos de laboratório que seriam considerados obsoletos para muitos indivíduos há um século.

E o que dizer das concepções dos seres humanos sobre si mesmos, sobre nós mesmos? Durante os últimos 100 anos, acumulamos novos exemplos das maravilhosas *performances* de que os humanos são capazes: nas artes (a música de Stravinsky e os Beatles, os romances de Joyce, Proust, Woolf, os filmes de Ingmar Bergman e George Lukas); nas ciências (as intuições de Einstein, as descobertas do DNA e a biologia molecular, a teoria das placas tectônicas); em tecnologia (os antibióticos, as drogas que combatem as psicoses, os computadores, os aviões e a televisão). E tivemos ampla confirmação do mal de que os indivíduos são capazes — individualmente e em massa (os alemães sob Hitler, os russos sob Stálin, os chineses sob Mao Tsé-tung, os cambojanos sob Pol Pot — lamentavelmente, uma conseqüência duradoura e não prevista da política externa dos Estados Unidos no Sudeste Asiático sob os presidentes Kennedy, Johnson e Nixon). Assim, muitas descobertas podem ser usadas para o bem ou o mal — energia nuclear, engenharia genética, a mobilização da opinião pública, os exames em massa para estudantes.

A vida há um século, para não falar de dois milênios atrás, era muito diferente da vida moderna. E crescer hoje no Leste Asiático ou na África ao sul do Saara é uma experiência muito diferente de crescer na Europa Ocidental ou nos Estados Unidos. Entretanto, o cérebro humano e o espírito humano não mudaram durante esses períodos, os quais, afinal, representam piques escassamente visíveis na história de nossa espécie, para não dizer na história da vida. Como seres humanos, não diferimos em aspectos fundamentais dos humanos retratados na Bíblia ou no teatro grego. As mais notáveis realizações do passado — a filosofia de Sócrates, Platão e Aristóteles, as criações literárias de Sófocles, Ésquilo e Eurípides — refletem espíritos da mais elevada ordem; e note-se que me refiro apenas a representantes de um minúsculo ponto do mundo — Atenas, alguns séculos antes do nascimento de Cristo.

Como seres humanos, apesar de notáveis mudanças em eras recentes, permanecemos irmãos cognitivos e emocionais daqueles que viveram nas cavernas da Idade da Pedra, dos que cultivaram o Fértil Crescente, dos que iniciaram cidades no Oriente Médio, na península indiana e ao longo dos rios e costas da América do Sul. Podemos intuitivamente entender muitas de suas dores, desapontamento, medos, aspirações, desejos e sonhos. Seria talvez mais difícil para eles colocarem-se no nosso lugar — porque a aparência superficial do nosso mundo é radicalmente estranha a tudo o que eles poderiam ter imaginado.

Contudo, pessoas da chamada "Idade da Pedra" são capazes de realizar a transição.[3] Essa é uma das notáveis conclusões a que chegou Carleton Gajdusek, um eminente cientista contemporâneo que trouxe cerca de 60 rapazes e moças de tribos da Micronésia e da Melanésia para os Estados Unidos e os criou no cenário familiar de uma Washington suburbana. Nem todos esses jovens transplantados vingaram no novo ambiente, mas muitos deles progrediram, encetaram carreiras produtivas no Ocidente ou, de volta, em sua terra natal. Graças a esse experimento informal, recebemos nova confirmação da extraordinária flexibilidade do *homo sapiens.* Muitos, talvez a maioria, podem ser literalmente catapultados de uma cultura que apenas conta com a mais rudimentar tecnologia para uma dominada por máquinas que podem alterar radicalmente o nosso "senso comum" de tempo, espaço e capacidades humanas. Sejam quais forem suas limitações e constrangimentos, os nossos cérebros e mentes podem ser programados para adaptar-se a uma estonteante variedade de ecologias e normas culturais.

Esta é, pois, em resumo, a situação enfrentada por toda parte pelos educadores. Todos os seres humanos habitam, mais ou menos, o mesmo cérebro, mente e corpo. Certos horários e capacidades — e incapacidades — estão incorporados a nossa espécie. Ao mesmo tempo, como conseqüência dos caprichos da história e da geografia, nascemos sob condições que variam imensamente, sujeitas à influência de normas e valores que podem ser profundamente discrepantes entre si. Aos educadores cumpre respeitar coerções universais. Cumpre-lhes, ao mesmo tempo, criar jovens que possam interagir com sua sociedade num dado momento histórico e, além disso, transmitir seus principais preceitos e práticas a sucessivas gerações. Foi isso, de fato, o que eu (hoje mais idoso) procurei fazer neste livro.

As enormes mudanças que ocorrem no mundo ampliam essa tarefa. Devemos preparar-nos para viver num mundo cujos contornos não podemos antever. A melhor preparação, a meu ver, consiste em entender profundamente os dados que se acumularam ao longo de milênios sobre o mundo e sobre a experiência humana. Veio-me à lembrança um diálogo entre o escritor T. S. Eliot e um colega mais jovem. O colega sugeriu a Eliot que as pessoas modernas sabem muito mais do que as antigas. Eliot concordou, mas depois acrescentou com característica rispidez: "e elas são o que nós sabemos".[4]

Uma Vez Mais, a Minha Visão

Como "terra firme" para este esforço através de águas turbulentas, reverti à consideração de um trio de antigos critérios: o que é verdadeiro (e o que é falso), o que é belo (e o que não é) e o que é bom (e o que é condenável). Com adequadas reservas, designei temas que se qualificam para consideração especial, no âmbito de nossa cultura ocidental: a teoria da evolução, a música de Mozart e os eventos do Holocausto. Defendi a tese de que os indivíduos em nossa sociedade deviam adquirir um entendimento cabal de temas como esses; e o completo domínio de tais assuntos só pode ser alcançado se estivermos dispostos a dedicar tempo e energia à sua exploração. Ao mesmo tempo, sublinhei que essas escolhas são apenas ilustrativas. (Infelizmente, isso não impedirá que algumas pessoas emprestem ao meu trabalho uma interpretação errônea; os que consultarem as resenhas críticas lerão, sem dúvida, em algum ponto que o eurófilo Howard Gardner decretou um currículo baseado em três de suas obsessões pessoais.)

Assim, tratarei de dizer uma vez mais: é importante que uma cultura identifique as verdades, belezas e virtudes a que dá valor, e que dedique, portanto, recursos para inculcar seu entendimento nos jovens estudantes. Em última instância, os indivíduos devem chegar às suas próprias sínteses dessas virtudes e — gostaria de nutrir tal esperança — dedicar-se a fazer virtuosas contribuições que enriqueçam o mundo em que vivem.

Dois fatos imponentes complicam essa tarefa. Em primeiro lugar, o entendimento é difícil de realizar, e os obstáculos para adquiri-lo são formidáveis. Em segundo lugar, na medida em que possuem mentes de diferentes espécies, os indivíduos representam a informação e o conhecimento de modos idiossincrásicos. No futuro, para a educação conseguir maior êxito com maior número de indivíduos, terá que afirmar-se e fundamentar-se nessas duas considerações.

Na discussão central deste livro, abordei diretamente a questão de como os estudantes podem adquirir um entendimento mais profundo de temas e tópicos significativos. Procuro converter as diferenças individuais em aliadas, em vez de entraves à nossa educação. Se gastamos tempo em tópicos importantes, podemos abordá-los através de numerosos pontos de entrada; podemos traçar várias analogias; e podemos até captar as idéias essenciais desses tópicos num certo número de linguagens-modelo. O resultado de tal educação plurifurcada deve ser um corpo discente que, como um todo, adquiriu um profundo entendimento. E, igualmente importante, esses estudantes terão obtido uma idéia do que significa — e que *sensação* produz — entender tópicos importantes.

Um tal *insight* representa uma etapa crucial. Desse ponto em diante, os estudantes podem aplicar o teste do entendimento a outras questões e temas tanto de suas culturas como de outras. E talvez, depois de provar o doce fruto do entendimento, os estudantes fiquem motivados para continuar sendo "exploradores do saber" — talvez até "criadores de saber" — pelo resto da vida.

Esta é minha visão da educação — a educação que eu gostaria para todos os seres humanos. Acredito que tal educação produziria indivíduos que sentem ter um compromisso com a sua comunidade e com o mundo em geral. Talvez numa comunidade pequena e relativamente homogênea possamos obter consenso em torno de uma educação elaborada precisamente de acordo com as diretrizes que descrevi no livro.

Mas a vida é curta e os indivíduos discordam profundamente sobre essas questões. Assim, concluí ser sensato oferecer diferentes roteiros educacionais para os membros de uma determinada comunidade, país ou cultura. Estudantes, professores, famílias, membros da comunidade e autores de planos de ação podem repartir-se de acordo com os roteiros que favorecem. Cada roteiro precisa demonstrar sua legitimidade. Deve ajudar os estudantes a tornarem-se cidadãos do país onde vivem e do mundo em que habitarão; propiciar um meio de avaliar se foram realizados aqueles padrões que merecem ser satisfeitos; e estar preparado para reinventar-se, no caso de tais padrões não serem alcançados. É minha firme convicção que tal empreendimento deve ser conduzido pelo setor público e não por interesses privados. O mundo empresarial pode ser muitíssimo útil para melhorar a qualidade da educação; mas não deve substituir os indivíduos e instituições que estão autorizados a fazer funcionar escolas.

Reconheço que uma multiplicidade de roteiros pode criar um dilema. Digamos que, como pai, foi-me oferecido escolher entre duas escolas que adotam dois diferentes roteiros. Na escola 1, discordo da filosofia do seu roteiro, mas os professores e o resto da comunidade estão de acordo sobre os méritos da filosofia e como deve ser levada a efeito. Na escola 2, endosso a filosofia do roteiro, mas o corpo docente está confuso e a comunidade não dá apoio à escola. Eu não hesitaria em optar pela escola 1 para mandar meus filhos. Em minha opinião, coerência e visão comum superam de longe a simpatia ideológica.

Há dois aditamentos a fazer a esta porventura surpreendente confissão. Em primeiro lugar, como pai, eu estaria apto a fornecer experiências que complementam as da escola. Por exemplo, se a escola para a qual mandei meus filhos eliminou as artes, ou fazia todos os alunos obedecerem a um único critério, eu forneceria algumas experiências artísticas "à margem", e também me asseguraria de que meus filhos teriam acesso a leituras e filmes que ignoravam ou contrariavam esse critério. Em segundo lugar, existem alguns roteiros que não aceitaria para os meus filhos. O meu trio de tópicos serve como um conveniente ponto de referência. Eu não aceitaria uma escola que negasse a importância da evolução ou a ocorrência do Holocausto. E quanto à música de Mozart, certamente pensaria duas vezes a respeito de uma escola onde fossem rejeitadas as obras de música clássica, ou onde predominassem os sentimentos pós-modernos. Não posso aceitar que todas as obras artísticas tenham méritos iguais.

Um Mundo Por Que Vale a Pena Lutar

O nosso mundo mudou imensamente neste século. Mas o que dizer do futuro? Falando em termos que poderíamos considerar prudentes, diríamos que mudanças de ordem tecnológica estão ocorrendo a uma velocidade que é quatro vezes a de há um século. Com efeito, se alguém me dissesse que elas estão acontecendo numa rapidez não quatro mas 40 ou 400 vezes superior, eu não contestaria tal estimativa. Pense-se sobre o significado desses números. Vinte e cinco anos no futuro (2025), presenciaremos mudanças tão vastas quanto as que tiveram lugar entre 1900 e 2000. E se optarmos por uma estimativa menos cautelosa, então não mais de dois anos serão suficientes, a contar de agora, para que o mundo adquira um aspecto muito diferente. Para aqueles de nós que nunca tinham ouvido falar de Internet, *world wide web* ou clonagem, poucos anos atrás, ou aqueles de nós que esperavam morrer com a Cortina de Ferro ainda em seu lugar ou a poliomielite ainda grassando no mundo inteiro, a perspectiva de pequenas mudanças futuras não é motivo de surpresa.

Duas considerações parecem indiscutíveis. A primeira é que cada um deve ficar tão à vontade quanto possível com as mudanças. Podemos gostar ou não, talvez desejássemos que as coisas permanecessem no pé em que estão, mas devemos aceitar que as mudanças estão na ordem do dia. Mais do que em décadas passadas, temos que acompanhar de perto o que está acontecendo no mundo e, sobretudo, as novas tendências na cultura, na economia e na tecnologia. Alguns farão isso através da leitura;

outros, "surfando"; ainda outros, prestando muita atenção ao que está acontecendo em seus lugares de trabalho, de diversão, e dando continuidade à sua educação.

A segunda consideração pode parecer em conflito com a primeira mas, na realidade, é-lhe complementar e sinérgica. Deve-se permanecer sempre consciente das constantes nas experiências humanas — as coisas que não mudam, seja porque não podem mudar, seja porque não queremos que mudem. Muitas verdades mudarão mas algumas não (envelhecemos, com maior ou menor benignidade, e finalmente morremos; os seres humanos e suas culturas estão sujeitos às leis da evolução). Muitas belezas mudarão, mas algumas não (os artefatos da Grécia, do Egito, de Angkor Vat e das sociedades pré-colombianas permanecem tão irresistivelmente belos quanto em séculos passados).

No capítulo de moralidade, no que se refere a um sentimento de bondade e maldade, as constantes são robustas. Não penso que (como espécie) tenhamos transcendido os mandamentos de Moisés, os ensinamentos de Jesus, a sabedoria codificada no confucionismo, budismo e islamismo (o que não significa que concorde com todas as facetas dessas doutrinas). Talvez haja progresso nesse domínio, mas é angustiosamente lento. Já não aceitamos a escravatura e ninguém elogia os mais flagrantes exemplos de racismo, sexismo, tortura, xenofobia e outras violações dos direitos humanos universais. Mas também há regressão nesse domínio. Nossas armas matam mais indivíduos com pouco esforço pessoal por parte daqueles que as disparam, o desgaste dos vínculos familiares e comunitários pode produzir insensibilidade e desumanidade que teriam sido difíceis de conceber numa época mais recuada e mais íntima.

Presume-se que um indivíduo foi criado hoje em consonância com princípios morais — graças aos pais, escolas e círculos de amizades (e a despeito das mensagens freqüentemente amorais da mídia e da sociedade de consumo). As ameaças a esse senso moral precisam ser identificadas. Em primeiro lugar, os indivíduos gozam hoje de muito maior mobilidade e encontramo-nos amiúde em ambientes onde ninguém nos é familiar. É mais difícil manter-se uma orientação moral nessas condições. Depois, a situação no local de trabalho também muda com enorme rapidez, e a norma de lealdade mútua — empregador para empregado, empregado para empregador, empregado para empregado ou para "a firma" — parece menos plausível em épocas de contração, redirecionamento e busca oportunista de melhores posições ou de parceiros mais ricos para fusões.

Sobretudo numa época de rápida mudança, e numa época em que deixou de ser tão evidente quem são os "mocinhos" e os "bandidos", muitos estão procurando modelos humanitários a que possam aspirar. Esse anseio alimentou recentes esforços para elaborar uma definição mais ampla de inteligência. Tradicionalmente, a inteligência estava limitada à aptidão para matérias e competências escolares. Aqueles de nós que desejam estabelecer uma concepção mais ampla de inteligência — que falam de inteligências pessoais, inteligência emocional, inteligência moral, sabedoria — estão todos declarando que não basta saber ler e escrever, e ter certa facilidade para resolver um determinado gênero de problemas. Desejamos indivíduos que possam não só analisar mas fazer a coisa certa, indivíduos que sejam admiráveis não só como pensadores ou criadores mas também como seres humanos. Endossamos o aforismo de Emerson: "O caráter está acima do intelecto."

Tal busca teria sido algo com que indivíduos de eras passadas estavam familiarizados. Os gregos viram as virtudes humanas como sendo todas elas parte de um todo único e equilibrado; os confucianos não viram distinção alguma entre beleza e bondade; e Keats igualou verdade e beleza. Não basta, porém, reverter simplesmente a esses modelos pretéritos de realização humana. Perdemos a nossa inocência. Estudos de psicologia e ciência do cérebro indicam que cada um desses domínios está inteiramente separado e que existem, de fato, múltiplas formas de inteligência, habilidade, criatividade, moralidade. Estudos de antropologia demonstram o impressionante número de processos em que as culturas podem combinar — ou deixar de combinar — diferentes virtudes e vícios, até mesmo em misturas que são mutuamente incompreensíveis. Espero que estudos adicionais apontem para uma cada vez maior especialização neurológica e uma cada vez maior diferenciação entre culturas.

Cumpre-nos aceitar, portanto, a dura realidade de que se pode ser inteligente sem ser moral; criativo sem ser ético; sensível a emoções sem usar essa sensibilidade a serviço de outros. Devemos aceitar a realidade de que se pode ter consciência do que é verdadeiro, e ao mesmo tempo ser cego para o belo ou o bom. Pode-se, da mesma forma, apreciar o que é ético sem mostrar qualquer tendência para praticar o bem na própria vida pessoal.

Ligando

Entretanto, não precisamos resignar-nos a esse "desconexo" estado de coisas. A chave para solucionar o dilema está na famosa fórmula do romancista E. M. Forster: "É só ligar." Pode ser um fato que a criatividade e a bondade não estejam necessariamente ligadas; mas podemos, como seres humanos numa cultura, esforçarmo-nos por ligar essas virtudes. Podemos fracassar no esforço, mas isso não é razão para não tentar.

Mihaly Csikszentmihalyi, William Damon e eu estivemos fazendo a seguinte pergunta: como pode uma pessoa manter um senso de responsabilidade, civilidade e moralidade num mundo em que trabalho agressivo e mobilidade constante passaram a caracterizar todo e qualquer domínio? Numa época assim, os tradicionais "controles" dos valores religiosos e das sanções legais parecem inadequados para fornecer orientação e, quando necessário, contrapesos. Quem, entre nós, foi preparado para articular decisões ponderadas acerca do conteúdo (pessoal, pornográfico) que deve ser permitido na Internet, a proteção da privacidade numa época em que a informação flui tão livremente, as práticas de clonagem, a possibilidade de que estruturas genéticas sejam mudadas em nós próprios e em nossos descendentes e a vida seja ampliada indefinidamente? Em que medida os tradicionais valores morais e religiosos ou os cânones legais podem guiar-nos nesses e em muitos outros territórios igualmente inexplorados?

É necessário, acreditamos nós, que cada indivíduo num domínio ou disciplina desenvolva um "mecanismo corretivo" — uma noção clara do que é certo e do que não é, do que é apropriado e do que é impróprio, independentemente dos "sinais" que porventura sejam telegrafados na sociedade em geral. Tal mecanismo corretivo pode derivar de uma variedade de fontes. Uma primeira fonte são as normas e valores que a pessoa absorve em sua juventude e que, por vezes, provam ser suficientemente capazes de sustentá-la durante a vida inteira. Uma segunda fonte é o sentido de conexão com o resto da comunidade ou até com toda a humanidade — uma regra de ouro generalizada que mantém a pessoa com os pés bem plantados na terra e orientada no rumo certo. Uma terceira é a lealdade para com a sua própria formação ou profissão — o sentimento de que estaria traindo sua vocação se se comportasse de certas maneiras ou evitasse responsabilizar-se por suas ações profissionais. O apoio de parceiros eticamente orientados também pode ajudar a estabelecer e manter um sentimento de "integridade", sobretudo em face de sedutoras contrapressões.

Alguns indivíduos brilhantes ou repletos de bondade podem conceber e construir tais "mecanismos corretivos" por iniciativa própria. As demais pessoas são ajudadas, em pontos estratégicos de suas vidas, por contato com os indivíduos que encarnam essas virtudes, tal como o sentimento do que fazer e do que não fazer, mesmo quando as tentações puxam rudemente numa certa direção. Esse papel de mentor foi assumido no passado recente por cientistas como Niels Bohr, músicos como Pablo Casals, líderes políticos como Mahatma Gandhi e Nelson Mandela, escritores como Rachel Carson e George Orwell. Precisamos ajudar os jovens profissionais em treinamento a manter relações pessoais ou, no mínimo, ter uma exposição regular a tais "figuras orientadoras". Essa é a razão por que acolho e trato carinhosamente pessoas que "praticam o discurso ético" — como o organizador político Ernesto Cortes, o biólogo do câncer George Klein, a artista Anna Deavere Smith, o promotor social William Drayton e os reformadores educacionais Patricia Bolanos, James Comer, Deborah Meier e Ted Sizer. E é a razão pela qual continuei a buscar e escrever sobre indivíduos de extraordinárias aptidões e realizações.

Esta linha de pensamento tem implicações para a educação — para o modo como ensinamos e como avaliamos. Não basta simplesmente esperar que virtudes como veracidade, bondade e beleza passem a ser admiradas e imitadas por estudantes. Precisamos relacioná-las mutuamente, sempre que possível; e também é necessário ajudar os estudantes a avançarem do reconhecimento para a admiração; e da admiração para os motivos permanentes de busca da verdade, beleza e bondade em suas próprias vidas. Sem dúvida, quando avaliamos estudantes e seus trabalhos, não podemos simplesmente misturar essas virtudes. E, no entanto, podemos dar um especial reconhecimento público e privado àqueles indivíduos que lograram "ligar" o verdadeiro, o belo e o bom.

Estou convencido de que grande parte da doença sentida pela sociedade numa época que, sob certos aspectos, parece ser mais bem-sucedida e próspera que nunca provém dessas perturbadoras disjunções. Observamos diariamente que só uma espécie de talento — digamos, a criatividade tecnológica — está sendo recompensada, e somente uma medida — digamos, o lucro no mercado — está sendo reconhecida. E, no entanto, temos a íntima certeza de que esses índices são, em si mesmos, insuficientes, que outras partes do espírito humano demandam reconhecimento, respeito, veneração. Uma pessoa pode ser vitoriosa na Wall Street ou em Washington e, apesar disso, fracassar como ser humano. Será, por certo, mais difícil, mais discutível, reconhecer essas virtudes "brandas" e essas "conexões" de um modo consensual. Mas, como sociedade, não nos sentiremos legitimados se não realizarmos o esforço para conseguir esse reconhecimento. O dramaturgo e líder político checo Vaclav Havel disse-o eloqüentemente:

> Independentemente de onde comecei a refletir sobre os problemas que a nossa civilização enfrenta, retornei sempre ao tema da responsabilidade humana, a qual parece incapaz de acompanhar o passo da civilização e de impedi-la de voltar-se contra a raça humana. É como se o mundo tivesse simplesmente ficado grande demais para podermos lidar com ele. A principal tarefa para a era vindoura é algo mais: uma renovação radical do nosso sentido de responsabilidade. Nossa consciência deve alcançar a nossa razão; caso contrário, estamos perdidos.[5]

Nascemos como pequenas criaturas e, durante anos, sentimo-nos relativamente indefesos. E, é claro, um sentimento de insignificância é, apropriadamente, parte da condição humana. Vivemos apenas por um breve instante e, mesmo durante esse instante, existem bilhões de outros seres humanos igualmente valiosos sobre a face deste minúsculo planeta.

Durante nosso momento, porém, cumpre-nos tentar extrair o máximo proveito da nossa boa posição. A educação pode equipar-nos para mudar a situação em que vivemos e orientar-nos no sentido de uma mudança positiva. Devemos ser humildes em face das limitações biológicas em que funcionamos. Devemos ser igualmente humildes com referência às coerções impostas — e oportunidades permitidas — pela cultura em que nascemos e àquelas a que somos expostos como resultado da escolaridade formal e das viagens e contatos informais.

Nossas contribuições dependem de nosso enraizamento em visões do verdadeiro, do belo e do bom; de nossa disposição para agir de acordo com essas visões, individual e sinergicamente; de nosso entendimento das características cambiantes — bem como das constantes — no mundo; e do acidente de nossa localização num determinado domínio, instituição ou espaço problemático num dado momento histórico. (Compadeçamo-nos daqueles indivíduos que estão vivendo numa sociedade dirigida por um implacável tirano; invejemos aqueles que vivem numa sociedade onde a independência individual é respeitada e o serviço prestado à comunidade local e à mais vasta é olhado com apreço.) Não temos o controle dessas contingências mas tampouco estamos à mercê delas. A visão educacional aqui apresentada deve equipar melhor os seres humanos para tirar o máximo proveito das oportunidades que se encontram ao seu alcance e ajudar a criar novas para aqueles que vêm depois.

APÊNDICE

"O Trio de Agendas Conflitantes"

Adaptação autorizada de W. A. Mozart. *As Bodas de Fígaro (Le Nozze di Figaro)* (Mineola, N.Y.: Dover Publications, 1979, p. 80-91

I. Definindo a cena

"O TRIO DE AGENDAS CONFLITANTES"

9
Ob.
Clar. in B
Fag.
a 2
Cor. in B
Viol.
I
II
Viola
Count
expulse
o sedutor
cia-te il se - dut - tor, to - - sto an - da - te, e scac-cia - te il se - dut - tor.
Vc.
Cb.

16
Clar. in B
Fag.
Cor. in B
16
Viol.
I
II
Viola
S.
Susanna
Que ruína, pobre de mim, estou perdida na minha dor
Che ru - i - na, me me-schi-na, son' op-pres-sa dal do -
Bas.
Basilio
Cheguei em momento inoportuno, perdoe-me meu senhor
In mal pun-to son qui giunto, per-do-na-te, o mio si-gnor.
Vc.
Cb.
p

27
Ob.
Clar. in B
Fag.
Cor. in B
27
Viol. I
Viol. II
Viola
S.
tor,
Basilio
che ru - i - na,
Que ruína
Bas.
Cheguei em momento
inoportuno
perdoe-me
Conde
In mal pun-to son qui giun-to, per - av -
Count
Vá imediatamente, depressa,
To-sto an-da - te, an - da - te,
e expulse o sedutor
e scac-cia - te il se - dut - tor.
Vc.
Cb.

84
II. A apreensão de Susanna
Ob.
Clar. in B
Fag.
Cor. in B
34
Viol. I
Viol. II
Viola
S.
Bas.
Vc.
Cb.
Susanna
quase desmaiando
(Quasi svenuta)
Pobre de mim
pobre de mim
Estou dominada pela ansiedade
me me - schi-na, me me - schi - na, son' op - pres - sa dal do - lor, son' op-
estou, senhor
na - te, o mio si - gnor.

41
Ob.
Clar. in B
Fag.
Cor. in B
Viol. I
Viol. II
Viola
S.
Bas.
Count
Vo.
Cb.
a 2
dominada pela ansiedade
pres-sa dal do - lor.
Basilio
Sustentando-a
(sostenendola)
Oh, a pobre moça está desmaiando
Ah già svien la po - ve - ri - na,
Oh, meu Deus
co - me, oh
Graf
Oh, a pobre moça
Ah già svien la po - ve - ri - na,
Oh, meu Deus
co - me, oh

48
Ob.
a 2
Clar. in B
Fag.
48
Viol. I
Viol. II
Viola
Bas.
Count
Vo.
Cb.
cresc.
p
sfp
sf
[p]
[cresc.]
Como bate seu coração
Oh, meu Deus
Como bate seu coração
Oh, meu Deus
Di - o, le bat - te il cor, co - me, oh Di - o, le bat - te il cor, co - me, oh
Di - o, le bat - te il cor, co - me, oh Di - o, le bat - te il cor, co - me, oh

55
Ob.
Clar. in B
Fag.
Viol. I
Viol. II
Viola
Bas.
Count
Vo.
Cb.
cresc.
p
tr
[cresc.]
Como bate seu coração
Di - o, le bat - te il cor!
Levando-a a seu lugar [para que ela se sente]
(Approssimandosi al sedile [in atto di farla sedere])
Sente-se com cuidado
Pian pia - nin su que-sto seg-gio.

62
III. Recuperação
Ob.
Clar. in B
Fag.
Cor. in B
Viol. I
Viol. II
Viola
S.
Vc.
Cb.
Susanna
(recobra a consciência)
(Rinviene)
(desvencilhando-se dos dois)
(Staccandosi da tutti due)
Onde estou?
Do - ve so - no?
O que vejo!
Co - sa veg-gio!
Que insolência saiam, saiam
Che in-so - len-za, an-da - te fuor, an - da - te

IV. Acalmando Susanna

75
Ob.
Clar. in B
Fag.
Cor. in B
Viol. I
Viol. II
Viola
Bas.
Count
Vo.
Cb.
a 2
cresc.
p
sfp
a sua honra
para assegurar a sua honra,
cu-ro il vo - stro o - nor, è si - cu - ro il vo - stro o - nor, è si-
meu tesouro,
não para perturbá-la,
meu tesouro
bar-ti, o mio te - sor, non tur - bar - ti, o mio te - sor, non tur-

82
V. De volta ao pajem
Ob.
Clar. in B
Fag.
cresc.
p
82
Viol.
I
II
Viola
[cresc.]
Bas.
Ao conde
(Al Conte)
honra
cu - ro il vo - stro o - nor.
O que eu disse a respeito do pajem foi apenas uma
Ah del pag-gio quel che ho det-to, e - ra so - lo un mio so -
Count
bar - ti o mio te - sor.
Vc.
Cb.

92
Ob.
Clar. in B
Fag.
Cor. in B
92
Viol. I
Viol. II
Viola
S.
Bas.
Vc.
Cb.
cresc.
p
Susanna
É uma insídia, uma perfídia / não acreditem no impostor
È un' in - si - dia, u - na per - fi - dia, non cre - de - te all' im - po - stor, non cre - de - te all' im - po -
suspeita
spet - to.

VI. A expulsão do Pajem
98
Ob.
Clar. in B
Fag.
Cor. in B
Viol. I
Viol. II
Viola
S.
o impostor,
stor, all' im - po - stor, all' im - po - stor.
o impostor,
Pobrezinho
Po - - ve -
Bas.
Basilio
Count
Po - - ve -
Que parta o vagabundo
Par - ta, par - ta il da - me - ri - no,
Vc.
Cb.

105
Ob.
Clar. in B
Fag.
Cor. in B
Viol.
Viola
S.
ri - no!
Po - ve - ri - no!
Bas.
The poor young thing!
ri - no!
Po - ve - ri - no!
Count
(Ironicamente)
par - ta, par - ta il da - me - ri - no!
Po - ve - ri - no,
Vc.
Cb.

112
Clar. in B
Fag.
Cor. in B
112
Viol. I
Viol. II
Viola
S.
Count
Gf.
Vc.
Cb.
Como?
Co - me!
O quê?
Che!
O quê?
Che!
Eu já o capturei
po - - ve - ri - no, ma da me sor-pre-so an - cor.

119
Recit.
Ob.
Clar. in B
Fag.
Cor. in B
Viol. I
Viol. II
Viola
S.
Bas.
Count
Vc.
Cb.
Co - me!
Che!
Ontem
Na casa de sua prima
eu encontrei a porta fechada
Da tua cu - gi - na,
l'u-scio jer tro-vai rin-chiu - so,

124
Ob.
Clar. in B
Fag.
Cor. in B
124
Viol. I
II
Viola
Count
Eu bati e Barbarina atendeu amedrontada
pic-chio, m'a-pre Bar-ba-ri - na pau-ro - sa fuor dell' u - so,
seu rosto me fez suspeitar
io, dal mu-so in-so-spet-ti - to,
Vc.
Cb.

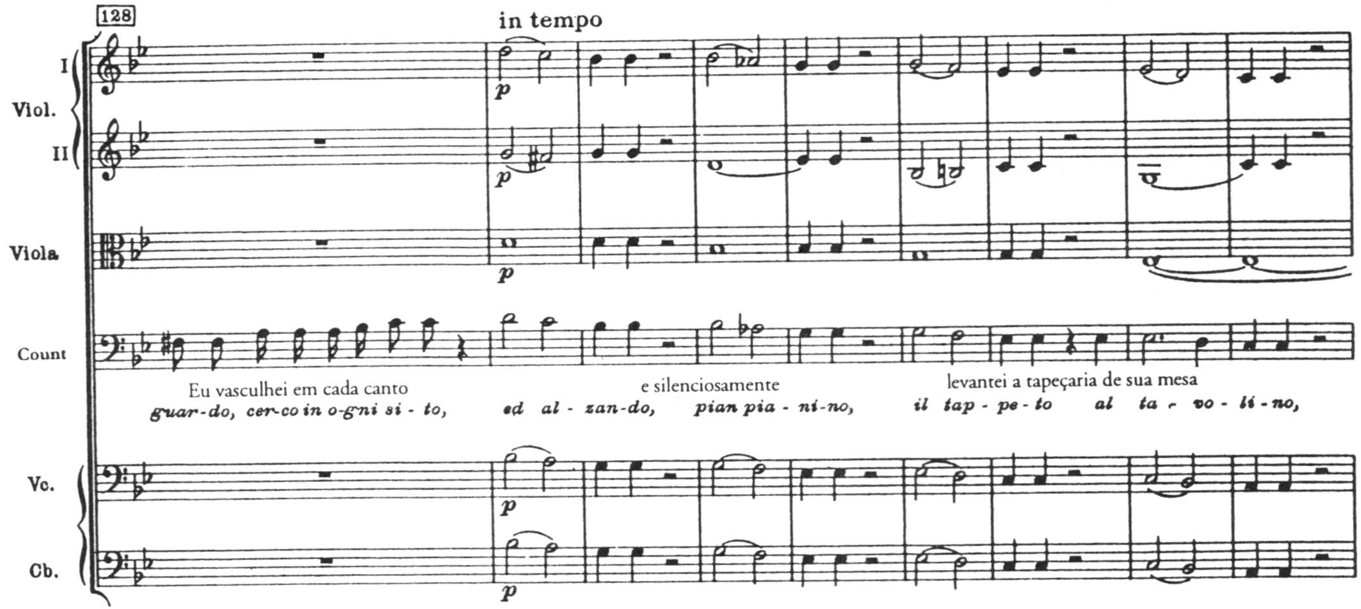
128
in tempo
Viol. I
II
Viola
Count
Vc.
Cb.
p
Eu vasculhei em cada canto
e silenciosamente
levantei a tapeçaria de sua mesa
guar-do, cer-co in o-gni si - to,
ed al - zan-do,
pian pia - ni-no,
il tap - pe- to
al ta - vo - li - no,

VIII. Revelação
IX. Três mesas viradas
187
Ob.
Clar. in B
Fag.
Cor. in B
187
I
Viol.
II
Viola
S.
Bas.
Count
Vc.
Cb.
Susanna (amedrontada)
(con timore)
Que falta de sorte
Ah, cru-de stel-le!
Basilio (con riso) (rindo)
E melhor ainda
Ah, meg-lio an-co-ra!
Ele imita seus gestos com o vestido e descobre o pajem
(Imita il gesto colla vestaglia e scopre il paggio)
(surpreso)
(Con sorpresa)
E vi o pajem
ve-do il pag-gio...
E o que é que eu vi?
Ah, co-sa veg-gio!
ó minha
O - ñe -

148
Ob.
Clar. in B
Fag.
Cor. in B
148
Viol.
I
II
Viola
S.
Count
Vc.
Cb.
p
p
p
p
Susanna
Não poderia ser pior
Ac - ca - der non può di peg-gio,
meu justo senhor, o que vai acontecer
giù - sti Dei, che mai sa -
inocente senhora
stis - si - ma si - gno - ra,
agora eu compreendo,
or ca - pi - sco co - me va,

155
Ob.
Clar. in B
Fag.
Cor. in B
a 2
Viol. I II
Viola
S.
ra, giu - sti Dei, che mai sa - ra, ac - ca - der non può di peggio, ah
Basilio
Bas.
Assim fazem todas as belas damas, não há nada de novo
Co - sì fan tut - te le bel - le, non c'è al - cu - na no - vi - tà, co - sì
Graf
Count
or ca - pi - sco co - me va, o - ne - stis - si -
Vc.
Cb.

Notas de Referência

Capítulo 1

Sobre evolução, ver S. Blakeslee, "Computer 'Life Form' Mutates in an Evolution Experiment," *The New Yok Times*, 25 de novembro de 1997; G. Kolata. *Clone: The Road to Dolly and the Path Ahead* (Nova Iorque: Morrow, 1998: G. Taubes, "Community Design Meets Darwin", *Science*, nº 277, 26 de setembro de 1997, pp. 1931-32.

Sobre a abordagem evolucionista para o entendimento de fenômenos cognitivos e sociais, ver S. Pinker, *How the Mind Works* (Nova Iorque: Norton, 1997) e E. O. Wilson, *Sociobiology: The New Synthesis* (Cambidge, Mass.: Harvard University Press, 1975), e *Consilience* (Nova Iorque: Knopf, 1998)

1. Sobre a ignorância a respeito da evolução, ver C. Yoon, "Evolutionary Biology Begins Tackling Public Doubts," *New York Times*, 9 de julho de 1998. Ver também R. Zacks, "What Are They Thinking: Students' Reasons for Rejecting Evolution Go Beyond the Bible," *Scientific American*, outubro de 1997.
2. Carl Sagan: citado em E. M. Gaffney, "How the Scopes Trial Frames the Modern Debate over Science and Religions," *Los Angeles Times*, 12 de julho de 1998.
3. Ignorância americana sobre o Holocausto: reportagem na CNN, 12 de abril de 1998.
4. Robert Simon é citado em J. Leo, "Absolutophobia," *The Responsive Community*, inverno de 1997-1998, pp. 4-6.
5. Sobre a aquisição de entendimento, ver Howard Gardner, *The Unschooled Mind: How Children Think and How Schools Should*

Teach (Nova Iorque: Basic Books, 1991). Sobre inteligências múltiplas, ver Howard Gardner, *Frames of Mind: The Theory of Multiple Intelligences* (Nova Iorque: Basic Books, 1983; ed. rev. 1993) e *Multiple Intelligences: The Theory in Practice* (Nova Iorque: Basic Books, 1993).

6. "O curso organizado": John Dewey, *Experience and Education* (Nova York: Macmillan, 1938), p. 103.
7. Dialética sustentada: Ver E. D. Hirsch, *Cultural Literacy* (Boston: Houghton Mifflin, 1987) e *The Schools We Need and Why We Don't Have Them* (Nova Iorque: Doubleday, 1996).

Capítulo 2

1. Os antigos gregos elaboraram uma noção de pessoa: Ver H. D. F. Kitto, *The Greeks* (Londres: Penguin, 1965) e W. Jaeger, *Paideia: The Ideals of Greek Culture,* 3 vols. (Cambridge, Mass.: Harvard University Press, 1943-1945).
2. Na visão confuciana: Ver B. Schwartz, *The World of Thought in Ancient China* (Cambridge, Mass.: Harvard University Press, 1985) e Jonathan Spence, "What Confucius Said," *New York Review of Books,* 10 de abril de 1997, pp. 8-11.
3. "Que sejam poucas e importantes as principais idéias": A. N. Whitehead, *The Aims of Education and Other Essays* (Nova Iorque: Free Press, 1929), p. 2.
4. Sobre o aspecto liberal ou progressista da educação, ver R. Archambault, org., *John Dewey on Education: Selected Writings* (Chicago: University of Chicago Press, 1964).
5. Sobre tradições transformadoras, ver P. Jackson, *The Practice of Teaching* (Nova Iorque: Teachers College Press, 1986).
6. Para o ponto de vista do Cardeal Newman, ver J. H. Cardinal Newman, *The Idea of University* (Garden City, Nova Iorque: Image Books, s.d.; 1ª ed., 1873). Ver também F. W. Turner, org., *The Idea of a University* (New Haven, Conn.: Yale University Press, 1997).

Capítulo 3

1. Sobre escolas como instituições conservadoras e as dificuldades em promover mudanças na escola, ver L. Cuban, "Reforming Again, Again, and Again", *Educational Researcher*, vol. 19 (1990), pp. 2-13.
2. Sobre as novas exigências para uma cidadania educada, ver F. Trompenaars e C. Hampden Turner, *Riding the Waves of Culture* (Nova York: McGraw-Hill, 1998); R. Marshall e M. Tucker, *Thinking for a Living: Education and the Wealth of Nations* (Nova Iorque: Basic Books, 1992); R. Murnane e F. Levy, *Teaching the New Basic Skills* (Nova York: Free Press, 1996); e E. Vogel, *Japan as Number One* (Cambridge, Mass.: Harvard University Press, 1979).
3. Sobre avanços tecnológicos e científico, ver M. Dertouzos, *What Will Be* (Nova Iorque: HarperCollins, 1996); R. C. Schank e C. Cleary, *Engines for Education* (Hillsdale, N. J.: Erlbaum, 1995); e D. Viadero, "Brave New Worlds: Virtual Reality Technology," *Education Week*, 7 de agosto de 1996, pp. 51-58.
4. Sim City: S. Turkle, estudo apresentado no Fórum Econômico Mundial, Davos, Suíça, fevereiro de 1997.
5. quase tudo o que pode ser tratado de modo algorítmico: S. Zuboff, *In the Age of the Smart Machine: The Future of Work and Power* (Nova Iorque: Basic Books., 1988).
6. "Vagando entre dois mundos": M. Arnold, "Stanzas from the Grande Chartreuse" (1855), 1. 85.
7. Sobre o novo ambiente de globalização: R. Altman, "The Nuke of the 90's" *The New York Times*, 1º de março de 1998, pp. 33-34.
8. Para os pontos de vista de Samuel Huntington, ver o seu *O Choque de Civilizações* (Rio, Objetiva, 1997).
9. "vínculos": R. Dahrendorf, *Life Chances* (Chicago: University of Chicago Press, 1978).
10. Mudanças na cartografia do conhecimento: T. Becher, "The Counterculture of Specialization," *European Journal of Education*, vol. 25, nº 3 (1990), pp. 333-46; J. W. Botkin, M. Elmandjra e M. Malitza,

No Limits to Learning: Bridging the Human Gap, a Report to the Club of Rome (Oxford, Inglaterra: Pergamon Press, 1979).

11. Sobre o pós-modernismo, ver M. H.Abrams, "The Transformation of English Studies: 1930-1995," *Daedalus,* inverno de 1997, pp. 105-32; Z. Bauman, *Postmodernity and Its Discontents* (Oxford, Inglaterra: Polity, 1997).
12. Sobre o falso "artigo científico" de Sokal, ver A. Sokal e J. Bricmont, *Intellectual Imposters* (Londres, Profile, 1998).
13. O estudo da beleza: Mary B. W. Tabor, "Rescuing Beauty, Then Bowing to Her Power," *New York Times,* 11 de abril de 1998.
14. Para amostras representativas de Derrida, Lyotard e Rorty, ver J. Derrida, *Writing and Difference* (Chicago: University of Chicago Press, 1978); J-F. Lyotard, *The Postmodern Condition* (Minneapolis: University of Minnesota, 1984); e R. Rosty. *Contingency, Irony and Solidarity* (Nova Iorque: Cambridge University Press, 1989).
15. Sobre multiculturalismo e cânones, ver L. Levine, *The Opening of the American Mind* (Boston: Beacon Press, 1996).
16. "aprender e propagar": M. Arnold, *Essays in Criticism: First Serie, 1865; The Function of Criticism at the Present Time.*
17. currículos e abordagens multiculturais: E. Rothstein, "As Culture Wars Go On, Battle Lines Blur a Bit," *The New York Times,* 27 de maio de 1997; J. Banks, "Multicultural Education: Historical Development, Dimensions and Practice." Em L. Darling-Hammond, *Review of Research in Education* (Washington, D.C.: American Educational Research Association, 1993), vol. 19, pp. 3-49; M. Lefkowitz, *Not Out of Africa* (Nova Iorque: Basic Books, 1996).

Capítulo 4

1. "Para um entendimento": E. L. Thorndike, "The Contribution of Psychology to Education," *The Journal of Educational Psychology,* vol. 1 (1910), pp. 5-8.

2. Duas correntes dominantes caracterizaram a psicologia: ver H. Gardner, *The Mind's New Science: A History of the Cognitive Revolution* (Nova York: Basic Books, 1985).
3. a máquina de ensinar: B. F. Skinner, *The Technology of Teaching* (Nova Iorque: Appleton Century Crofts, 1968).
4. Para a famosa declaração de J. B. Watson, ver o seu *Psychology from the Standpoint of a Behaviorist* (Filadélfia: Lippincott, 1919).
5. Sobre a história do estudo da inteligência, ver H. Gardner, M. Kornhaber, W. Wake, *Intelligence: Multiple Perspectives* (Fort Worth, Texas: Harcourt Brace, 1996) e R. Sternberg, *Handbook of Human Intelligence* (Nova Iorque: Cambridge University Press, 1982).
6. Para o debate sobre a mutabilidade ou fixidez da inteligência, ver N. Block e G. Dworkin, orgs., *The IQ Cintroversy: Critical Readings* (Nova Iorque: Pantheon Books, 1976) (o debate Lippmann-Terman); A. Jensen, "How Much Can We Boost IQ and Scholastic Achievement?" *Harvard Educational Review,* vol. 39, nº 1 (1969), pp. 1-123; R. J. Herrnstein e C. Murray, *The Bell Curve: Intelligence and Class Structure in American Life* (Nova Iorque: Free Press, 1994).
7. representação mental e a revolução cognitiva: Ver H. Gardner, *The Mind's New Science* (Nova Iorque: Basic Books, 1985).
8. Sobre Piaget, ver H. Gardner, *The Quest for Mind: Piaget, Lévi-Strauss and the Structuralist Movement* (Chicago: University of Chicago Press, 1981, e J. Piaget, "Piaget's Theory." Em P. Mussen, org., *Handbook of Child Psychology,* vol. 1 (Nova Iorque: Wiley, 1983), pp. 103-28.
9. Crianças muito jovens têm diferentes perspectivas morais: L. Kohlberg, *The Psychology of Moral Development* (São Francisco: Harper & Row, 1984).
10. Sobre as concepções artísticas de crianças muito jovens, ver H. Gardner e E. Winner, "First Intimations of Artistry." Em S. Strauss, org., *U shaped Behavioral Development* (Nova Iorque: Academid Press, 1982), pp. 147-68.
11. Para as opiniões de Chomsky, ver o seu *Rules and Representations* (Nova Iorque: Columbia University Press, 1980).

12. Sobre noções distribuídas e contextualizadas, ver B. Rogoff, *Apprenticeship in Thinking: Cognitive Development in Social Context* (Nova Iorque: Oxford University Press, 1990).
13. O argumento inspirado na psicologia evolucionista: Ver J. Barkow, L. Cosmides e J. Tooby, *The Adapted Mind: Evolutionary Psychology and the Generation of Culture* (Nova Iorque: Oxford University Press, 1993); "Matters of Life and Death: The Worldview from Evolutionary Psychology," *Demos,* n º 10 (1996); M. Ridley, *The Origins of Virtue* (Nova Iorque: Viking, 1996); e R. Wright, *The Moral Animal* (Nova Iorque: Vintage, 1994).
14. De acordo com a minha análise: H. Gardner, *Frames of Mind: The Theory of Multiple Intelligences* (Nova Iorque: Basic Books, 1983; ed. rev., 1993).
15. os jovens desenvolvem teorias muito poderosas: Sobre essas teorias precoces e concepções errôneas, ver H. Gardner, *The Unschooled Mind: How Children Think and How Schools Should Teach* (Nova Iorque: Basic Books, 1991), especialmente os capítulos 5, 8 e 9.
16. Sobre funções cognitivas superiores: Ver J. Baron, *Rationality and Intelligence* (Nova Iorque: Cambridge University Press, 1985); J. Bruer, *Schools of Thought* (Cambridge, Mass.: MIT Press, 1993); e D. Perkins, *Outsmarting IQ: The Emerging Science of Learnable Intelligence* (Nova Iorque: Free Press, 1995).
17. Sobre motivação, ver T. Amabile, *The Social Psychology of Creativity* (Nova Iorque: Springer Verlag, 1983).
18. "estado de fluxo contínuo": M. Csikszentmihalyi, *Flow* (Nova Iorque: HarperCollins, 1990).
19. "Pode ser mais benéfico": Citado em P. Barrett, org., *The Collected Papers of Charles Darwin* (Chicago: University of Chicago Press, 1977), pp. 232-33.
20. O papel das emoções: A. Damasio. *Descartes' Error: Emotion, Reason and the Human Brain* (Nova Iorque: Putnam, 1994); D. Goleman, *Inteligência Emocional* (Rio, Objetiva, 1996); e J. LeDoux, *O Cérebro Emocional* (Rio, Objetiva, 1998).

21. Para uma descrição de pesquisas recentes sobre o cérebro, ver A. Battro, "Half a Brain Is Enough" manuscrito inédito); J. Bruer, "Education and the Brain: A Bridge Too Far", *Educational Researcher,* vol. 26, nº 8 (1997). pp. 4-16; "The Brain," *Daedalus* (edição especial), primavera de 1998; G. Dawson e K. Fischer, *Human Behavior and the Developing Brain* (Nova Iorque: Guilford Press., 1994); S. Dehaene, *La Bosse des Maths* (Paris: Odile Jacob, 1997); H. Gardner, *The Shattered Mind: The Person After Brain Damage* (Nova Iorque: Vintage, 1976); W. Greenough, J. E. Black e C. S. Wallace, "Experience and Brain Development," *Child Development,* vol. 58 (1987). pp. 539-59; E Klima e U. Bellugi, *The Signs of Language* (Cambridge, Mass.: Harvard University Press, 1979); F. Newman, "Brain Research Has Implications for Education," *State Education Reader,* vol. 15, nº 1 (inverno de 1997), pp. 1-2; D. Rumelhart e J. McClelland, *Parellel-Distributed Processing* (Cambridge, Mass.: MIT Press, 1986); e D. Schacter, *Searching for Memory* (Nova Iorque: Basic Books, 1996).
22. papel organizador desempenhado pela música: F. Rauscher, G. L. Shaw., L. J. Levine, E. L. Wright, W. R. Dennis e R. L. Newcomb, "Music Training Causes Longterm Enhancement of Preschool Children's Spatial-temporal Reasoning," *Neurological Research,* vol. 19, nº 1 (1997), pp. 2-7.
23. genética e hereditariedade: T. J. Bouchard e outros, "Sources of Human Psychological Differences: The Minnesota Study of Twins Reared Apart," *Science,* nº 250 (1990). pp. 223-28; M. L. Rutter, "Nature-Nurture Integration," *American Psychologist,* vol. 52, nº 4 (abril de 1997), pp. 390-98. R. Plomin, *Genetics and Experience: The Interplay Between Nature and Nurture* (Thousand Oaks, Cal.: Sage Publishers, 1994).
24. ir à escola aumentou regularmente os QIs: S. Ceci. *On Intelligence: More or Less* (Cambridge, Mass: Harvard University Press, 1996); U. Neisser, *The Rising Curve* (Washington, D.C.: American Psychological Association, 1998).

25. Sobre a necessidade de estimulação precoce do cérebro, ver: F. Newman, "Brain Research Has Implications for Education," *State Education Reader,* vol. 15, nº 1 (inverno de 1977), p. 1.

Capítulo 5

1. Para descrições do ensino pré-escolar em Reggio Emilia, ver L. B. Caldwell, *Bringing Reggio Emilia Home* (Nova Iorque: Teachers College Press, 1997); C. Edwards, L. Gandini e G. Forman, orgs.. *The Hundred Languages of Children,* 2ª ed. (Greenwich, Conn.: Ablex Publishing Company, 1998; "The 10 Best Schools in the World and What We Can Learn From Them," *Newsweek,* 2 de dezembro de 1991, pp. 50-59.
2. Foram empreendidos sérios esforços;: A. Gambetti, comunicação pessoal; 3 de abril de 1998.
3. Minha mulher e eu: O incidenteé também contado em H. Gardner, *To Open Minds: Chinese Clues to the Dilemma of Contemporary Education* (Nova Iorque: Basic Books, 1989).
4. os meus estudos sobre criatividade no Oriente e no Ocidente: ibid.
5. muitos psicólogos deixam agora o laboratório: J. S. Bruner, *Acts of Meaning* (Cambridge, Mass.: Harvard University Press, 1990).
6. Aprendizagem é agora vista: Sobre conhecimento distribuído e contextualizado, ver E. Hutchins, "The Social Organization of Distributed Cognition." Em L. B. Resnick, J. M; Levine e D. Teasley, orgs., *Perspectives in Socially Shared Cognition* (Washington, D.C.: American Psychological Association, 1991), pp. 283-307; J. Lave e E. Wenger,*Situated Learning: Legitimate Peripheral Participation* (Nova Iorque: Cambridge University Press, 1991); G. Salomon, org., *Distributed Cognitions: Psychological and Educational Considerations* (Nova Iorque: Cambridge University Press, 1993); J. Stigler, R. A. Shweder e G. Herdt, orgs., *Cultural Psychology: Essays in Comparative Human Development* (Nova Iorque: Cambridge University Press, 1990).

7. paradigmas científicos concorrentes de Kuhn: T. Kuhn, *The S-tructure of Scientific Revolution,* 2ª ed. (Chicago: University of Chicago Press, 1970).
8. O. Sacks, *The Island of the Colorblind* (Nova Iorque: Knopf, 1996), p. 68.
9. "o melhor sistema": D. Tyack, *The One Best System: A History of American Urban Education* (Cambridge, Mass.: Harvard University Press, 1974).
10. Sobre o método Suzuki, ver H. Gardner, *Frames of Mind: The Theory of Multiple Intelligences* (Nova Iorque: Basic Books, 1983: ed. rev., 1993), Cap. 14.
11. Sobre as classes Spectrum, ver M. Krechevsky e outros, *Building on Children's Strengths: The Experience of Project Zero* (Nova Iorque: Teachers College Press, 1998)
12. Sobre o sistema de educação primária do Japão, ver N. D. Kristof, "Where Children Rule," *The New York Times Magazine*, 17 de agosto de 1997, pp. 40-44; C. Lewis, *Educating Hearts and Minds: Reflections on Japanese Preschool and Elementary Education* (Nova Iorque: Cambridge University Press, 1994); L. Peak, *Learning to Go to School in Japan* (Berkeley: University of California Press, 1991); T. Rohlen, *Education and Training in Japan* (Nova Yorque: Routledge, 1998); N. Sato, "Ethnography of Japanese Elementary Schools: Quest for Equality." Tese de doutorado não-publicada, Stanford University, 1991; H. Stevenson e J. Stigler, *The Learning Gap* (Nova Iorque: Simon & Schuster, 1994); E. Vogel, *Japan as Number One: Lessons for America* (Cambridge, Mass.: Harvard University Press, 1979); M. White, *The Japanese Educational Challenge* (Nova Iorque: Free Press, 1987).
13. Em escolas primárias chinesas: H. Gardner, *To Open Mind: Chinese Clues to the Dilemma of Contemporary Education* (Nova Iorque: Basic Books, 1989).
14. Na Key School: Ver L. Olson, "Cildren flourish here: Eight teachers and a theory changed a school world", *Education Week* 1988, 7 (18), 1, 18-20

15. inspirado por E. D. Hirsch: Para a abordagem de Hirsch. ver o seu *Cultural Literacy* (Boston: Houghton Mifflin, 1987) e *The Schools We Need and Why We Don't Have Them* (Nova Iorque: Doubleday, 1996).
16. Grande parte dessa educação segue um modelo de aprendizado:S. Hamilton, *Apprenticeship for Adulthood: Preparing Youth for the Future* (Nova Iorque: Free Press, 1990). Sobre aprendizados, ver H. Hansen, "Caps and Gowns: Historical Reflections on the Institutions That Shaped Learning for and at Work in Germany and the United Sates, 1800-1945." Manuscrito inédito, Universidade de Harvard, 1998.
17. Max Weber: em *The Protestant Ethic and the Spirit of Capitalism* (Londres: G. Allen & Unwin, 1930).
18. Central Park East Secondary School: D. Meier, *The Power of Their Ideas* (Boston: Beacon Press, 1995).
19. International Baccalaureate (IB) "Guide to the Middle Years Programme." Genebra: International Baccalaureate Programme, 1994.

Capítulo 6

1. Universidade de Phoenix: E. Brommer, "University of Working Adults Shatters Mold," *The New York Times*, 15 de outubro de 1997; J. Traub, "Drive Thru U", *The New Yorker*, 20-28 de outubro de 1997; C. Shea, "Visionary or Operator? Jorge Klor de Alva and His Unusual Intellectual Journey", *Chronicle of Higher Education*, 3 de julho de 1998.
2. "As pessoas que são os nossos estudantes": Traub, op. cit., p. 184.
3. "planejar às avessas": R. Elmore, "Backward Mapping: Using Implementation Analysis to Structure Program Decisions", *Political Science Quarterly*, vol. 94 (1979-1980), pp. 606-16; J. Mc Donald, "Planning Backwards from Exhibitionsm" em J. P. McDonald e outros, *Graduating by Exhibition* (Alexandria, Va.: Association for Supervision and Curriculum Development, 1993).

4. Ensino para o entendimento: S. Wiske, *Teaching for Understanding* (São Francisco, Jossey-Bass, 1998); ver também D. K. Cohen, M. W. McLaughlin e J. E. Talbert, orgs., *Teaching for Understanding: Challwenges for Policy and Practice* (São Francisco: Jossey-Bass, 1993).
5. H. Gardner, *The Unschooled Mind* (Nova Iorque: Basic Books, 1991).
6. Sobre os estudantes de física, ver P. Sadler, citado em K. Koman. "High School Physics: A Dead End?" *Harvard Magazine,* outubro de 1997, pp. 11-12.
7. experiências discordantes: L. Resnick, comunicação pessoal, 13 de outubo de 1997.
8. Sobre educação para o entendimento, ver as referências citadas na nota 4; ver também. *Educational Leadership,* fevereiro de 1994, *passim,* e T. Blythe, *The Teaching for Understanding Guide* (São Francisco: Jossey-Bass, 1998).
9. Como insistiu o educador Lee Shulman: em "Knowledge and Teaching: Foundations of the New Reform", *Harvard Educational Review,* vol. 57, nº 1 (1987), pp. 1-22; ver também Lee Shulman, "Those Who Understand: Knowledge Growth in Teaching", *Educational Researcher,* vol. 15 (1986), pp. 4-14.
10. Deborah Meier recorda: numa palestra por ocasião do 75º aniversário da Little Red Schoolhouse, Nova Iorque, 25 de abril de 1997.

Capítulo 7

1. Para leituras essenciais sobre Darwin e a evolução, recomenda-se: J. Bowlby, *Charles Darwin* (Londres, Hutchinson, 1990); J; Browne, *Charles Darwin* (Londres: Jonathan Cape, 1995); C. Darwin, *On the Origin of Species* (Nova Iorque: Mentor/New American Library, 1958; publicado originalmente em 1859); R. Dawkins, *The Selfish Gene* (Oxford, Inglaterra: Oxford University Press, 1976); D. Dennett, *Darwin's Dangerous Idea* (Nova Iorque: Simon & Shcuster, 1995); S. J. Gould, *Ever Since Darwin* (Nova Iorque: Norton, H.

Gruber, *Darwin on Man: A Psychological Study of Scientific Creativity,* 2ª ed. (Chicago: University of Chicago Press, 1981); E. Mayr, *Populations, Species, and Evolution* (Cambridge, Mass.: Harvard University Press, 1975); E. Mayr, *The Growth of Biological Thought: Diversity, Evolution and Inheritance* (Cambridge, Mass.: Harvard University Press, 1982); C. Ralling, *The Voyage of Charles Darwin* (Nova Iorque: New Mayflower Books, s.d.); M. Ridley, org., *The Essential Darwin* (Londres: Unwin, 1987); J. M. Smith, *The Theory of Evolution* (Cambridge, Inglaterra: Cambridge University Press, 1995); F. Sulloway, *Born to Rebel* (Nova Iorque: Pantheon, 1996); e J. Weiner, *The Beak of the Finch* (Nova Iorque: Vintage, 1994).

2. Para uma crítica da evolução, ver D. L. Wheeller, "A Biochemist Urges Darwinists to Acknowledge the Role Played by an Intelligent Designer," *The Chronicle of Higher Education,* 1º de novembro de 1996.
3. Para uma leitura essencial sobre Mozart e *As Bodas de Fígaro* recomenda-se: E. Crozier, org., *Mozart's The Marriage of Figaro* (Londres: John Lane/Bodley Head, 1948); A. Einstein, *Mozart: His Character, His Work* (Nova Iorque: Oxford University Press, 1945); W. Hildesheimer, *Mozart* (Nova Iorque: Farrar, Straus & Giroux, 1982); R. B. Moberly, *Three Mozart Operas: Figaro, Don Giovanni, The Magic Flute* (Nova Iorque: Dodd, Mead & Company, 1968); M. Solomon, *Mozart: A Life* (Nova Iorque: HarperCollins, 1995); A. Steptoe, *The Mozart-DaPonte Operas* (Oxford: Clarendon Press, 1988).
4. Para uma leitura essencial sobre a conferência de Wannsee e o Holocausto, recomenda-se: C. Browning, *The Final Solution and the German Foreign Office* (Nova Iorque: Holmes & Meier, 1978); C. Browning, *The Path to Genocide: Essays on the Launching of the Final Solution* (Nova Iorque: Cambridge University Press, 1992); R. K. Chartock e J. Spencer, orgs., *Can It Happen Again? Chronicles of the Holocaust* (Nova Iorque: Black Dog & Leventhal, 1995); S. Friedlander, *Nazi Germany and the Jews,* vol. 1 (Nova Iorque: HarperCollins, 1997); D. J. Goldhagen, *Hitler's Willing Executio-*

ners: Ordinary Germans and the Holocaust (Nova Iorque: Vintage, 1996), pp. 3-4; P. Levi, *Survival in Auschwitz* (Nova Iorque: Collier Books, 1993); C. S. Maier, *The Unmasterable Past: History, Holocaust and Germany National Identity* (Cambridge, Mass.: Harvard University Press, 1988); M. Marrus, *The Holocaust in History* (Dartmouth, N.H.: University Press of New England, 1987); D. Patterson, *When Learned Men Murder* (Bloomington, Ind.: Phi Delta Kappan Educational Foundation, 1996).

5. oficial chamado Hoffmann: Goldhagen, op. cit., pp.3-4.
6. o vislumbre expresso por Galileu:H. Butterfield, *The Origins of Modern Science 1300-1800* (Nova Iorque: Macmillan, 1953), p. 67.
7. uma experiência maravilhosa: G. H. Hardy, *A Mathematician's Apology* (Cambridge, Inglaterra: Cambridge University Press, 1967).
8. privado de espécies: Ver E. O. Wilson, *Naturalist* (Washington D.C.: Isiand Press, 1994), capítulo 1.

Capítulo 8

1. A respeito de Darwin colecionar pássaros, ver C. Ralling, *The Voyage of Charles Darwin* (Nova Iorque: New Mayflower Books, s.d.), p. 137.
2. Darwin. "cada variedade é constante": J. Browne, *Charles Darwin* (Londres: Jonathan Cape, 1995), p. 305.
3. "Quando olho estas ilhas": ibid., p. 339.
4. "o fato sumamente curioso": citado em Ralling, op. cit., p. 127.
5. Desenhos de tentilhões: M; Ridley, org., *The Essential Darwin* (Londres: Unwin, 1987), pp. 51-52.
6. "Poder-se-ia dizer que existe uma força": citado em Browne, op, cit., p. 388.
7. "Considerando as pequenas dimensões": citado em ibid., p. 467.
8. David Lack...Sabe-se agora: Ver D. Lack, *Darwin's Finches* (Cambridge, Inglaterra: Cambridge University Press, 1947); E. Mayr, *Populations, Species and Evolutions* (Cambridge, Mass: Harvard

University Press, 1963); J. M. Smith, *The Theory of Evolution* (Nova Iorque: Cambridge University Press, 1993); F. Sulloway, "Darwin and His Finches: The Evolution of a Legend", *Journal of History of Biology,* vol. 15, nº 1 (1982), pp. 1-43, e "Darwin and the Galapagos," *Biological Journal of the Linnaean Society,* vol. 21 (1984), pp. 29-59; J. Weiner, *The Beak of the Finch* (Nova Iorque: Vintage, 1994).

9. "É interessante contemplar": C. Darwin, *On the Origin of Species* (Nova Iorque: Mentor/New American Library, 1958; publicado originalmente em 1859), p. 450.
10. "o aniquilamento da raça judaica na Europa": D. J. Goldhagen, *Hitler's Willing Executioners: Ordinary Germans and the Holocaust* (Nova Iorque: Vintage, 1996), p. 142.
11. "a indubitável iminência da solução final": citado em C. Browning. *The Final Solution and the German Foreign Office* (Nova Iorque: Holmes e Meier, 1978), p. 44.
12. "pensando em muitas coisas": citado em C. Browning, *The Path to Genocide: Essays on the Launching of the Final Solution* (Nova Iorque: Cambridge University Press, 1992), p. 25.
13. "projeto de solução final": Goldhagen, op. cit., p. 146.
14. Em algum ponto: Browning, *The Final Solution; The Path to Genocide.*
15. oito possuíam doutorado: D. Patterson, *When Learned Men Murder* (Bloomington, Ind.: Phi Delta Kappan Educational Foundation, 1996), p. 5.
16. "o desgaste natural": Goldhagen, op. cit., p. 322.
17. "em nossa história": M. Marrus, *The Holocaust in History* (Hanover, N.H.: University Press of New England, 1987), p. 26.
18. "Uma vez selecionados esses elementos": Algumas obras por historiadores e outros escritores citados no parágrafo são R. Hilberg. *The Destruction of European Jewry* (Chicago: Quadrangle Books, 1961); T. Keneally, *Schindler's List* (Nova Iorque: Random House, 1979); P. Levi, *If This Is a Man; The Truce* (Nova Iorque: Vintage, 1996); T. Mason, "Intention and Explanation: A Current Controversy about the Interpretation of National Socialism", em G. Hir-

schfeld e L. Kettenacket, orgs., *Der "Führerstaat": Mythos und Realität* (Stuttgart: Klett Cotta, 1981); W. Styron, *Sophie's Choice* (Nova Iorque: Random House, 1979); E. Wiesel, *Against Silence: The Voice and Vision of Elie Wiesel,* I. Abrahamson, org. (Nova Iorque: Holocaust Library, 1985).

Capítulo 9

1. Heinz Schirk: D. Patterson, *When Learned Men Murder* (Bloomington, Ind.: Phi Delta Kappan Educational Foundation, 1996), p. 26.
2. O programa de Dolph Schluter: J. Weiner, *The Beak of the Finch* (Nova Iorque: Vintage, 1994), pp. 155-56.
3. "Na primeira seção": E. Mihopoulos. "Invitation to the Death Camps: Review of *Dissonance* — Robin Lakes's Rough Dance", *Chicago Reader,* Junho de 1990.
4. George Steiner: Ver o seu livro *Language and Silence* (Nova Iorque: Atheneum, 1967).
5. estudos de obediência de Milgram: ver o seu livro *Obedience to Authority* (Nova Iorque: Harper & Row, 1974).
6. Sobre poderosas analogias e metáforas, ver B. Holland, "Mining Music and Law for Original Meanings", *The New York Times,* 22 de abril de 1998.

Capítulo 10

1. questões essenciais: Ver T. Sizer, *Horace's Compromise* (Boston: Houghton Mifflin, 1984) e *Horace's School* (Boston: Houghton Mifflin, 1992).
2. Sobre estudo disciplinar e interdisciplinar, ver: H. Gardner e V. Boix-Mansilla, "Teaching for Understanding in the Disciplines — and Beyond", *Teachers College Record,* vol. 96, nº 2 (1994), pp. 198-218; V. Boix-Mansilla e H. Gardner, "Of Kinds of Disciplines and Kinds of Understanding", *Phi Delta Kappan,* vol. 78, nº 5 (1997), pp. 381-86; e V. Boix-ansilla e H. Gardner, "On Discipli-

nary Lenses and Disciplinary Work". Em S. Wineburg e P. Grossman, orgs., *Interdisciplinary Encounters: A Second Look* (Nova Iorque: Oxford University Press, *no prelo*).

3. Sobre comunidades de aprendizagem, ver V. Battistich, D. Solomon, D. Kim, Marilyn Watson e E. Schaps, "Schools as Communities, Poverty Levels of Student Population, and Students' Attitudes, Motives and Performance: A Multilevel Analysis", *American Educational Research Journal*, vol. 32, nº 3 (outono de 1995), pp. 627-56; M. Scardamalia e C. Bereiter", The CSILE Project: Trying to Bring the Classroom into World 3", e A. Brown e J. Campione, "Guided Discovery in a Community of Learners". Ambos em K. McGilly, org., *Classroom Lessons* (Cambridge, Mass.: MIT Press, 1994), pp. 201-28, 229-70; J. Comer, *School Power: Implications of an Intervention Project* (Nova Iorque: Free Press, 1980); e E. Schaps, "A Sense of Community Is Key to Effectiveness in Fostering Character Education", *Journal of Self Development,* vol. 17, n º 2 (1966), pp. 42-47).
4. Sobre múliplos roteiros, ver J. Katzman e S. Hodas, *Class Action* (Nova Iorque: Villard Books, 1995).
5. Líderes eficazes: Sobre liderança, ver H. Gardner com E. Laskin, *Leading Minds* (Nova Iorque: Basic Books, 1995).
6. Sobre o Projeto de Comunidades Atlas, ver C. J. Orell, "ATLAS Communities: Authentic Teaching, Learning and Assessment for All Students", em S. Stringfield, S. Ross e L. Smith, orgs.. *Bold Plans for School Restructuring: The New American Schools Designs* (Mahwah, N.J.: Erlbaum, 1996), pp. 53-74. Para informação adicional, escrever para ATLAS Communities Education Development Center, 51 Chapel Street, Newton, MA 02158.
7. Sobre como lidar com retrocessos, refletir sobre experiências e desenvolver forças, ver H. Gardner, *Extraordinary Minds* (Nova Iorque: Basic Books, 1997).
8. "cometer novos erros": Esther Dyson tinha essa mensagem como a *header* de seu correio eletrônico em 1997.

9. comunidades que se preocupam: L. Darling-Hammond, *The Right to Learn: A Blueprint for Creating Schools That Work* (São Francisco: Jossey-Bass, 1997) e Battistich, Solomon, e outros, op. cit.
10. Existem agora muitas escolas: Ver R. Brown, *Schools of Thought* (São Francisco: Jossey-Bass, 1993); J. Bruer, *Schools of Thoughts: A Science of Learning in the Classroom* (Cambridge, Mass.: MIT Press, 1993); E. Fiske, *Smart Schools, Smart Kids* (Nova Iorque: Simon & Schuster. 1991); D. Perkins, *Smart Schools* (Nova Iorque: Free Press, 1992); e Stringfield, Ross e Smith, op. cit.
11. Sobre mudança em educação, ver M. Fullan, *The New Meaning of Educational Change* (Nova Iorque: Teachers College Press, 1990). Sobre "organizações de aprendizagem," ver P. Senge, *The Fifth Discipline: The Art and Practice of the Learning Organization* (Nova Iorque: Doubleday, 1990), e D. Schon, *The Reflective Practitioner: How Professionals Think in Action* (Nova Iorque: Basic Books, 1983).
12. marcado por um "fluxo": M. Csikszentmihalyi, *Flow* (Nova Iorque: HarperCollins, 1990).
13. "ampliação": R. Elmore, "Getting to Scale with Good Educational Practices". Em S. Fuhrman e J. A. O'Day, orgs., *Rewards and Reform: Creating Educational Incentives That Work* (São Francisco: Jossey-Bass, 1996), pp. 294-329.
14. "rápidos consertos": M. Neill, "High Stakes Tests Do Not Improve Student Learning", *Fairtest,* janeiro de 1998; ver também D. C. Cohen e H. C. Hill, "State Policy and Classroom Performance: Mathematics Reform in California", *Consortium for Policy Research in Education Policy Brief,* RB 23 (janeiro de 1998), pp. 1-13.

Capítulo 11

1. As idéias de Darwin: Ver F. Sulloway, *Born to Rebel: Birth Order, Family Dynamics, and Creative Lives* (Nova Iorque: Panthon, 1996).
2. Comissão dos Dez: Ver D. Ravitch, *The Schools We Deserve* (Nova Iorque: Basic Books, 1985).

3. pessoas da chamada "Idade da Pedra": Ver D. C. Gajdusek, "Paradoxes of Aspiration for and of Children in Primitive and Isolated Cultures", *Pediatric Research,* vol. 27, suplemento 59 (1990). Ver também G. Klein, "Proteus 2", em seu livro *Live Now* (Nova Iorque: Prometheus Books, 1996), pp. 85-164.
4. "Elas são o que nós sabemos": citado em N. Frye, *T. S. Eliot: An Introduction* (Chicago: University of Chicago Press, 1963).
5. "Independentemente de onde comecei a refletir": V. Havel, discurso na cerimônia de concessão do título de doutor *honoris causa,* Universidade de Harvard, 15 de junho de 1995.

Índice Onomástico

T

W

Índice de Assuntos

D

E

I

N

O

P

W

Z

Sobre o Autor

Howard Gardner é professor titular de Cognição e Pedagogia e professor adjunto de Psicologia em Harvard. É também professor adjunto de Neurologia da escola de Medicina da Boston University, e co-diretor do Harvard Project Zero. Pesquisador de renome, recebeu várias premiações como o MacArthur Prize Fellowship. Em 1990, foi o primeiro norte-americano a receber o prêmio Grawmeyer de Educação da University of Louisville.

Autor de dezoito livros e centenas de artigos, Gardner é conhecido no meio acadêmico por sua teoria das inteligências múltiplas, que podem ser avaliadas por instrumentos psicométricos. Durante a última década, vem trabalhando junto com seus colegas do Project Zero na elaboração de avaliações baseadas na performance do indivíduo, na função da educação para o entendimento e no uso das inteligências múltiplas para se conseguir currículo, instrução e avaliação mais personalizados. Recentemente, Gardner tem desenvolvido extensas pesquisas sobre criadores e líderes exemplares. Mora e trabalha em Massachusetts.

markgraph
Rua Aguiar Moreira, 386 - Bonsucesso
Tel.: (21) 3868-5802 Fax: (21) 270-9656
e-mail: markgraph@domain.com.br
Rio de Janeiro - RJ